LA LÉGENDE

DES SIÈCLES

PARIS. — IMPRIMERIE DE CH. LAHURE ET Cie
Rues de Fleurus, 9, et de l'Ouest, 21

VICTOR HUGO

LA LÉGENDE
DES SIÈCLES

PREMIÈRE SÉRIE
HISTOIRE — LES PETITES ÉPOPÉES

PARIS
LIBRAIRIE DE L. HACHETTE ET Cie
BOULEVARD SAINT-GERMAIN

1862
Droit de traduction réservé

A

LA FRANCE

> Livre, qu'un vent t'emporte
> En France, où je suis né !
> L'arbre déraciné
> Donne sa feuille morte.
>
> V. H.

Les personnes qui voudront bien jeter un coup d'œil sur ce livre ne s'en feraient pas une idée précise, si elles y voyaient autre chose qu'un commencement.

Ce livre est-il donc un fragment? Non. Il existe à part. Il a, comme on le verra, son exposition, son milieu et sa fin.

Mais, en même temps, il est, pour ainsi dire, la première page d'un autre livre.

Un commencement peut-il être un tout? Sans doute. Un péristyle est un édifice.

L'arbre, commencement de la forêt, est un tout. Il appartient à la vie isolée, par la racine, et à la vie en commun, par la séve. A lui seul, il ne prouve que l'arbre, mais il annonce la forêt.

Ce livre, s'il n'y avait pas quelque affectation dans

des comparaisons de cette nature, aurait, lui aussi, ce double caractère. Il existe solitairement et forme un tout; il existe solidairement et fait partie d'un ensemble.

Cet ensemble, que sera-t-il?

Exprimer l'humanité dans une espèce d'œuvre cyclique; la peindre successivement et simultanément sous tous ses aspects, histoire, fable, philosophie, religion, science, lesquels se résument en un seul et immense mouvement d'ascension vers la lumière; faire apparaître, dans une sorte de miroir sombre et clair — que l'interruption naturelle des travaux terrestres brisera probablement avant qu'il ait la dimension rêvée par l'auteur — cette grande figure une et multiple, lugubre et rayonnante, fatale et sacrée, l'Homme; voilà de quelle pensée, de quelle ambition, si l'on veut, est sortie *la Légende des siècles*.

Le volume qu'on va lire n'en contient que la première partie, la première série, comme dit le titre.

Les poëmes qui composent ce volume ne sont donc autre chose que des empreintes successives du profil humain, de date en date, depuis Ève, mère des hommes, jusqu'à la Révolution, mère des peuples; empreintes prises, tantôt sur la barbarie, tantôt sur la civilisation, presque toujours sur le vif de l'histoire; empreintes moulées sur le masque des siècles.

Quand d'autres volumes se seront joints à celui-ci,

de façon à rendre l'œuvre un peu moins incomplète, cette série d'empreintes, vaguement disposées, dans un certain ordre chronologique, pourra former une sorte de galerie de la médaille humaine.

Pour le poëte comme pour l'historien, pour l'archéologue comme pour le philosophe, chaque siècle est un changement de physionomie de l'humanité. On trouvera dans ce volume, qui, nous le répétons, sera continué et complété, le reflet de quelques-uns de ces changements de physionomie.

On y trouvera quelque chose du passé, quelque chose du présent (XIII. *Maintenant*), et comme un vague mirage de l'avenir. Du reste, ces poëmes, divers par le sujet, mais inspirés par la même pensée, n'ont entre eux d'autre nœud qu'un fil, ce fil qui s'atténue quelquefois au point de devenir invisible, mais qui ne casse jamais, le grand fil mystérieux du labyrinthe humain, le Progrès.

Comme dans une mosaïque, chaque pierre a sa couleur et sa forme propre; l'ensemble donne une figure. La figure de ce livre, on l'a dit plus haut, c'est l'Homme.

Ce volume d'ailleurs, qu'on veuille bien ne pas l'oublier, est à l'ouvrage dont il fait partie, et qui sera mis au jour plus tard, ce que serait à une symphonie l'ouverture. Il n'en peut donner l'idée exacte et complète, mais il contient une lueur de l'œuvre entière.

Le poëme que l'auteur a dans l'esprit, n'est ici qu'entr'ouvert.

Quant à ce volume pris en lui-même, l'auteur n'a qu'un mot à en dire : le genre humain, considéré comme un grand individu collectif accomplissant d'époque en époque une série d'actes sur la terre, a deux aspects : l'aspect historique et l'aspect légendaire. Le second n'est pas moins vrai que le premier; le premier n'est pas moins conjectural que le second.

Qu'on ne conclue pas de cette dernière ligne — disons-le en passant — qu'il puisse entrer dans la pensée de l'auteur d'amoindrir la haute valeur de l'enseignement historique. Pas une gloire, parmi les splendeurs du génie humain, ne dépasse celle du grand historien philosophe. L'auteur, seulement, sans diminuer la portée de l'histoire, veut constater la portée de la légende. Hérodote fait l'histoire, Homère fait la légende.

C'est l'aspect légendaire qui prévaut dans ce volume et qui en colore les poëmes. Ces poëmes se passent l'un à l'autre le flambeau de la tradition humaine. *Quasi cursores.* C'est ce flambeau, dont la flamme est le vrai, qui fait l'unité de ce livre. Tous ces poëmes, ceux du moins qui résument le passé, sont de la réalité historique condensée ou de la réalité historique devinée. La fiction parfois, la falsification jamais; aucun grossissement de lignes; fidélité absolue à la couleur des temps et à l'esprit des civilisations diverses. Pour citer des exemples, la décadence romaine (page 39) n'a pas un détail qui ne soit rigoureusement exact; la barbarie mahométane ressort de Cantemir, à travers l'enthousiasme de l'historiographe turc, telle qu'elle est exposée dans les premières pages de *Zim-Zizimi* et de *Sultan Mourad*.

Du reste, les personnes auxquelles l'étude du passé est familière reconnaîtront, l'auteur n'en doute pas, l'accent réel et sincère de tout ce livre. Un de ces poëmes (*Première rencontre du Christ avec le tombeau*) est tiré, l'auteur pourrait dire traduit, de l'Évangile. Deux autres (*le Mariage de Roland*, *Aymerillot*) sont des feuillets détachés de la colossale épopée du moyen âge (*Charlemagne, emperor à la barbe florie*). Ces deux poëmes jaillissent directement des livres de gestes de la chevalerie. C'est de l'histoire écoutée aux portes de la légende.

Quant au mode de formation de plusieurs des autres poëmes dans la pensée de l'auteur, on pourra s'en faire une idée en lisant les quelques lignes placées en note à la page 292, lignes d'où est sortie la pièce intitulée : *les Raisons du Momotombo*. L'auteur en convient, un rudiment imperceptible, perdu dans la chronique ou dans la tradition, à peine visible à l'œil nu, lui a souvent suffi. Il n'est pas défendu au poëte et au philosophe d'essayer sur les faits sociaux ce que le naturaliste essaye sur les faits zoologiques : la reconstruction du monstre d'après l'empreinte de l'ongle ou l'alvéole de la dent.

Ici lacune, là étude complaisante et approfondie d'un détail, tel est l'inconvénient de toute publication fractionnée. Ces défauts de proportion peuvent n'être qu'apparents. Le lecteur trouvera certainement juste d'attendre, pour les apprécier définitivement, que *la Légende des siècles* ait paru en entier. Les usurpations, par exemple, jouent un tel rôle dans la construction des royautés au moyen âge, et mêlent tant de crimes à la complication des investitures, que l'auteur a cru devoir les présenter sous leurs trois principaux aspects dans les trois drames : *le Petit Roi de Galice, Eviradnus, la Confiance du marquis Fabrice*. Ce qui peut nous sembler aujourd'hui un développement excessif s'ajustera plus tard à l'ensemble.

Les tableaux riants sont rares dans ce livre; cela tient à ce qu'ils ne sont pas fréquents dans l'histoire.

Comme on le verra, l'auteur, en racontant le genre humain, ne l'isole pas de son entourage terrestre. Il mêle quelquefois à l'homme, il heurte à l'âme humaine, afin de lui faire rendre son véritable son, ces êtres différents de l'homme que nous nommons bêtes, choses, nature morte, et qui remplissent on ne sait quelles fonctions fatales dans l'équilibre vertigineux de la création.

Tel est ce livre. L'auteur l'offre au public sans rien se dissimuler de sa profonde insuffisance. C'est une tentative vers l'idéal. Rien de plus.

Ce dernier mot a besoin peut-être d'être expliqué.

Plus tard, nous le croyons, lorsque plusieurs autres

parties de ce livre auront été publiées, on apercevra le lien qui, dans la conception de l'auteur, rattache *la Légende des siècles* à deux autres poëmes, presque terminés à cette heure, et qui en sont, l'un le dénoûment, l'autre le couronnement; *la Fin de Satan*, et *Dieu*.

L'auteur, du reste, pour compléter ce qu'il a dit plus haut, ne voit aucune difficulté à faire entrevoir, dès à présent, qu'il a esquissé dans la solitude une sorte de poëme d'une certaine étendue où se réverbère le problème unique, l'Être, sous sa triple face; l'Humanité, le Mal, l'Infini; le progressif, le relatif, l'absolu; en ce qu'on pourrait appeler trois chants : *la Légende des siècles, la Fin de Satan, Dieu.*

Il publie aujourd'hui un premier carton de cette esquisse. Les autres suivront.

Nul ne peut répondre d'achever ce qu'il a commencé, pas une minute de continuation certaine n'est assurée à l'œuvre ébauchée; la solution de continuité, hélas! c'est tout l'homme; mais il est permis, même au plus faible, d'avoir une bonne intention et de la dire.

Or, l'intention de ce livre est bonne.

L'épanouissement du genre humain de siècle en siècle, l'homme montant des ténèbres à l'idéal, la transfiguration paradisiaque de l'enfer terrestre, l'éclosion lente et suprême de la liberté, droit pour cette vie, responsabilité pour l'autre; une espèce d'hymne religieux à mille strophes, ayant dans ses entrailles une foi profonde et sur son sommet une haute prière; le drame de la création éclairé par le visage du Créateur, voilà ce que sera, terminé, ce poëme dans son ensemble; si Dieu, maître des existences humaines, y consent.

Hauteville house, septembre 1859.

I

D'ÈVE A JÉSUS

I

LE SACRE DE LA FEMME.

I

L'aurore apparaissait; quelle aurore? Un abîme
D'éblouissement, vaste, insondable, sublime;
Une ardente lueur de paix et de bonté.
C'était aux premiers temps du globe; et la clarté
Brillait sereine au front du ciel inaccessible,
Étant tout ce que Dieu peut avoir de visible;
Tout s'illuminait, l'ombre et le brouillard obscur;
Des avalanches d'or s'écroulaient dans l'azur;
Le jour en flamme, au fond de la terre ravie,
Embrasait les lointains splendides de la vie;
Les horizons pleins d'ombre et de rocs chevelus,
Et d'arbres effrayants que l'homme ne voit plus,
Luisaient comme le songe et comme le vertige,
Dans une profondeur d'éclair et de prodige;
L'Éden pudique et nu s'éveillait mollement;
Les oiseaux gazouillaient un hymne si charmant,
Si frais, si gracieux, si suave et si tendre,
Que les anges distraits se penchaient pour l'entendre;

Le seul rugissement du tigre était plus doux;
Les halliers où l'agneau paissait avec les loups,
Les mers où l'hydre aimait l'alcyon, et les plaines
Où les ours et les daims confondaient leurs haleines,
Hésitaient, dans le chœur des concerts infinis,
Entre le cri de l'antre et la chanson des nids.
La prière semblait à la clarté mêlée;
Et sur cette nature encore immaculée
Qui du verbe éternel avait gardé l'accent,
Sur ce monde céleste, angélique, innocent,
Le matin, murmurant une sainte parole,
Souriait, et l'aurore était une auréole.
Tout avait la figure intègre du bonheur;
Pas de bouche d'où vînt un souffle empoisonneur;
Pas un être qui n'eût sa majesté première;
Tout ce que l'infini peut jeter de lumière
Éclatait pêle-mêle à la fois dans les airs;
Le vent jouait avec cette gerbe d'éclairs
Dans le tourbillon libre et fuyant des nuées;
L'enfer balbutiait quelques vagues huées
Qui s'évanouissaient dans le grand cri joyeux
Des eaux, des monts, des bois, de la terre et des cieux!
Les vents et les rayons semaient de tels délires
Que les forêts vibraient comme de grandes lyres;
De l'ombre à la clarté, de la base au sommet,
Une fraternité vénérable germait;
L'astre était sans orgueil et le ver sans envie;
On s'adorait d'un bout à l'autre de la vie;
Une harmonie égale à la clarté, versant
Une extase divine au globe adolescent,
Semblait sortir du cœur mystérieux du monde;
L'herbe en était émue, et le nuage, et l'onde,

Et même le rocher qui songe et qui se tait ;
L'arbre, tout pénétré de lumière, chantait ;
Chaque fleur, échangeant son souffle et sa pensée
Avec le ciel serein d'où tombe la rosée,
Recevait une perle et donnait un parfum ;
L'Être resplendissait, Un dans Tout, Tout dans Un ;
Le paradis brillait sous les sombres ramures
De la vie ivre d'ombre et pleine de murmures,
Et la lumière était faite de vérité ;
Et tout avait la grâce, ayant la pureté·
Tout était flamme, hymen, bonheur, douceur, clémence :
Tant ces immenses jours avaient une aube immense !

II

Ineffable lever du premier rayon d'or !
Du jour éclairant tout sans rien savoir encor !
O matin des matins ! amour ! joie effrénée
De commencer le temps, l'heure, le mois, l'année !
Ouverture du monde ! instant prodigieux !
La nuit se dissolvait dans les énormes cieux
Où rien ne tremble, où rien ne pleure, où rien ne souffre ;
Autant que le chaos la lumière était gouffre ;
Dieu se manifestait dans sa calme grandeur,
Certitude pour l'âme et pour les yeux splendeur ;
De faîte en faîte, au ciel et sur terre, et dans toutes
Les épaisseurs de l'être aux innombrables voûtes,
On voyait l'évidence adorable éclater ;
Le monde s'ébauchait ; tout semblait méditer ;
Les types primitifs, offrant dans leur mélange
Presque la brute informe et rude et presque l'ange,

Surgissaient, orageux, gigantesques, touffus ;
On sentait tressaillir sous leurs groupes confus
La terre, inépuisable et suprême matrice ;
La création sainte, à son tour créatrice,
Modelait vaguement des aspects merveilleux,
Faisait sortir l'essaim des êtres fabuleux
Tantôt des bois, tantôt des mers, tantôt des nues,
Et proposait à Dieu des formes inconnues
Que le temps, moissonneur pensif, plus tard changea ;
On sentait sourdre, et vivre, et végéter déjà
Tous les arbres futurs, pins, érables, yeuses,
Dans des verdissements de feuilles monstrueuses ;
Une sorte de vie excessive gonflait
La mamelle du monde au mystérieux lait ;
Tout semblait presque hors de la mesure éclore ;
Comme si la nature, en étant proche encore,
Eût pris, pour ses essais sur la terre et les eaux,
Une difformité splendide au noir chaos.

Les divins paradis, pleins d'une étrange séve,
Semblent au fond des temps reluire dans le rêve,
Et pour nos yeux obscurs, sans idéal, sans foi,
Leur extase aujourd'hui serait presque l'effroi ;
Mais qu'importe à l'abîme, à l'âme universelle
Qui dépense un soleil au lieu d'une étincelle,
Et qui, pour y pouvoir poser l'ange azuré,
Fait croître jusqu'aux cieux l'Éden démesuré !

Jours inouïs ! le bien, le beau, le vrai, le juste,
Coulaient dans le torrent, frissonnaient dans l'arbuste ;
L'aquilon louait Dieu de sagesse vêtu ;
L'arbre était bon ; la fleur était une vertu ;

C'est trop peu d'être blanc, le lis était candide ;
Rien n'avait de souillure et rien n'avait de ride ;
Jours purs ! rien ne saignait sous l'ongle et sous la dent ;
La bête heureuse était l'innocence rôdant ;
Le mal n'avait encor rien mis de son mystère
Dans le serpent, dans l'aigle altier, dans la panthère ;
Le précipice ouvert dans l'animal sacré
N'avait pas d'ombre, étant jusqu'au fond éclairé ;
La montagne était jeune et la vague était vierge ;
Le globe, hors des mers dont le flot le submerge,
Sortait beau, magnifique, aimant, fier, triomphant,
Et rien n'était petit quoique tout fût enfant ;
La terre avait, parmi ses hymnes d'innocence,
Un étourdissement de séve et de croissance ;
L'instinct fécond faisait rêver l'instinct vivant ;
Et, répandu partout, sur les eaux, dans le vent,
L'amour épars flottait comme un parfum s'exhale ;
La nature riait, naïve et colossale ;
L'espace vagissait ainsi qu'un nouveau-né.
L'aube était le regard du soleil étonné.

III

Or, ce jour-là, c'était le plus beau qu'eût encore
Versé sur l'univers la radieuse aurore ;
Le même séraphique et saint frémissement
Unissait l'algue à l'onde et l'être à l'élément ;
L'éther plus pur luisait dans les cieux plus sublimes ;
Les souffles abondaient plus profonds sur les cimes ;
Les feuillages avaient de plus doux mouvements ;
Et les rayons tombaient caressants et charmants

Sur un frais vallon vert, où, débordant d'extase,
Adorant ce grand ciel que la lumière embrase,
Heureux d'être, joyeux d'aimer, ivres de voir,
Dans l'ombre, au bord d'un lac, vertigineux miroir,
Étaient assis, les pieds effleurés par la lame,
Le premier homme auprès de la première femme.

L'époux priait, ayant l'épouse à son côté.

IV

Ève offrait au ciel bleu la sainte nudité ;
Ève blonde admirait l'aube, sa sœur vermeille.

Chair de la femme ! argile idéale ! ô merveille !
O pénétration sublime de l'esprit
Dans le limon que l'Être ineffable pétrit !
Matière où l'âme brille à travers son suaire !
Boue où l'on voit les doigts du divin statuaire !
Fange auguste appelant le baiser et le cœur,
Si sainte, qu'on ne sait, tant l'amour est vainqueur,
Tant l'âme est vers ce lit mystérieux poussée,
Si cette volupté n'est pas une pensée,
Et qu'on ne peut, à l'heure où les sens sont en feu,
Étreindre la beauté sans croire embrasser Dieu !

Ève laissait errer ses yeux sur la nature.

Et, sous les verts palmiers à la haute stature,
Autour d'Ève, au-dessus de sa tête, l'œillet
Semblait songer, le bleu lotus se recueillait,

Le frais myosotis se souvenait; les roses
Cherchaient ses pieds avec leurs lèvres demi-closes;
Un souffle fraternel sortait du lis vermeil;
Comme si ce doux être eût été leur pareil,
Comme si de ces fleurs, ayant toutes une âme,
La plus belle s'était épanouie en femme.

V

Pourtant, jusqu'à ce jour, c'était Adam, l'élu
Qui dans le ciel sacré le premier avait lu,
C'était le Marié tranquille et fort, que l'ombre
Et la lumière, et l'aube, et les astres sans nombre,
Et les bêtes des bois, et les fleurs du ravin
Suivaient ou vénéraient comme l'aîné divin,
Comme le front ayant la lueur la plus haute;
Et, quand tous deux, la main dans la main, côte à côte,
Erraient dans la clarté de l'Éden radieux,
La nature sans fond, sous ses millions d'yeux,
A travers les rochers, les rameaux, l'onde et l'herbe,
Couvait, avec amour pour le couple superbe,
Avec plus de respect pour l'homme, être complet,
Ève qui regardait, Adam qui contemplait.

Mais, ce jour-là, ces yeux innombrables qu'entr'ouvre
L'infini sous les plis du voile qui le couvre,
S'attachaient sur l'épouse et non pas sur l'époux,
Comme si, dans ce jour religieux et doux,
Béni parmi les jours et parmi les aurores,
Aux nids ailés perdus sous les branches sonores,
Au nuage, aux ruisseaux, aux frissonnants essaims,

Aux bêtes, aux cailloux, à tous ces êtres saints
Que de mots ténébreux la terre aujourd'hui nomme,
La femme eût apparu plus auguste que l'homme !

VI

Pourquoi ce choix? pourquoi cet attendrissement
Immense du profond et divin firmament?
Pourquoi tout l'univers penché sur une tête?
Pourquoi l'aube donnant à la femme une fête?
Pourquoi ces chants? Pourquoi ces palpitations
Des flots dans plus de joie et dans plus de rayons?
Pourquoi partout l'ivresse et la hâte d'éclore,
Et les antres heureux de s'ouvrir à l'aurore,
Et plus d'encens sur terre et plus de flamme aux cieux?

Le beau couple innocent songeait silencieux.

VII

Cependant la tendresse inexprimable et douce
De l'astre, du vallon, du lac, du brin de mousse,
Tressaillait plus profonde à chaque instant autour
D'Ève, que saluait du haut des cieux le jour;
Le regard qui sortait des choses et des êtres,
Des flots bénis, des bois sacrés, des arbres prêtres,
Se fixait, plus pensif de moment en moment,
Sur cette femme au front vénérable et charmant;
Un long rayon d'amour lui venait des abîmes,

De l'ombre, de l'azur, des profondeurs, des cimes,
De la fleur, de l'oiseau chantant, du roc muet.

—

Et, pâle, Ève sentit que son flanc remuait.

II

LA CONSCIENCE.

Lorsque avec ses enfants vêtus de peaux de bêtes,
Échevelé, livide au milieu des tempêtes,
Caïn se fut enfui de devant Jéhovah,
Comme le soir tombait, l'homme sombre arriva
Au bas d'une montagne en une grande plaine;
Sa femme fatiguée et ses fils hors d'haleine
Lui dirent : « Couchons-nous sur la terre, et dormons. »
Caïn, ne dormant pas, songeait au pied des monts.
Ayant levé la tête, au fond des cieux funèbres,
Il vit un œil, tout grand ouvert dans les ténèbres,
Et qui le regardait dans l'ombre fixement.
« Je suis trop près, » dit-il avec un tremblement.
Il réveilla ses fils dormant, sa femme lasse,
Et se remit à fuir sinistre dans l'espace.
Il marcha trente jours, il marcha trente nuits.
Il allait, muet, pâle et frémissant aux bruits,
Furtif, sans regarder derrière lui, sans trêve,
Sans repos, sans sommeil; il atteignit la grève
Des mers dans le pays qui fut depuis Assur.
« Arrêtons nous, dit-il, car cet asile est sûr.

Restons-y. Nous avons du monde atteint les bornes. »
Et, comme il s'asseyait, il vit dans les cieux mornes
L'œil à la même place au fond de l'horizon.
Alors il tressaillit en proie au noir frisson.
« Cachez-moi ! » cria-t-il ; et, le doigt sur la bouche,
Tous ses fils regardaient trembler l'aïeul farouche.
Caïn dit à Jabel, père de ceux qui vont
Sous des tentes de poil dans le désert profond :
« Étends de ce côté la toile de la tente. »
Et l'on développa la muraille flottante ;
Et, quand on l'eut fixée avec des poids de plomb :
« Vous ne voyez plus rien ? » dit Tsilla, l'enfant blond,
La fille de ses fils, douce comme l'aurore ;
Et Caïn répondit : « Je vois cet œil encore ! »
Jubal, père de ceux qui passent dans les bourgs
Soufflant dans des clairons et frappant des tambours,
Cria : « Je saurai bien construire une barrière. »
Il fit un mur de bronze et mit Caïn derrière.
Et Caïn dit : « Cet œil me regarde toujours ! »
Hénoch dit : « Il faut faire une enceinte de tours
Si terrible, que rien ne puisse approcher d'elle.
Bâtissons une ville avec sa citadelle,
Bâtissons une ville, et nous la fermerons. »
Alors Tubalcaïn, père des forgerons,
Construisit une ville énorme et surhumaine.
Pendant qu'il travaillait, ses frères, dans la plaine,
Chassaient les fils d'Énos et les enfants de Seth ;
Et l'on crevait les yeux à quiconque passait ;
Et, le soir, on lançait des flèches aux étoiles.
Le granit remplaça la tente aux murs de toiles,
On lia chaque bloc avec des nœuds de fer,
Et la ville semblait une ville d'enfer ;

L'ombre des tours faisait la nuit dans les campagnes;
Ils donnèrent aux murs l'épaisseur des montagnes;
Sur la porte on grava : « Défense à Dieu d'entrer. »
Quand ils eurent fini de clore et de murer,
On mit l'aïeul au centre en une tour de pierre;
Et lui restait lugubre et hagard. « O mon père !
L'œil a-t-il disparu ? » dit en tremblant Tsilla.
Et Caïn répondit : « Non, il est toujours là. »
Alors il dit : « Je veux habiter sous la terre
Comme dans son sépulcre un homme solitaire;
Rien ne me verra plus, je ne verrai plus rien. »
On fit donc une fosse, et Caïn dit : « C'est bien ! »
Puis il descendit seul sous cette voûte sombre;
Quand il se fut assis sur sa chaise dans l'ombre
Et qu'on eut sur son front fermé le souterrain,
L'œil était dans la tombe et regardait Caïn.

III

PUISSANCE ÉGALE BONTÉ.

Au commencement, Dieu vit un jour dans l'espace
Iblis venir à lui ; Dieu dit : « Veux-tu ta grâce ?
— Non, dit le Mal. — Alors que me demandes-tu ?
— Dieu, répondit Iblis de ténèbres vêtu,
Joutons à qui créera la chose la plus belle. »
L'Être dit : « J'y consens. — Voici, dit le Rebelle :
Moi, je prendrai ton œuvre et la transformerai.
Toi, tu féconderas ce que je t'offrirai ;
Et chacun de nous deux soufflera son génie
Sur la chose par l'autre apportée et fournie.
— Soit. Que te faut-il ? Prends, dit l'Être avec dédain.
— La tête du cheval et les cornes du daim.
— Prends. » Le monstre hésitant que la brume enveloppe
Reprit : « J'aimerais mieux celle de l'antilope.
— Va, prends. » Iblis entra dans son antre et forgea.
Puis il dressa le front. « Est-ce fini déjà ?
— Non. — Te faut-il encor quelque chose ? dit l'Être.
— Les yeux de l'éléphant, le cou du taureau, maître.
— Prends. — Je demande, en outre, ajouta le Rampant,
Le ventre du cancer, les anneaux du serpent,

Les cuisses du chameau, les pattes de l'autruche.
— Prends. » Ainsi qu'on entend l'abeille dans la ruche,
On entendait aller et venir dans l'enfer
Le démon remuant des enclumes de fer.
Nul regard ne pouvait voir à travers la nue
Ce qu'il faisait au fond de la cave inconnue.
Tout à coup, se tournant vers l'Être, Iblis hurla :
« Donne-moi la couleur de l'or. » Dieu dit : « Prends-la. »
Et, grondant et râlant comme un bœuf qu'on égorge,
Le démon se remit à battre dans sa forge ;
Il frappait du ciseau, du pilon, du maillet,
Et toute la caverne horrible tressaillait ;
Les éclairs des marteaux faisaient une tempête ;
Ses yeux ardents semblaient deux braises dans sa tête ;
Il rugissait ; le feu lui sortait des naseaux,
Avec un bruit pareil au bruit des grandes eaux
Dans la saison livide où la cigogne émigre.
Dieu dit : « Que te faut-il encor ? — Le bond du tigre.
— Prends. — C'est bien, dit Iblis debout dans son volcan.
Vien m'aider à souffler, » dit-il à l'ouragan.
L'âtre flambait ; Iblis, suant à grosses gouttes,
Se courbait, se tordait, et, sous les sombres voûtes,
On ne distinguait rien qu'une sombre rougeur
Empourprant le profil du monstrueux forgeur.
Et l'ouragan l'aidait, étant démon lui-même.
L'Être, parlant du haut du firmament suprême,
Dit : « Que veux-tu de plus ? » Et le grand paria,
Levant sa tête énorme et triste, lui cria :
« Le poitrail du lion et les ailes de l'aigle. »
Et Dieu jeta, du fond des éléments qu'il règle,
A l'ouvrier d'orgueil et de rébellion
L'aile de l'aigle avec le poitrail du lion

Et le démon reprit son œuvre sous les voiles.
« Quelle hydre fait-il donc ? » demandaient les étoiles.
Et le monde attendait, grave, inquiet, béant,
Le colosse qu'allait enfanter ce géant ;
Soudain, on entendit dans la nuit sépulcrale
Comme un dernier effort jetant un dernier râle ;
L'Etna, fauve atelier du forgeron maudit,
Flamboya ; le plafond de l'enfer se fendit,
Et, dans une clarté blême et surnaturelle,
On vit des mains d'Iblis jaillir la sauterelle.
Et l'infirme effrayant, l'être ailé, mais boiteux,
Vit sa création et n'en fut pas honteux,
L'avortement étant l'habitude de l'ombre.
Il sortit à mi-corps de l'éternel décombre,
Et, croisant ses deux bras, arrogant, ricanant,
Cria dans l'infini : « Maître, à toi maintenant ! »
Et ce fourbe, qui tend à Dieu même une embûche,
Reprit : « Tu m'as donné l'éléphant et l'autruche,
Et l'or pour dorer tout ; et ce qu'ont de plus beau
Le chameau, le cheval, le lion, le taureau,
Le tigre et l'antilope, et l'aigle et la couleuvre ;
C'est mon tour de fournir la matière à ton œuvre ;
Voici tout ce que j'ai. Je te le donne. Prends. »
Dieu, pour qui les méchants mêmes sont transparents,
Tendit sa grande main de lumière baignée
Vers l'ombre, et le démon lui donna l'araignée.

Et Dieu prit l'araignée et la mit au milieu
Du gouffre qui n'était pas encor le ciel bleu ;
Et l'Esprit regarda la bête ; sa prunelle,
Formidable, versait la lueur éternelle ;
Le monstre, si petit qu'il semblait un point noir,

Grossit alors, et fut soudain énorme à voir ;
Et Dieu le regardait de son regard tranquille ;
Une aube étrange erra sur cette forme vile ;
L'affreux ventre devint un globe lumineux ;
Et les pattes, changeant en sphères d'or leurs nœuds,
S'allongèrent dans l'ombre en grands rayons de flamme ;
Iblis leva les yeux, et tout à coup l'infâme,
Ébloui, se courba sous l'abîme vermeil ;
Car Dieu, de l'araignée, avait fait le soleil.

IV

LES LIONS.

Les lions dans la fosse étaient sans nourriture.
Captifs, ils rugissaient vers la grande nature
Qui prend soin de la brute au fond des antres sourds.
Les lions n'avaient pas mangé depuis trois jours.
Ils se plaignaient de l'homme, et, pleins de sombres haines,
A travers leur plafond de barreaux et de chaînes,
Regardaient du couchant la sanglante rougeur ;
Leur voix grave effrayait au loin le voyageur
Marchant à l'horizon dans les collines bleues.

Tristes, ils se battaient le ventre de leurs queues ;
Et les murs du caveau tremblaient, tant leurs yeux roux
A leur gueule affamée ajoutaient de courroux !

La fosse était profonde ; et, pour cacher leur fuite,
Og et ses vastes fils l'avaient jadis construite ;
Ces enfants de la terre avaient creusé pour eux
Ce palais colossal dans le roc ténébreux ;
Leurs têtes en ayant crevé la large voûte,
La lumière y tombait et s'y répandait toute,

Et ce cachot de nuit pour dôme avait l'azur.
Nabuchodonosor, qui régnait dans Assur,
En avait fait couvrir d'un dallage le centre ;
Et ce roi fauve avait trouvé bon que cet antre,
Qui jadis vit les Chams et les Deucalions,
Bâti pour les géants, servît pour les lions.

Ils étaient quatre, et tous affreux. Une litière
D'ossements tapissait le vaste bestiaire ;
Les rochers étageaient leur ombre au-dessus d'eux :
Ils marchaient, écrasant sur le pavé hideux
Des carcasses de bête et des squelettes d'homme.

Le premier arrivait du désert de Sodome ;
Jadis, quand il avait sa fauve liberté,
Il habitait le Sin, tout à l'extrémité
Du silence terrible et de la solitude ;
Malheur à qui tombait sous sa patte au poil rude !
Et c'était un lion des sables.

    Le second
Sortait de la forêt de l'Euphrate fécond ;
Naguère, en le voyant vers le fleuve descendre,
Tout tremblait ; on avait eu du mal à le prendre,
Car il avait fallu les meutes de deux rois ;
Il grondait ; et c'était une bête des bois.

Et le troisième était un lion des montagnes.
Jadis il avait l'ombre et l'horreur pour compagnes ;
Dans ce temps-là, parfois, vers les ravins bourbeux
Se ruaient des galops de moutons et de bœufs ;
Tous fuyaient, le pasteur, le guerrier et le prêtre ;

Et l'on voyait sa face effroyable apparaître.

Le quatrième, monstre épouvantable et fier,
Était un grand lion des plages de la mer.
Il rôdait près des flots avant son esclavage.
Gur, cité forte, était alors sur le rivage ;
Ses toits fumaient ; son port abritait un amas
De navires mêlant confusément leurs mâts ;
Le paysan portant son gomor plein de manne
S'y rendait; le prophète y venait sur son âne;
Ce peuple était joyeux comme un oiseau lâché ;
Gur avait une place avec un grand marché,
Et l'Abyssin venait y vendre des ivoires ;
L'Amorrhéen, de l'ambre et des chemises noires ;
Ceux d'Ascalon, du beurre, et ceux d'Aser, du blé.
Du vol de ses vaisseaux l'abîme était troublé.
Or, ce lion était gêné par cette ville ;
Il trouvait, quand le soir il songeait immobile,
Qu'elle avait trop de peuple et faisait trop de bruit.
Gur était très-farouche et très-haute ; la nuit,
Trois lourds barreaux fermaient l'entrée inabordable ;
Entre chaque créneau se dressait, formidable,
Une corne de buffle ou de rhinocéros ;
Le mur était solide et droit comme un héros ;
Et l'Océan roulait à vagues débordées
Dans le fossé, profond de soixante coudées.
Au lieu de dogues noirs jappant dans le chenil,
Deux dragons monstrueux pris dans les joncs du Nil
Et dressés par un mage à la garde servile,
Veillaient des deux côtés de la porte de ville.
Or, le lion s'était une nuit avancé,
Avait franchi d'un bond le colossal fossé,

Et broyé, furieux, entre ses dents barbares,
La porte de la ville avec ses triples barres,
Et, sans même les voir, mêlé les deux dragons
Au vaste écrasement des verrous et des gonds;
Et, quand il s'en était retourné vers la grève,
De la ville et du peuple il ne restait qu'un rêve,
Et, pour loger le tigre et nicher les vautours,
Quelques larves de murs sous des spectres de tours.

Celui-là se tenait accroupi sur le ventre.
Il ne rugissait pas, il bâillait; dans cet antre
Où l'homme misérable avait le pied sur lui,
Il dédaignait la faim, ne sentant que l'ennui.

Les trois autres allaient et venaient; leur prunelle,
Si quelque oiseau battait leurs barreaux de son aile,
Le suivait; et leur faim bondissait, et leur dent
Mâchait l'ombre à travers leur cri rauque et grondant.

Soudain, dans l'angle obscur de la lugubre étable,
La grille s'entr'ouvrit; sur le seuil redoutable,
Un homme que poussaient d'horribles bras tremblants,
Apparut; il était vêtu de linceuls blancs;
La grille referma ses deux battants funèbres;
L'homme avec les lions resta dans les ténèbres.
Les monstres, hérissant leur crinière, écumant,
Se ruèrent sur lui, poussant ce hurlement
Effroyable, où rugit la haine et le ravage
Et toute la nature irritée et sauvage
Avec son épouvante et ses rébellions;
Et l'homme dit : « La paix soit avec vous, lions! »
L'homme dressa la main; les lions s'arrêtèrent.

Les loups qui font la guerre aux morts et les déterrent,
Les ours au crâne plat, les chacals convulsifs
Qui pendant le naufrage errent sur les récifs,
Sont féroces; l'hyène infâme est implacable;
Le tigre attend sa proie et d'un seul bond l'accable;
Mais le puissant lion, qui fait de larges pas,
Parfois lève sa griffe et ne la baisse pas,
Étant le grand rêveur solitaire de l'ombre.

Et les lions, groupés dans l'immense décombre,
Se mirent à parler entre eux, délibérant;
On eût dit des vieillards réglant un différend
Au froncement pensif de leurs moustaches blanches.
Un arbre mort pendait, tordant sur eux ses branches.

Et, grave, le lion des sables dit : « Lions,
Quand cet homme est entré, j'ai cru voir les rayons
De midi dans la plaine où l'ardent semoun passe,
Et j'ai senti le souffle énorme de l'espace;
Cet homme vient à nous de la part du désert. »

Le lion des bois dit : « Autrefois le concert
Du figuier, du palmier, du cèdre et de l'yeuse,
Emplissait jour et nuit ma caverne joyeuse;
Même à l'heure où l'on sent que le monde se tait,
Le grand feuillage vert autour de moi chantait.
Quand cet homme a parlé, sa voix m'a semblé douce
Comme le bruit qui sort des nids d'ombre et de mousse;
Cet homme vient à nous de la part des forêts. »

Et celui qui s'était approché le plus près,
Le lion noir des monts dit: « Cet homme ressemble

Au Caucase, où jamais une roche ne tremble;
Il a la majesté de l'Atlas; j'ai cru voir,
Quand son bras s'est levé, le Liban se mouvoir
Et se dresser, jetant l'ombre immense aux campagnes;
Cet homme vient à nous de la part des montagnes. »

Le lion qui, jadis, au bord des flots rôdant,
Rugissait aussi haut que l'Océan grondant,
Parla le quatrième, et dit : « Fils, j'ai coutume,
En voyant la grandeur, d'oublier l'amertume,
Et c'est pourquoi j'étais le voisin de la mer.
J'y regardais — laissant les vagues écumer —
Apparaître la lune et le soleil éclore,
Et le sombre infini sourire dans l'aurore :
Et j'ai pris, ô lions, dans cette intimité,
L'habitude du gouffre et de l'éternité;
Or, sans savoir le nom dont la terre le nomme,
J'ai vu luire le ciel dans les yeux de cet homme;
Cet homme au front serein vient de la part de Dieu. »

Quand la nuit eut noirci le grand firmament bleu,
Le gardien voulut voir la fosse, et cet esclave,
Collant sa face pâle aux grilles de la cave,
Dans la profondeur vague aperçut Daniel
Qui se tenait debout et regardait le ciel,
Et songeait, attentif aux étoiles sans nombre,
Pendant que les lions léchaient ses pieds dans l'ombre.

V

LE TEMPLE.

Moïse pour l'hôtel cherchait un statuaire ;
Dieu dit : « Il en faut deux ; » et dans le sanctuaire
Conduisit Oliab avec Béliséel.
L'un sculptait l'idéal et l'autre le réel.

VI

BOOZ ENDORMI.

★

Booz s'était couché de fatigue accablé ;
Il avait tout le jour travaillé dans son aire ;
Puis avait fait son lit à sa place ordinaire ;
Booz dormait auprès des boisseaux pleins de blé.

Ce vieillard possédait des champs de blés et d'orge ;
Il était, quoique riche, à la justice enclin ;
Il n'avait pas de fange en l'eau de son moulin ;
Il n'avait pas d'enfer dans le feu de sa forge.

Sa barbe était d'argent comme un ruisseau d'avril.
Sa gerbe n'était point avare ni haineuse ;
Quand il voyait passer quelque pauvre glaneuse ;
« Laissez tomber exprès des épis, » disait-il.

Cet homme marchait pur loin des sentiers obliques,
Vêtu de probité candide et de lin blanc ;
Et, toujours du côté des pauvres ruisselant,

Ses sacs de grains semblaient des fontaines publiques.

Booz était bon maître et fidèle parent ;
Il était généreux, quoiqu'il fût économe ;
Les femmes regardaient Booz plus qu'un jeune homme,
Car le jeune homme est beau, mais le vieillard est grand.

Le vieillard, qui revient vers la source première,
Entre aux jours éternels et sort des jours changeants ;
Et l'on voit de la flamme aux yeux des jeunes gens,
Mais dans l'œil du vieillard on voit de la lumière.

*

Donc, Booz dans la nuit dormait parmi les siens.
Près des meules, qu'on eût prises pour des décombres,
Les moissonneurs couchés faisaient des groupes sombres ;
Et ceci se passait dans des temps très-anciens.

Les tribus d'Israël avaient pour chef un juge ;
La terre, où l'homme errait sous la tente, inquiet
Des empreintes de pieds de géants qu'il voyait,
Était encor mouillée et molle du déluge.

*

Comme dormait Jacob, comme dormait Judith,
Booz, les yeux fermés, gisait sous la feuillée ;
Or, la porte du ciel s'étant entre-bâillée
Au-dessus de sa tête, un songe en descendit.

Et ce songe était tel, que Booz vit un chêne
Qui, sorti de son ventre, allait jusqu'au ciel bleu ;
Une race y montait comme une longue chaîne ;
Un roi chantait en bas, en haut mourait un Dieu.

Et Booz murmurait avec la voix de l'âme :
« Comment se pourrait-il que de moi ceci vînt ?
Le chiffre de mes ans a passé quatre-vingt,
Et je n'ai pas de fils, et je n'ai plus de femme.

« Voilà longtemps que celle avec qui j'ai dormi,
O Seigneur ! a quitté ma couche pour la vôtre ;
Et nous sommes encor tout mêlés l'un à l'autre,
Elle à demi vivante et moi mort à demi.

« Une race naîtrait de moi ! Comment le croire ?
Comment se pourrait-il que j'eusse des enfants ?
Quand on est jeune, on a des matins triomphants ;
Le jour sort de la nuit comme d'une victoire ;

« Mais, vieux, on tremble ainsi qu'à l'hiver le bouleau ;
Je suis veuf, je suis seul, et sur moi le soir tombe,
Et je courbe, ô mon Dieu ! mon âme vers la tombe,
Comme un bœuf ayant soif penche son front vers l'eau. »

Ainsi parlait Booz dans le rêve et l'extase,
Tournant vers Dieu ses yeux par le sommeil noyés ;
Le cèdre ne sent pas une rose à sa base,
Et lui ne sentait pas une femme à ses pieds.

★

Pendant qu'il sommeillait, Ruth, une moabite,
S'était couchée aux pieds de Booz, le sein nu,
Espérant on ne sait quel rayon inconnu,
Quand viendrait du réveil la lumière subite.

Booz ne savait point qu'une femme était là,
Et Ruth ne savait point ce que Dieu voulait d'elle.
Un frais parfum sortait des touffes d'asphodèle;
Les souffles de la nuit flottaient sur Galgala.

L'ombre était nuptiale, auguste et solennelle;
Les anges y volaient sans doute obscurément,
Car on voyait passer dans le nuit, par moment,
Quelque chose de bleu qui paraissait une aile.

La respiration de Booz qui dormait,
Se mêlait au bruit sourd des ruisseaux sur la mousse.
On était dans le mois où la nature est douce,
Les collines ayant des lis sur leur sommet.

Ruth songeait et Booz dormait; l'herbe était noire;
Les grelots des troupeaux palpitaient vaguement;
Une immense bonté tombait du firmament;
C'était l'heure tranquille où les lions vont boire.

Tout reposait dans Ur et dans Jérimadeth;
Les astres émaillaient le ciel profond et sombre;
Le croissant fin et clair parmi ces fleurs de l'ombre

Brillait à l'occident, et Ruth se demandait,

Immobile, ouvrant l'œil à moitié sous ses voiles,
Quel dieu, quel moissonneur de l'éternel été,
Avait, en s'en allant, négligemment jeté
Cette faucille d'or dans le champ des étoiles.

VII

DIEU INVISIBLE AU PHILOSOPHE.

Le philosophe allait sur son âne; prophète,
Prunelle devant l'ombre horrible stupéfaite,
Il allait, il pensait.

    Devin des nations,
Il vendait aux païens des malédictions,
Sans savoir si des mains dans les ténèbres blêmes
S'ouvraient pour recevoir ses vagues anathèmes.
Il venait de Phétor; il allait chez Balac,
Fils des Gomorrhéens qui dorment sous le lac,
Mage d'Assur et roi du peuple moabite.
Il avait quitté l'ombre où l'épouvante habite,
Et le hideux abri des chênes chevelus
Que l'ouragan secoue en ses larges reflux.
Morne, il laissait marcher au hasard sa monture,
Son esprit cheminant dans une autre aventure;
Il se demandait : « Tout est-il vide? et le fond
N'est-il que de l'abîme où des spectres s'en vont?
L'ombre prodigieuse est-elle une personne?
Le flot qui murmure, est-ce une voix qui raisonne?

Depuis quatre-vingts ans, je vis dans un réduit,
Regardant la sueur des antres de la nuit,
Écoutant les sanglots de l'air dans les nuées.
Le gouffre est-il vivant? Larves exténuées,
Qu'est-ce que nous cherchons? Je sais l'assyrien,
L'arabe, le persan, l'hébreu; je ne sais rien.
De quel profond néant sommes-nous les ministres?... »
Ainsi, pâle, il songeait sous les branches sinistres,
Les cheveux hérissés par les souffles des bois.
L'âne s'arrêta court et lui dit : « Je le vois. »

VIII

PREMIÈRE RENCONTRE DU CHRIST
AVEC LE TOMBEAU.

En ce temps-là, Jésus était dans la Judée ;
Il avait délivré la femme possédée,
Rendu l'ouïe aux sourds et guéri les lépreux ;
Les prêtres l'épiaient et parlaient bas entre eux.
Comme il s'en retournait vers la ville bénie,
Lazare, homme de bien, mourut à Béthanie.
Marthe et Marie étaient ses sœurs ; Marie, un jour,
Pour laver les pieds nus du maître plein d'amour,
Avait été chercher son parfum le plus rare.
Or, Jésus aimait Marthe et Marie et Lazare.
Quelqu'un lui dit : « Lazare est mort. »

        Le lendemain,
Comme le peuple était venu sur son chemin,
Il expliquait la loi, les livres, les symboles,
Et, comme Élie et Job, parlait par paraboles.
Il disait : « Qui me suit, aux anges est pareil.
Quand un homme a marché tout le jour au soleil

Dans un chemin sans puits et sans hôtellerie,
S'il ne croit pas, quand vient le soir, il pleure, il crie,
Il est las : sur la terre il tombe haletant;
S'il croit en moi, qu'il prie, il peut au même instant
Continuer sa route avec des forces triples. »
Puis il s'interrompit, et dit à ses disciples :
« Lazare, notre ami, dort; je vais l'éveiller. »
Eux dirent : « Nous irons, maître, où tu veux aller. »
Or, de Jérusalem, où Salomon mit l'arche,
Pour gagner Béthanie, il faut trois jours de marche.
Jésus partit. Durant cette route souvent,
Tandis qu'il marchait seul et pensif en avant,
Son vêtement parut blanc comme la lumière.

Quand Jésus arriva, Marthe vint la première,
Et, tombant à ses pieds, s'écria tout d'abord :
« Si nous t'avions eu, maître, il ne serait pas mort. »
Puis reprit en pleurant : « Mais il a rendu l'âme.
Tu viens trop tard. » Jésus lui dit : « Qu'en sais-tu, femme ?
Le moissonneur est seul maître de la moisson. »

Marie était restée assise à la maison.

Marthe lui cria : « Viens, le maître te réclame. »
Elle vint. Jésus dit · « Pourquoi pleures-tu, femme ? »
Et Marie à genoux lui dit : « Toi seul es fort.
Si nous t'avions eu, maître, il ne serait pas mort. »
Jésus reprit : « Je suis la lumière et la vie.
Heureux celui qui voit ma trace et l'a suivie!
Qui croit en moi vivra, fût-il mort et gisant. »
Et Thomas, appelé Didyme, était présent.

VIII

PREMIÈRE RENCONTRE DU CHRIST

AVEC LE TOMBEAU.

En ce temps-là, Jésus était dans la Judée ;
Il avait délivré la femme possédée,
Rendu l'ouïe aux sourds et guéri les lépreux ;
Les prêtres l'épiaient et parlaient bas entre eux.
Comme il s'en retournait vers la ville bénie,
Lazare, homme de bien, mourut à Béthanie.
Marthe et Marie étaient ses sœurs ; Marie, un jour,
Pour laver les pieds nus du maître plein d'amour,
Avait été chercher son parfum le plus rare.
Or, Jésus aimait Marthe et Marie et Lazare.
Quelqu'un lui dit : « Lazare est mort. »

        Le lendemain,
Comme le peuple était venu sur son chemin,
Il expliquait la loi, les livres, les symboles,
Et, comme Élie et Job, parlait par paraboles.
Il disait : « Qui me suit, aux anges est pareil.
Quand un homme a marché tout le jour au soleil

Dans un chemin sans puits et sans hôtellerie,
S'il ne croit pas, quand vient le soir, il pleure, il crie,
Il est las : sur la terre il tombe haletant ;
S'il croit en moi, qu'il prie, il peut au même instant
Continuer sa route avec des forces triples. »
Puis il s'interrompit, et dit à ses disciples :
« Lazare, notre ami, dort; je vais l'éveiller. »
Eux dirent : « Nous irons, maître, où tu veux aller. »
Or, de Jérusalem, où Salomon mit l'arche,
Pour gagner Béthanie, il faut trois jours de marche.
Jésus partit. Durant cette route souvent,
Tandis qu'il marchait seul et pensif en avant,
Son vêtement parut blanc comme la lumière.

Quand Jésus arriva, Marthe vint la première,
Et, tombant à ses pieds, s'écria tout d'abord :
« Si nous t'avions eu, maître, il ne serait pas mort. »
Puis reprit en pleurant : « Mais il a rendu l'âme.
Tu viens trop tard. » Jésus lui dit : « Qu'en sais-tu, femme ?
Le moissonneur est seul maître de la moisson. »

Marie était restée assise à la maison.

Marthe lui cria : « Viens, le maître te réclame. »
Elle vint. Jésus dit · « Pourquoi pleures-tu, femme ? »
Et Marie à genoux lui dit : « Toi seul es fort.
Si nous t'avions eu, maître, il ne serait pas mort. »
Jésus reprit : « Je suis la lumière et la vie.
Heureux celui qui voit ma trace et l'a suivie !
Qui croit en moi vivra, fût-il mort et gisant. »
Et Thomas, appelé Didyme, était présent.

LE CHRIST ET LE TOMBEAU.

Et le Seigneur, dont Jean et Pierre suivaient l'ombre,
Dit aux Juifs accourus pour le voir en grand nombre :
« Où donc l'avez-vous mis? » Ils répondirent : « Vois, »
Lui montrant de la main, dans un champ, près d'un bois,
A côté d'un torrent qui dans les pierres coule,
Un sépulcre.

    Et Jésus pleura.

            Sur quoi, la foule
Se prit à s'écrier : « Voyez comme il l'aimait!
Lui qui chasse, dit-on, Satan, et le soumet,
Eût-il, s'il était Dieu, comme on nous le rapporte,
Laissé mourir quelqu'un qu'il aimait de la sorte? »

Or, Marthe conduisit au sépulcre Jésus.
Il vint. On avait mis une pierre dessus.
« Je crois en vous, dit Marthe, ainsi que Jean et Pierre;
Mais voilà quatre jours qu'il est sous cette pierre. »

Et Jésus dit : « Tais-toi, femme, car c'est le lieu
Où tu vas, si tu crois, voir la gloire de Dieu. »
Puis il reprit : « Il faut que cette pierre tombe. »
La pierre ôtée, on vit le dedans de la tombe.

Jésus leva les yeux au ciel et marcha seul
Vers cette ombre où le mort gisait dans son linceul,
Pareil au sac d'argent qu'enfouit un avare.
Et, se penchant, il dit à haute voix : « Lazare! »

Alors le mort sortit du sépulcre; ses pieds
Des bandes du linceul étaient encor liés;

Il se dressa debout le long de la muraille ;
Jésus dit : « Déliez cet homme, et qu'il s'en aille. »
Ceux qui virent cela crurent en Jésus-Christ.

Or, les prêtres, selon qu'au livre il est écrit,
S'assemblèrent, troublés, chez le préteur de Rome ;
Sachant que Christ avait ressuscité cet homme,
Et que tous avaient vu le sépulcre s'ouvrir,
Ils dirent : « Il est temps de le faire mourir. »

II

DÉCADENCE DE ROME

AU LION D'ANDROCLÈS.

La ville ressemblait à l'univers. C'était
Cette heure où l'on dirait que toute âme se tait,
Que tout astre s'éclipse et que le monde change.
Rome avait étendu sa pourpre sur la fange.
Où l'aigle avait plané, rampait le scorpion.
Trimalcion foulait les os de Scipion.
Rome buvait, gaie, ivre et la face rougie ;
Et l'odeur du tombeau sortait de cette orgie.
L'amour et le bonheur, tout était effrayant.
Lesbie, en se faisant coiffer, heureuse, ayant
Son Tibulle à ses pieds qui chantait leurs tendresses,
Si l'esclave persane arrangeait mal ses tresses,
Lui piquait les seins nus de son épingle d'or.
Le mal à travers l'homme avait pris son essor ;
Toutes les passions sortaient de leurs orbites.
Les fils aux vieux parents faisaient des morts subites.
Les rhéteurs disputaient les tyrans aux bouffons.
La boue et l'or régnaient. Dans les cachots profonds,
Les bourreaux s'accouplaient à des martyres mortes
Rome horrible chantait. Parfois, devant ses portes,

Quelque Crassus, vainqueur d'esclaves et de rois,
Plantait le grand chemin de vaincus mis en croix,
Et, quand Catulle, amant que notre extase écoute,
Errait avec Délie, aux deux bords de la route,
Six mille arbres humains saignaient sur leurs amours.
La gloire avait hanté Rome dans les grands jours ;
Toute honte à présent était la bienvenue.
Messaline en riant se mettait toute nue,
Et sur le lit public, lascive, se couchait.
Épaphrodite avait un homme pour hochet
Et brisait en jouant les membres d'Épictète.
Femme grosse, vieillard débile, enfant qui tette,
Captifs, gladiateurs, chrétiens, étaient jetés
Aux bêtes, et, tremblants, blêmes, ensanglantés,
Fuyaient, et l'agonie effarée et vivante
Se tordait dans le cirque, abîme d'épouvante.
Pendant que l'ours grondait, et que les éléphants,
Effroyables, marchaient sur les petits enfants,
La vestale songeait dans sa chaise de marbre.
Par moments, le trépas, comme le fruit d'un arbre,
Tombait du front pensif de la pâle beauté ;
Le même éclair de meurtre et de férocité
Passait de l'œil du tigre au regard de la vierge.
Le monde était le bois, l'empire était l'auberge.
De noirs passants trouvaient le trône en leur chemin,
Entraient, donnaient un coup de dent au genre humain,
Puis s'en allaient. Néron venait après Tibère.
César foulait aux pieds le Hun, le Goth, l'Ibère ;
Et l'empereur, pareil aux fleurs qui durent peu,
Le soir était charogne à moins qu'il ne fût dieu.
Le porc Vitellius roulait aux gémonies.
Escalier des grandeurs et des ignominies,

Bagne effrayant des morts, pilori des néants,
Saignant, fumant, infect, ce charnier de géants
Semblait fait pour pourrir le squelette du monde.
Des torturés râlaient sur cette rampe immonde,
Juifs sans langue, poltrons sans poings, larrons sans yeux ;
Ainsi que dans le cirque atroce et furieux
L'agonie était là, hurlant sur chaque marche.
Le noir gouffre cloaque au fond ouvrait son arche
Où croulait Rome entière ; et, dans l'immense égout,
Quand le ciel juste avait foudroyé coup sur coup,
Parfois deux empereurs, chiffres du fatal nombre,
Se rencontraient, vivants encore, et, dans cette ombre,
Où les chiens sur leurs os venaient mâcher leur chair,
Le César d'aujourd'hui heurtait celui d'hier.
Le crime sombre était l'amant du vice infâme.
Au lieu de cette race en qui Dieu mit sa flamme,
Au lieu d'Ève et d'Adam, si beaux, si purs tous deux,
Une hydre se traînait dans l'univers hideux ;
L'homme était une tête et la femme était l'autre.
Rome était la truie énorme qui se vautre.
La créature humaine, importune au ciel bleu,
Faisait une ombre affreuse à la cloison de Dieu ;
Elle n'avait plus rien de sa forme première ;
Son œil semblait vouloir foudroyer la lumière,
Et l'on voyait, c'était la veille d'Attila,
Tout ce qu'on avait eu de sacré jusque-là
Palpiter sous son ongle ; et pendre à ses mâchoires
D'un côté les vertus et de l'autre les gloires.
Les hommes rugissaient quand ils croyaient parler.
L'âme du genre humain songeait à s'en aller ;
Mais, avant de quitter à jamais notre monde,
Tremblante, elle hésitait sous la voûte profonde,

Et cherchait une bête où se réfugier.
On entendait la tombe appeler et crier.
Au fond, la pâle Mort riait sinistre et chauve
Ce fut alors que toi, né dans le désert fauve,
Où le soleil est seul avec Dieu, toi, songeur
De l'antre que le soir emplit de sa rougeur,
Tu vins dans la cité toute pleine de crimes ;
Tu frissonnas devant tant d'ombre et tant d'abîmes ;
Ton œil fit, sur ce monde horrible et châtié,
Flamboyer tout à coup l'amour et la pitié ;
Pensif, tu secouas ta crinière sur Rome,
Et, l'homme étant le monstre, ô lion, tu fus l'homme.

III

L'ISLAM

I

L'AN NEUF DE L'HÉGIRE.

Comme s'il pressentait que son heure était proche,
Grave, il ne faisait plus à personne un reproche ;
Il marchait en rendant aux passants leur salut ;
On le voyait vieillir chaque jour, quoiqu'il eût
A peine vingt poils blancs à sa barbe encor noire ;
Il s'arrêtait parfois pour voir les chameaux boire,
Se souvenant du temps qu'il était chamelier.

Il songeait longuement devant le saint pilier ;
Par moments, il faisait mettre une femme nue
Et la regardait, puis il contemplait la nue,
Et disait : « La beauté sur terre, au ciel le jour. »

Il semblait avoir vu l'Éden, l'âge d'amour,
Les temps antérieurs, l'ère immémoriale.
Il avait le front haut, la joue impériale,
Le sourcil chauve, l'œil profond et diligent,
Le cou pareil au col d'une amphore d'argent,
L'air d'un Noé qui sait le secret du déluge.
Si des hommes venaient le consulter, ce juge

Laissait l'un affirmer, l'autre rire et nier,
Écoutait en silence et parlait le dernier.
Sa bouche était toujours en train d'une prière ;
Il mangeait peu, serrant sur son ventre une pierre ;
Il s'occupait lui-même à traire ses brebis ;
Il s'asseyait à terre et cousait ses habits.

Il jeûnait plus longtemps qu'autrui les jours de jeûne,
Quoiqu'il perdît sa force et qu'il ne fût plus jeune.

A soixante-trois ans, une fièvre le prit.
Il relut le Koran de sa main même écrit,
Puis il remit au fils de Séid la bannière,
En lui disant : « Je touche à mon aube dernière,
Il n'est pas d'autre Dieu que Dieu. Combats pour lui. »
Et son œil, voilé d'ombre, avait ce morne ennui
D'un vieux aigle forcé d'abandonner son aire.
Il vint à la mosquée à son heure ordinaire,
Appuyé sur Ali, le peuple le suivant ;
Et l'étendard sacré se déployait au vent.
Là, pâle, il s'écria, se tournant vers la foule :
« Peuple, le jour s'éteint, l'homme passe et s'écoule ;
La poussière et la nuit, c'est nous. Dieu seul est grand.
Peuple, je suis l'aveugle et je suis l'ignorant.
Sans Dieu je serais vil plus que la bête immonde. »
Un scheik lui dit : « O chef des vrais croyants ! le monde,
Sitôt qu'il t'entendit, en ta parole crut ;
Le jour où tu naquis une étoile apparut,
Et trois tours du palais de Chosroès tombèrent. »
Lui reprit : « Sur ma mort les anges délibèrent ;
L'heure arrive. Écoutez. Si j'ai de l'un de vous
Mal parlé, qu'il se lève, ô peuple, et devant tous

Qu'il m'insulte et m'outrage avant que je m'échappe;
Si j'ai frappé quelqu'un, que celui-là me frappe. »
Et, tranquille, il tendit aux passants son bâton.
Une vieille, tondant la laine d'un mouton,
Assise sur un seuil, lui cria : « Dieu t'assiste ! »

Il semblait regarder quelque vision triste,
Et songeait; tout à coup, pensif, il dit : « Voilà,
Vous tous : je suis un mot dans la bouche d'Allah;
Je suis cendre comme homme et feu comme prophète.
J'ai complété d'Issa la lumière imparfaite.
Je suis la force, enfants; Jésus fut la douceur.
Le soleil a toujours l'aube pour précurseur.
Jésus m'a précédé, mais il n'est pas la Cause.
Il est né d'une vierge aspirant une rose.
Moi, comme être vivant, retenez bien ceci,
Je ne suis qu'un limon par les vices noirci;
J'ai de tous les péchés subi l'approche étrange;
Ma chair a plus d'affront qu'un chemin n'a de fange,
Et mon corps par le mal est tout déshonoré;
O vous tous, je serai bien vite dévoré
Si dans l'obscurité du cercueil solitaire
Chaque faute de l'homme engendre un ver de terre.
Fils, le damné renaît au fond du froid caveau,
Pour être par les vers dévoré de nouveau;
Toujours sa chair revit, jusqu'à ce que la peine,
Finie, ouvre à son vol l'immensité sereine.
Fils, je suis le champ vil des sublimes combats,
Tantôt l'homme d'en haut, tantôt l'homme d'en bas,
Et le mal dans ma bouche avec le bien alterne
Comme dans le désert le sable et la citerne;
Ce qui n'empêche pas que je n'aie, ô croyants!

Tenu tête dans l'ombre aux anges effrayants
Qui voudraient replonger l'homme dans les ténèbres;
J'ai parfois dans mes poings tordu leurs bras funèbres;
Souvent, comme Jacob, j'ai la nuit, pas à pas,
Lutté contre quelqu'un que je ne voyais pas;
Mais les hommes surtout ont fait saigner ma vie;
Ils ont jeté sur moi leur haine et leur envie,
Et, comme je sentais en moi la vérité,
Je les ai combattus, mais sans être irrité;
Et, pendant le combat, je criais : « Laissez faire !
« Je suis seul, nu, sanglant, blessé; je le préfère.
« Qu'ils frappent sur moi tous ! que tout leur soit permis !
« Quand même, se ruant sur moi, mes ennemis
« Auraient, pour m'attaquer dans cette voie étroite,
« Le soleil à leur gauche et la lune à leur droite,
« Ils ne me feraient point reculer ! » C'est ainsi
Qu'après avoir lutté quarante ans, me voici
Arrivé sur le bord de la tombe profonde,
Et j'ai devant moi Dieu, derrière moi le monde.
Quant à vous qui m'avez dans l'épreuve suivi,
Comme les Grecs Hermès et les Hébreux Lévi,
Vous avez bien souffert, mais vous verrez l'aurore.
Après la froide nuit, vous verrez l'aube éclore;
Peuple, n'en doutez pas; celui qui prodigua
Les lions aux ravins du Jebel-Kronnega,
Les perles à la mer et les astres à l'ombre,
Peut bien donner un peu de joie à l'homme sombre. »

Il ajouta : « Croyez, veillez; courbez le front.
Ceux qui ne sont ni bons ni mauvais resteront
Sur le mur qui sépare Éden d'avec l'abîme,
Étant trop noirs pour Dieu, mais trop blancs pour le crime;

Presque personne n'est assez pur de péchés
Pour ne pas mériter un châtiment; tâchez,
En priant, que vos corps touchent partout la terre;
L'enfer ne brûlera dans son fatal mystère
Que ce qui n'aura point touché la cendre, et Dieu
A qui baise la terre obscure, ouvre un ciel bleu;
Soyez hospitaliers; soyez saints; soyez justes;
Là-haut sont les fruits purs dans les arbres augustes,
Les chevaux sellés d'or, et, pour fuir aux sept cieux,
Les chars vivants ayant des foudres pour essieux;
Chaque houri, sereine, incorruptible, heureuse,
Habite un pavillon fait d'une perle creuse;
Le Gehennam attend les réprouvés; malheur!
Ils auront des souliers de feu dont la chaleur
Fera bouillir leur tête ainsi qu'une chaudière.
La face des élus sera charmante et fière. »

Il s'arrêta, donnant audience à l'esprit.
Puis, poursuivant sa marche à pas lents, il reprit :
« O vivants! je répète à tous que voici l'heure
Où je vais me cacher dans une autre demeure;
Donc, hâtez-vous. Il faut, le moment est venu,
Que je sois dénoncé par ceux qui m'ont connu,
Et que, si j'ai des torts, on me crache au visage. »

La foule s'écartait muette à son passage.
Il se lava la barbe au puits d'Aboulféia.
Un homme réclama trois drachmes, qu'il paya,
Disant : « Mieux vaut payer ici que dans la tombe. »
L'œil du peuple était doux comme un œil de colombe
En regardant cet homme auguste, son appui;
Tous pleuraient; quand, plus tard, il fut rentré chez lui,

Beaucoup restèrent là sans fermer la paupière,
Et passèrent la nuit couchés sur une pierre.
Le lendemain matin, voyant l'aube arriver :
« Aboubèkre, dit-il, je ne puis me lever,
Tu vas prendre le livre et faire la prière. »
Et sa femme Aïscha se tenait en arrière ;
Il écoutait pendant qu'Aboubèkre lisait,
Et souvent à voix basse achevait le verset ;
Et l'on pleurait pendant qu'il priait de la sorte.
Et l'ange de la mort vers le soir à la porte
Apparut, demandant qu'on lui permît d'entrer.
« Qu'il entre. » On vit alors son regard s'éclairer
De la même clarté qu'au jour de sa naissance ;
Et l'ange lui dit : « Dieu désire ta présence.
— Bien, » dit-il. Un frisson sur ses tempes courut,
Un souffle ouvrit sa lèvre, et Mahomet mourut.

II

MAHOMET.

Le divin Mahomet enfourchait tour à tour
Son mulet Daïdol et son âne Yafour;
Car le sage lui-même a, selon l'occurrence,
Son jour d'entêtement et son jour d'ignorance.

III

LE CÈDRE.

Omer, scheik de l'Islam et de la loi nouvelle
Que Mahomet ajoute à ce qu'Issa révèle,
Marchant, puis s'arrêtant, et sur son long bâton,
Par moments, comme un pâtre, appuyant son menton,
Errait près de Djeddah la sainte, sur la grève
De la mer Rouge, où Dieu luit comme au fond d'un rêve,
Dans le désert jadis noir de l'ombre des cieux,
Où Moïse voilé passait mystérieux.
Tout en marchant ainsi, plein d'une grave idée,
Par-dessus le désert, l'Égypte et la Judée,
A Pathmos, au penchant d'un mont, chauve sommet,
Il vit Jean qui, couché sur le sable, dormait.

Car saint Jean n'est pas mort, l'effrayant solitaire;
Dieu le tient en réserve; il reste sur la terre
Ainsi qu'Énoch le Juste, et, comme il est écrit,
Ainsi qu'Élie, afin de vaincre l'Antechrist.

Jean dormait; ces regards étaient fermés qui virent
Les océans du songe où les astres chavirent;

LE CÈDRE.

L'obscur sommeil couvrait cet œil illuminé,
Le seul chez les vivants auquel il fut donné
De regarder, par l'âpre ouverture du gouffre,
Les anges noirs vêtus de cuirasses de soufre,
Et de voir les Babels pencher, et les Sions
Tomber, et s'écrouler les blêmes visions,
Et les religions rire prostituées,
Et des noms de blasphème errer dans les nuées.

Jean dormait, et sa tête était nue au soleil.

Omer, le puissant prêtre, aux prophètes pareil,
Aperçut, tout auprès de la mer Rouge, à l'ombre
D'un santon, un vieux cèdre au grand feuillage sombre
Croissant dans un rocher qui bordait le chemin ;
Scheik Omer étendit à l'horizon sa main
Vers le nord habité par les aigles rapaces,
Et, montrant au vieux cèdre, au delà des espaces,
La mer Égée, et Jean endormi dans Pathmos,
Il poussa du doigt l'arbre et prononça ces mots :

« Va, cèdre! va couvrir de ton ombre cet homme. »

Le blanc spectre de sel qui regarde Sodome
N'est pas plus immobile au bord du lac amer
Que ne le fut le cèdre à qui parlait Omer ;
Plus rétif que l'onagre à la voix de son maître,
L'arbre n'agita pas une branche.

      Le prêtre
Dit : « Va donc! » et frappa l'arbre de son bâton.

Le cèdre, enraciné sous le mur du santon,
N'eut pas même un frisson et demeura paisible.

Le scheik alors tourna ses yeux vers l'invisible,
Fit trois pas, puis, ouvrant sa droite et la levant :
« Va ! cria-t-il, va, cèdre, au nom du Dieu vivant ! »

— Que n'as-tu prononcé ce nom plus tôt ? » dit l'arbre.
Et, frissonnant, brisant le dur rocher de marbre,
Dressant ses bras ainsi qu'un vaisseau ses agrès,
Fendant la vieille terre aïeule des forêts,
Le grand cèdre, arrachant aux profondes crevasses
Son tronc et sa racine et ses ongles vivaces,
S'envola comme un sombre et formidable oiseau.
Il passa le mont Gour posé comme un boisseau
Sur la rouge lueur des forgerons d'Érèbe ;
Laissa derrière lui Gophna, Jéricho, Thèbe,
L'Égypte aux dieux sans nombre, informe panthéon,
Le Nil, fleuve d'Éden, qu'Adam nommait Gehon,
Le champ de Galgala plein de couteaux de pierre,
Ur, d'où vint Abraham, Bethsad, où naquit Pierre,
Et, quittant le désert d'où sortent les fléaux,
Traversa Chanaan d'Arphac à Borcéos ;
Là, retrouvant la mer, vaste, obscure, sublime,
Il plongea dans la nue énorme de l'abîme,
Et, franchissant les flots, sombre gouffre ennemi,
Vint s'abattre à Pathmos près de Jean endormi.

Jean, s'étant réveillé, vit l'arbre, et le prophète
Songea, surpris d'avoir de l'ombre sur sa tête ;
Puis il dit, redoutable en sa sérénité :
« Arbre, que fais-tu là ? pourquoi t'es-tu hâté

De sourdre, de germer, de grandir dans une heure?
Pourquoi donner de l'ombre au roc où je demeure?
L'ordre éternel n'a point de ces rapidités;
Jéhovah, dont les yeux s'ouvrent de tous côtés,
Veut que l'œuvre soit lente, et que l'arbre se fonde
Sur un pied fort, scellé dans l'argile profonde;
Pendant qu'un arbre naît, bien des hommes mourront;
La pluie est sa servante, et, par le bois du tronc,
La racine aux rameaux frissonnants distribue
L'eau qui se change en séve aussitôt qu'elle est bue.
Dieu le nourrit de terre, et, l'en rassasiant,
Veut que l'arbre soit dur, solide et patient,
Pour qu'il brave, à travers sa rude carapace,
Les coups de fouet du vent tumultueux qui passe,
Pour qu'il porte le temps comme l'âne son bât,
Et qu'on puisse compter, quand la hache l'abat,
Les ans de sa durée aux anneaux de sa séve;
Un cèdre n'est pas fait pour croître comme un rêve;
Ce que l'heure a construit, l'instant peut le briser. »
Le cèdre répondit : « Jean, pourquoi m'accuser?
Jean, si je suis ici, c'est par l'ordre d'un homme. »
Et Jean, fauve songeur qu'en frémissant on nomme,
Reprit : « Quel est cet homme à qui tout se soumet? »
L'arbre dit : « C'est Omer, prêtre de Mahomet.
J'étais près de Djeddah depuis des ans sans nombre;
Il m'a dit de venir te couvrir de mon ombre. »
Alors Jean, oublié par Dieu chez les vivants,
Se tourna vers le sud et cria dans les vents,
Par-dessus le rivage austère de son île :
« Nouveaux venus, laissez la nature tranquille. »

IV

LE CYCLE HÉROÏQUE CHRÉTIEN

LE PARRICIDE.

Un jour, Kanut, à l'heure où l'assoupissement
Ferme partout les yeux sous l'obscur firmament,
Ayant pour seul témoin la nuit, l'aveugle immense,
Vit son père Swéno, vieillard presque en démence,
Qui dormait, sans un garde à ses pieds, sans un chien ;
Il le tua, disant : « Lui-même n'en sait rien. »
Puis il fut un grand roi.

     Toujours vainqueur, sa vie
Par la prospérité fidèle fut suivie ;
Il fut plus triomphant que la gerbe des blés ;
Quand il passait devant les vieillards assemblés,
Sa présence éclairait ces sévères visages ;
Par la chaîne des mœurs pures et des lois sages
A son cher Danemark natal il enchaîna
Vingt îles, Fionie, Arnhout, Folster, Mona ;
Il bâtit un grand trône en pierres féodales ;
Il vainquit les Saxons, les Pictes, les Vandales,
Le Celte, et le Borusse, et le Slave aux abois,
Et les peuples hagards qui hurlent dans les bois ;

Il abolit l'horreur idolâtre, et la rune,
Et le menhir féroce où le soir, à la brune,
Le chat sauvage vient frotter son dos hideux ;
Il disait en parlant du grand César : « Nous deux ; »
Une lueur sortait de son cimier polaire ;
Les monstres expiraient partout sous sa colère ;
Il fut, pendant vingt ans qu'on l'entendit marcher,
Le cavalier superbe et le puissant archer ;
L'hydre morte, il mettait le pied sur la portée ;
Sa vie, en même temps bénie et redoutée,
Dans la bouche du peuple était un fier récit ;
Rien que dans un hiver, ce chasseur détruisit
Trois dragons en Écosse, et deux rois en Scanie ;
Il fut héros, il fut géant, il fut génie ;
Le sort de tout un monde au sien semblait lié ;
Quant à son parricide, il l'avait oublié.
Il mourut. On le mit dans un cercueil de pierre ;
Et l'évêque d'Aarhus vint dire une prière,
Et chanter sur sa tombe un hymne, déclarant
Que Kanut était saint, que Kanut était grand,
Qu'un céleste parfum sortait de sa mémoire,
Et qu'ils le voyaient, eux, les prêtres, dans la gloire,
Assis comme un prophète à la droite de Dieu.

Le soir vint ; l'orgue en deuil se tut dans le saint lieu ;
Et les prêtres, quittant la haute cathédrale,
Laissèrent le roi mort dans la paix sépulcrale.
Alors il se leva, rouvrit ses yeux obscurs,
Prit son glaive, et sortit de la tombe, les murs
Et les portes étant brumes pour les fantômes ;
Il traversa la mer qui reflète les dômes
Et les tours d'Altona, d'Aarhus et d'Elseneur ;

L'ombre écoutait les pas de ce sombre seigneur ;
Mais il marchait sans bruit étant lui-même un songe ;
Il alla droit au mont Savo que le temps ronge,
Et Kanut s'approcha de ce farouche aïeul,
Et lui dit : « Laisse-moi, pour m'en faire un linceul,
O montagne Savo que la tourmente assiége,
Me couper un morceau de ton manteau de neige. »
Le mont le reconnut et n'osa refuser.
Kanut prit son épée impossible à briser,
Et sur le mont, tremblant devant ce belluaire,
Il coupa de la neige et s'en fit un suaire ;
Puis il cria : « Vieux mont, la mort éclaire peu ;
De quel côté faut-il aller pour trouver Dieu ? »
Le mont au flanc difforme, aux gorges obstruées,
Noir, triste dans le vol éternel des nuées,
Lui dit : « Je ne sais pas, spectre ; je suis ici. »
Kanut quitta le mont par les glaces saisi ;
Et le front haut, tout blanc dans son linceul de neige,
Il entra, par delà l'Islande et la Norvége,
Seul dans le grand silence et dans la grande nuit ;
Derrière lui le monde obscur s'évanouit ;
Il se trouva, lui, spectre, âme, roi sans royaume,
Nu, face à face avec l'immensité fantôme ;
Il vit l'infini, porche horrible et reculant
Où l'éclair, quand il entre, expire triste et lent,
L'ombre, hydre dont les nuits sont les pâles vertèbres,
L'informe se mouvant dans le noir ; les Ténèbres ;
Là, pas d'astre ; et pourtant on ne sait quel regard
Tombe de ce chaos immobile et hagard ;
Pour tout bruit, le frisson lugubre que fait l'onde
De l'obscurité, sourde, effarée et profonde ;
Il avança disant : « C'est la tombe ; au delà

C'est Dieu. » Quand il eut fait trois pas, il appela ;
Mais la nuit est muette ainsi que l'ossuaire,
Et rien ne répondit : pas un pli du suaire
Ne s'émut, et Kanut avança ; la blancheur
Du linceul rassurait le sépulcral marcheur ;
Il allait ; tout à coup, sur son livide voile
Il vit poindre et grandir comme une noire étoile ;
L'étoile s'élargit lentement, et Kanut,
La tâtant de sa main de spectre, reconnut
Qu'une goutte de sang était sur lui tombée ;
Sa tête, que la peur n'avait jamais courbée,
Se redressa ; terrible, il regarda la nuit,
Et ne vit rien ; l'espace était noir ; pas un bruit.
« En avant ! » dit Kanut levant sa tête fière ;
Une seconde tache auprès de la première
Tomba, puis s'élargit ; et le chef cimbrien
Regarda l'ombre épaisse et vague, et ne vit rien.
Comme un limier à suivre une piste s'attache,
Morne, il reprit sa route ; une troisième tache
Tomba sur le linceul. Il n'avait jamais fui ;
Kanut pourtant cessa de marcher devant lui,
Et tourna du côté du bras qui tient le glaive ;
Une goutte de sang, comme à travers un rêve,
Tomba sur le suaire et lui rougit la main ;
Pour la seconde fois il changea de chemin,
Comme en lisant on tourne un feuillet d'un registre,
Et se mit à marcher vers la gauche sinistre ;
Une goutte de sang tomba sur le linceul ;
Et Kanut recula, frémissant d'être seul,
Et voulut regagner sa couche mortuaire ;
Une goutte de sang tomba sur le suaire ;
Alors il s'arrêta livide, et ce guerrier,

LE PARRICIDE.

Blême, baissa la tête et tâcha de prier;
Une goutte de sang tomba sur lui. Farouche,
La prière effrayée expirant dans sa bouche,
Il se remit en marche; et, lugubre, hésitant,
Hideux, ce spectre blanc passait; et, par instant,
Une goutte de sang se détachait de l'ombre,
Implacable, et tombait sur cette blancheur sombre.
Il voyait, plus tremblant qu'au vent le peuplier,
Ces taches s'élargir et se multiplier;
Une autre, une autre, une autre, une autre, ô cieux funèbres!
Leur passage rayait vaguement les ténèbres;
Ces gouttes, dans les plis du linceul, finissant
Par se mêler, faisaient des nuages de sang;
Il marchait, il marchait; de l'insondable voûte
Le sang continuait à pleuvoir goutte à goutte,
Toujours, sans fin, sans bruit, et comme s'il tombait
De ces pieds noirs qu'on voit la nuit pendre au gibet;
Hélas! qui donc pleurait ces larmes formidables?
L'infini. Vers les cieux, pour le juste abordables,
Dans l'océan de nuit sans flux et sans reflux,
Kanut s'avançait, pâle et ne regardant plus;
Enfin, marchant toujours comme en une fumée,
Il arriva devant une porte fermée
Sous laquelle passait un jour mystérieux;
Alors sur son linceul il abaissa les yeux;
C'était l'endroit sacré, c'était l'endroit terrible;
On ne sait quel rayon de Dieu semble visible;
De derrière la porte on entend l'hosanna.

Le linceul était rouge et Kanut frissonna.

Et c'est pourquoi Kanut, fuyant devant l'aurore

Et reculant, n'a pas osé paraître encore
Devant le juge au front duquel le soleil luit;
C'est pourquoi ce roi sombre est resté dans la nuit,
Et, sans pouvoir rentrer dans sa blancheur première,
Sentant, à chaque pas qu'il fait vers la lumière,
Une goutte de sang sur sa tête pleuvoir,
Rôde éternellement sous l'énorme ciel noir.

II

LE MARIAGE DE ROLAND.

Ils se battent — combat terrible! — corps à corps.
Voilà déjà longtemps que leurs chevaux sont morts;
Ils sont là seuls tous deux dans une île du Rhône.
Le fleuve à grand bruit roule un flot rapide et jaune,
Le vent trempe en sifflant les brins d'herbe dans l'eau.
L'archange saint Michel attaquant Apollo
Ne ferait pas un choc plus étrange et plus sombre;
Déjà, bien avant l'aube, ils combattaient dans l'ombre.
Qui, cette nuit, eût vu s'habiller ces barons,
Avant que la visière eût dérobé leurs fronts,
Eût vu deux pages blonds, roses comme des filles.
Hier, c'étaient deux enfants riant à leurs familles,
Beaux, charmants; — aujourd'hui, sur ce fatal terrain,
C'est le duel effrayant de deux spectres d'airain,
Deux fantômes auxquels le démon prête une âme,
Deux masques dont les trous laissent voir de la flamme.
Ils luttent, noirs, muets, furieux, acharnés.
Les bateliers pensifs qui les ont amenés,
Ont raison d'avoir peur et de fuir dans la plaine,
Et d'oser, de bien loin, les épier à peine,

Car de ces deux enfants, qu'on regarde en tremblant,
L'un s'appelle Olivier et l'autre a nom Roland.

Et, depuis qu'ils sont là, sombres, ardents, farouches,
Un mot n'est pas encor sorti de ces deux bouches.

Olivier, sieur de Vienne et comte souverain,
A pour père Gérard et pour aïeul Garin.
Il fut pour ce combat habillé par son père.
Sur sa targe est sculpté Bacchus faisant la guerre
Aux Normands, Rollon ivre et Rouen consterné,
Et le dieu souriant par des tigres traîné
Chassant, buveur de vin, tous ces buveurs de cidre.
Son casque est enfoui sous les ailes d'une hydre;
Il porte le haubert que portait Salomon;
Son estoc resplendit comme l'œil d'un démon;
Il y grava son nom afin qu'on s'en souvienne;
Au moment du départ, l'archevêque de Vienne
A béni son cimier de prince féodal.

Roland a son habit de fer, et Durandal.

Ils luttent de si près avec de sourds murmures,
Que leur souffle âpre et chaud s'empreint sur leurs armures;
Le pied presse le pied; l'île à leurs noirs assauts
Tressaille au loin; l'acier mord le fer; des morceaux
De heaume et de haubert, sans que pas un s'émeuve,
Sautent à chaque instant dans l'herbe et dans le fleuve.
Leurs brassards sont rayés de longs filets de sang
Qui coule de leur crâne et dans leurs yeux descend.
Soudain, sire Olivier, qu'un coup affreux démasque,
Voit tomber à la fois son épée et son casque.

LE MARIAGE DE ROLAND.

Main vide et tête nue, et Roland l'œil en feu !
L'enfant songe à son père et se tourne vers Dieu.
Durandal sur son front brille. Plus d'espérance !
« Çà, dit Roland, je suis neveu du roi de France,
Je dois me comporter en franc neveu de roi.
Quand j'ai mon ennemi désarmé devant moi,
Je m'arrête. Va donc chercher une autre épée,
Et tâche, cette fois, qu'elle soit bien trempée.
Tu feras apporter à boire en même temps,
Car j'ai soif.

— Fils, merci, dit Olivier.

— J'attends,
Dit Roland, hâte-toi. »

Sire Olivier appelle
Un batelier caché derrière une chapelle.

« Cours à la ville, et dis à mon père qu'il faut
Une autre épée à l'un de nous, et qu'il fait chaud. »

Cependant les héros, assis dans les broussailles,
S'aident à délacer leurs capuchons de mailles,
Se lavent le visage et causent un moment.
Le batelier revient; il a fait promptement;
L'homme a vu le vieux comte; il rapporte une épée
Et du vin, de ce vin qu'aimait le grand Pompée
Et que Tournon récolte au flanc de son vieux mont.
L'épée est cette illustre et fière Closamont
Que d'autres quelquefois appellent Haute-Claire.
L'homme a fui. Les héros achèvent sans colère

Ce qu'ils disaient; le ciel rayonne au-dessus d'eux;
Olivier verse à boire à Roland; puis tous deux
Marchent droit l'un vers l'autre, et le duel recommence.
Voilà que par degrés de sa sombre démence
Le combat les enivre; il leur revient au cœur
Ce je ne sais quel dieu qui veut qu'on soit vainqueur,
Et qui, s'exaspérant aux armures frappées,
Mêle l'éclair des yeux aux lueurs des épées.

Ils combattent, versant à flots leur sang vermeil.
Le jour entier se passe ainsi. Mais le soleil
Baisse vers l'horizon. La nuit vient.

« Camarade,
Dit Roland, je ne sais, mais je me sens malade.
Je ne me soutiens plus, et je voudrais un peu
De repos.

— Je prétends, avec l'aide de Dieu,
Dit le bel Olivier, le sourire à la lèvre,
Vous vaincre par l'épée et non point par la fièvre.
Dormez sur l'herbe verte, et cette nuit, Roland,
Je vous éventerai de mon panache blanc.
Couchez-vous, et dormez.

— Vassal, ton âme est neuve,
Dit Roland. Je riais, je faisais une épreuve.
Sans m'arrêter et sans me reposer, je puis
Combattre quatre jours encore, et quatre nuits. »

Le duel reprend. La mort plane, le sang ruisselle.
Durandal heurte et suit Closamont; l'étincelle

LE MARIAGE DE ROLAND.

Jaillit de toutes parts sous leurs coups répétés.
L'ombre autour d'eux s'emplit de sinistres clartés.
Ils frappent; le brouillard du fleuve monte et fume;
Le voyageur s'effraye et croit voir dans la brume
D'étranges bûcherons qui travaillent la nuit.

Le jour naît, le combat continue à grand bruit;
La pâle nuit revient, ils combattent; l'aurore
Reparaît dans les cieux, ils combattent encore.

Nul repos. Seulement, vers le troisième soir,
Sous un arbre, en causant, ils sont allés s'asseoir;
Puis ont recommencé.

     Le vieux Gérard dans Vienne
Attend depuis trois jours que son enfant revienne.
Il envoie un devin regarder sur les tours;
Le devin dit : « Seigneur, ils combattent toujours. »

Quatre jours sont passés, et l'île et le rivage
Tremblent sous ce fracas monstrueux et sauvage.
Ils vont, viennent, jamais fuyant, jamais lassés,
Froissent le glaive au glaive et sautent les fossés,
Et passent, au milieu des ronces remuées,
Comme deux tourbillons et comme deux nuées.
O chocs affreux! terreur! tumulte étincelant!
Mais enfin Olivier saisit au corps Roland,
Qui de son propre sang en combattant s'abreuve,
Et jette d'un revers Durandal dans le fleuve.

« C'est mon tour maintenant, et je vais envoyer
Chercher un autre estoc pour vous, dit Olivier.

Le sabre du géant Sinnagog est à Vienne.
C'est, après Durandal, le seul qui vous convienne.
Mon père le lui prit alors qu'il le défit.
Acceptez-le. »

     Roland sourit. « Il me suffit
De ce bâton. » Il dit, et déracine un chêne.

Sire Olivier arrache un orme dans la plaine
Et jette son épée, et Roland, plein d'ennui,
L'attaque. Il n'aimait pas qu'on vînt faire après lui
Les générosités qu'il avait déjà faites.

Plus d'épée en leurs mains, plus de casque à leurs têtes,
Ils luttent maintenant, sourds, effarés, béants,
A grands coups de troncs d'arbre, ainsi que des géants.

Pour la cinquième fois, voici que la nuit tombe.
Tout à coup Olivier, aigle aux yeux de colombe,
S'arrête, et dit :

    « Roland, nous n'en finirons point.
Tant qu'il nous restera quelque tronçon au poing,
Nous lutterons ainsi que lions et panthères.
Ne vaudrait-il pas mieux que nous devinssions frères?
Écoute, j'ai ma sœur, la belle Aude au bras blanc,
Épouse-la.

    — Pardieu! je veux bien, dit Roland.
Et maintenant buvons, car l'affaire était chaude. »

C'est ainsi que Roland épousa la belle Aude.

III

AYMERILLOT.

Charlemagne, empereur à la barbe fleurie,
Revient d'Espagne; il a le cœur triste, il s'écrie :
« Roncevaux ! Roncevaux ! ô traître Ganelon ! »
Car son neveu Roland est mort dans ce vallon
Avec les douze pairs et toute son armée.
Le laboureur des monts qui vit sous la ramée
Est rentré chez lui, grave et calme, avec son chien;
Il a baisé sa femme au front, et dit : « C'est bien. »
Il a lavé sa trompe et son arc aux fontaines;
Et les os des héros blanchissent dans les plaines.

Le bon roi Charle est plein de douleur et d'ennui;
Son cheval syrien est triste comme lui.
Il pleure; l'empereur pleure de la souffrance
D'avoir perdu ses preux, ses douze pairs de France,
Ses meilleurs chevaliers qui n'étaient jamais las,
Et son neveu Roland, et la bataille, hélas !
Et surtout de songer, lui, vainqueur des Espagnes,
Qu'on fera des chansons dans toutes ces montagnes
Sur ces guerriers tombés devant des paysans,

Et qu'on en parlera plus de quatre cents ans!

Cependant il chemine; au bout de trois journées
Il arrive au sommet des hautes Pyrénées.
Là, dans l'espace immense il regarde en rêvant;
Et sur une montagne, au loin, et bien avant
Dans les terres, il voit une ville très-forte,
Ceinte de murs avec deux tours à chaque porte.
Elle offre à qui la voit ainsi dans le lointain
Trente maîtresses tours avec des toits d'étain
Et des mâchicoulis de forme sarrasine
Encor tout ruisselants de poix et de résine.
Au centre est un donjon si beau, qu'en vérité,
On ne le peindrait pas dans tout un jour d'été.
Ses créneaux sont scellés de plomb; chaque embrasure
Cache un archer dont l'œil toujours guette et mesure;
Ses gargouilles font peur; à son faîte vermeil
Rayonne un diamant gros comme le soleil,
Qu'on ne peut regarder fixement de trois lieues.

Sur la gauche est la mer aux grandes ondes bleues,
Qui jusqu'à cette ville apporte ses dromons.

Charle, en voyant ces tours, tressaille sur les monts.

« Mon sage conseiller, Naymes, duc de Bavière,
Quelle est cette cité près de cette rivière?
Qui la tient la peut dire unique sous les cieux.
Or, je suis triste, et c'est le cas d'être joyeux.
Oui, dussé-je rester quatorze ans dans ces plaines,
O gens de guerre, archers, compagnons, capitaines,
Mes enfants! mes lions! saint Denis m'est témoin

Que j'aurai cette ville avant d'aller plus loin ! »

Le vieux Naymes frissonne à ce qu'il vient d'entendre.

« Alors, achetez-la, car nul ne peut la prendre.
Elle a pour se défendre, outre ses Béarnais,
Vingt mille Turcs ayant chacun double harnais.
Quant à nous, autrefois, c'est vrai, nous triomphâmes;
Mais, aujourd'hui, vos preux ne valent pas des femmes,
Ils sont tous harassés et du gîte envieux,
Et je suis le moins las, moi qui suis le plus vieux.
Sire, je parle franc et je ne farde guère.
D'ailleurs, nous n'avons point de machines de guerre;
Les chevaux sont rendus, les gens rassasiés;
Je trouve qu'il est temps que vous vous reposiez,
Et je dis qu'il faut être aussi fou que vous l'êtes
Pour attaquer ces tours avec des arbalètes. »

L'empereur répondit au duc avec bonté :
« Duc, tu ne m'as pas dit le nom de la cité?

— On peut bien oublier quelque chose à mon âge.
Mais, sire, ayez pitié de votre baronnage;
Nous voulons nos foyers, nos logis, nos amours.
C'est ne jouir jamais que conquérir toujours.
Nous venons d'attaquer bien des provinces, sire,
Et nous en avons pris de quoi doubler l'empire.
Ces assiégés riraient de vous du haut des tours.
Ils ont, pour recevoir sûrement des secours
Si quelque insensé vient heurter leurs citadelles,
Trois souterrains creusés par les Turcs infidèles,
Et qui vont, le premier, dans le val de Bastan,

Le second, à Bordeaux, le dernier, chez Satan. »

L'empereur, souriant, reprit d'un air tranquille :
« Duc, tu ne m'as pas dit le nom de cette ville?

— C'est Narbonne.

— Narbonne est belle, dit le roi,
Et je l'aurai; je n'ai jamais vu, sur ma foi,
Ces belles filles-là sans leur rire au passage,
Et me piquer un peu les doigts à leur corsage. »

Alors, voyant passer un comte de haut lieu,
Et qu'on appelait Dreus de Montdidier. « Pardieu!
Comte, ce bon duc Nayme expire de vieillesse!
Mais vous, ami, prenez Narbonne, et je vous laisse
Tout le pays d'ici jusques à Montpellier;
Car vous êtes le fils d'un gentil chevalier;
Votre oncle, que j'estime, était abbé de Chelles,
Vous-même êtes vaillant; donc, beau sire, aux échelles!
L'assaut!

— Sire empereur, répondit Montdidier,
Je ne suis désormais bon qu'à congédier;
J'ai trop porté haubert, maillot, casque et salade;
J'ai besoin de mon lit, car je suis fort malade;
J'ai la fièvre; un ulcère aux jambes m'est venu;
Et voilà plus d'un an que je n'ai couché nu.
Gardez tout ce pays, car je n'en ai que faire. »

L'empereur ne montra ni trouble ni colère.
Il chercha du regard Hugo de Cotentin

Ce seigneur était brave et comte palatin.

« Hugues, dit-il, je suis aise de vous apprendre
Que Narbonne est à vous ; vous n'avez qu'à la prendre. »

Hugo de Cotentin salua l'empereur.

« Sire, c'est un manant heureux qu'un laboureur !
Le drôle gratte un peu la terre brune ou rouge,
Et, quand sa tâche est faite, il rentre dans son bouge.
Moi, j'ai vaincu Tryphon, Thessalus, Gaïffer ;
Par le chaud, par le froid, je suis vêtu de fer ;
Au point du jour, j'entends le clairon pour antienne ;
Je n'ai plus à ma selle une boucle qui tienne ;
Voilà longtemps que j'ai pour unique destin
De m'endormir fort tard pour m'éveiller matin,
De recevoir des coups pour vous et pour les vôtres.
Je suis très-fatigué. Donnez Narbonne à d'autres. »

Le roi laissa tomber sa tête sur son sein.
Chacun songeait, poussant du coude son voisin.
Pourtant Charle, appelant Richer de Normandie :
« Vous êtes grand seigneur et de race hardie,
Duc ; ne voudrez-vous pas prendre Narbonne un peu ?

— Empereur, je suis duc par la grâce de Dieu.
Ces aventures-là vont aux gens de fortune.
Quand on a ma duché, roi Charle, on n'en veut qu'une. »

L'empereur se tourna vers le comte de Gand :

« Tu mis jadis à bas Maugiron le brigand.

Le jour où tu naquis sur la plage marine,
L'audace avec le souffle entra dans ta poitrine :
Bavon, ta mère était de fort bonne maison ;
Jamais on ne t'a fait choir que par trahison ;
Ton âme après la chute était encor meilleure.
Je me rappellerai jusqu'à ma dernière heure
L'air joyeux qui parut dans ton œil hasardeux,
Un jour que nous étions en marche seuls tous deux,
Et que nous entendions dans les plaines voisines
Le cliquetis confus des lances sarrasines.
Le péril fut toujours de toi bien accueilli,
Comte ; eh bien, prends Narbonne, et je t'en fais bailli.

— Sire, dit le Gantois, je voudrais être en Flandre.
J'ai faim, mes gens ont faim ; nous venons d'entreprendre
Une guerre à travers un pays endiablé ;
Nous y mangions, au lieu de farine de blé,
Des rats et des souris, et, pour toutes ribotes,
Nous avons dévoré beaucoup de vieilles bottes.
Et puis votre soleil d'Espagne m'a hâlé
Tellement, que je suis tout noir et tout brûlé ;
Et, quand je reviendrai de ce ciel insalubre
Dans ma ville de Gand avec ce front lugubre,
Ma femme, qui déjà peut-être a quelque amant,
Me prendra pour un Maure et non pour un Flamand !
J'ai hâte d'aller voir là-bas ce qui se passe.
Quand vous me donneriez, pour prendre cette place,
Tout l'or de Salomon et tout l'or de Pépin,
Non ! je m'en vais en Flandre, où l'on mange du pain.

— Ces bons Flamands, dit Charle, il faut que cela mange ! »

Il reprit :

« Çà, je suis stupide. Il est étrange
Que je cherche un preneur de ville, ayant ici
Mon vieil oiseau de proie, Eustache de Nancy.
Eustache, à moi! Tu vois, cette Narbonne est rude;
Elle a trente châteaux, trois fossés, et l'air prude;
A chaque porte un camp, et, pardieu! j'oubliais,
Là-bas, six grosses tours en pierre de liais.
Ces douves-là nous font parfois si grise mine
Qu'il faut recommencer à l'heure où l'on termine,
Et que, la ville prise, on échoue au donjon.
Mais qu'importe! es-tu pas le grand aigle?

— Un pigeon,
Un moineau, dit Eustache, un pinson dans la haie!
Roi, je me sauve au nid. Mes gens veulent leur paie;
Or, je n'ai pas le sou; sur ce, pas un garçon
Qui me fasse crédit d'un coup d'estramaçon;
Leurs yeux me donneront à peine une étincelle
Par sequin qu'ils verront sortir de l'escarcelle.
Tas de gueux! Quant à moi, je suis très-ennuyé;
Mon vieux poing tout sanglant n'est jamais essuyé;
Je suis moulu. Car, sire, on s'échine à la guerre;
On arrive à haïr ce qu'on aimait naguère,
Le danger qu'on voyait tout rose, on le voit noir;
On s'use, on se disloque, on finit par avoir
La goutte aux reins, l'entorse aux pieds, aux mains l'ampoule,.
Si bien, qu'étant parti vautour, on revient poule.
Je désire un bonnet de nuit. Foin du cimier!
J'ai tant de gloire, ô roi, que j'aspire au fumier. »

Le bon cheval du roi frappait du pied la terre
Comme s'il comprenait ; sur le mont solitaire
Les nuages passaient. Gérard de Roussillon
Était à quelques pas avec son bataillon ;
Charlemagne en riant vint à lui.

« Vaillant homme,
Vous êtes dur et fort comme un Romain de Rome ;
Vous empoignez le pieu sans regarder aux clous ;
Gentilhomme de bien, cette ville est à vous ! »

Gérard de Roussillon regarda d'un air sombre
Son vieux gilet de fer rouillé, le petit nombre
De ses soldats marchant tristement devant eux.
Sa bannière trouée et son cheval boiteux.

« Tu rêves, dit le roi, comme un clerc en Sorbonne.
Faut-il donc tant songer pour accepter Narbonne?

— Roi, dit Gérard, merci, j'ai des terres ailleurs. »

Voilà comme parlaient tous ces fiers batailleurs
Pendant que les torrents mugissaient sous les chênes.

L'empereur fit le tour de tous ses capitaines ;
Il appela les plus hardis, les plus fougueux,
Eudes, roi de Bourgogne, Albert de Périgueux,
Samo, que la légende aujourd'hui divinise,
Garin, qui, se trouvant un beau jour à Venise,
Emporta sur son dos le lion de Saint-Marc,
Ernaut de Beauléande, Ogier de Danemark,
Roger enfin, grande âme au péril toujours prête.

Ils refusèrent tous.

   Alors, levant la tête,
Se dressant tout debout sur ses grands étriers,
Tirant sa large épée aux éclairs meurtriers,
Avec un âpre accent plein de sourdes huées,
Pâle, effrayant, pareil à l'aigle des nuées,
Terrassant du regard son camp épouvanté,
L'invincible empereur s'écria : « Lâcheté !
O comtes palatins tombés dans ces vallées,
O géants qu'on voyait debout dans les mêlées,
Devant qui Satan même aurait crié merci,
Olivier et Roland, que n'êtes-vous ici !
Si vous étiez vivants, vous prendriez Narbonne,
Paladins! vous, du moins, votre épée était bonne,
Votre cœur était haut, vous ne marchandiez pas!
Vous alliez en avant sans compter tous vos pas!
O compagnons couchés dans la tombe profonde,
Si vous étiez vivants, nous prendrions le monde !
Grand Dieu! que voulez-vous que je fasse à présent?
Mes yeux cherchent en vain un brave au cœur puissant,
Et vont, tout effrayés de nos immenses tâches,
De ceux-là qui sont morts à ceux-ci qui sont lâches!
Je ne sais point comment on porte des affronts!
Je les jette à mes pieds, je n'en veux pas!... Barons,
Vous qui m'avez suivi jusqu'à cette montagne,
Normands, Lorrains, marquis des marches d'Allemagne,
Poitevins, Bourguignons, gens du pays Pisan,
Bretons, Picards, Flamands, Français, allez-vous-en!
Guerriers, allez-vous-en d'auprès de ma personne,
Des camps où l'on entend mon noir clairon qui sonne,
Rentrez dans vos logis, allez-vous-en chez vous,

Allez-vous-en d'ici, car je vous chasse tous !
Je ne veux plus de vous ! retournez chez vos femmes !
Allez vivre cachés, prudents, contents, infâmes !
C'est ainsi qu'on arrive à l'âge d'un aïeul.
Pour moi, j'assiégerai Narbonne à moi tout seul.
Je reste ici, rempli de joie et d'espérance !
Et, quand vous serez tous dans notre douce France,
O vainqueurs des Saxons et des Aragonais !
Quand vous vous chaufferez les pieds à vos chenets,
Tournant le dos aux jours de guerres et d'alarmes,
Si l'on vous dit, songeant à tous vos grands faits d'armes
Qui remplirent longtemps la terre de terreur :
« Mais où donc avez-vous quitté votre empereur? »
Vous répondrez, baissant les yeux vers la muraille :
« Nous nous sommes enfuis le jour d'une bataille,
« Si vite et si tremblants et d'un pas si pressé
« Que nous ne savons plus où nous l'avons laissé ! »
Ainsi Charles de France appelé Charlemagne,
Exarque de Ravenne, empereur d'Allemagne,
Parlait dans la montagne avec sa grande voix ;
Et les pâtres lointains, épars au fond des bois,
Croyaient en l'entendant que c'était le tonnerre.

Les barons consternés fixaient leurs yeux à terre.
Soudain, comme chacun demeurait interdit,
Un jeune homme bien fait sortit des rangs, et dit .

« Que monsieur saint Denis garde le roi de France ! »

L'empereur fut surpris de ce ton d'assurance.

Il regarda celui qui s'avançait, et vit,

Comme le roi Saül lorsque apparut David,
Une espèce d'enfant au teint rose, aux mains blanches,
Que d'abord les soudards dont l'estoc bat les hanches
Prirent pour une fille habillée en garçon,
Doux, frêle, confiant, serein, sans écusson
Et sans panache, ayant, sous ses habits de serge,
L'air grave d'un gendarme et l'air froid d'une vierge.
« Toi, que veux-tu, dit Charle, et qu'est-ce qui t'émeut?

— Je viens vous demander ce dont pas un ne veut :
L'honneur d'être, ô mon roi, si Dieu ne m'abandonne,
L'homme dont on dira : « C'est lui qui prit Narbonne. »

L'enfant parlait ainsi d'un air de loyauté,
Regardant tout le monde avec simplicité.

Le Gantois, dont le front se relevait très-vite,
Se mit à rire et dit aux reîtres de sa suite :
« Hé! c'est Aymerillot, le petit compagnon!

— Aymerillot, reprit le roi; dis-nous ton nom.

— Aymery. Je suis pauvre autant qu'un pauvre moine;
J'ai vingt ans, je n'ai point de paille et point d'avoine,
Je sais lire en latin, et je suis bachelier.
Voilà tout, sire. Il plut au sort de m'oublier
Lorsqu'il distribua les fiefs héréditaires.
Deux liards couvriraient fort bien toutes mes terres,
Mais tout le grand ciel bleu n'emplirait pas mon cœur
J'entrerai dans Narbonne et je serai vainqueur.
Après, je châtierai les railleurs, s'il en reste. »

Charles, plus rayonnant que l'archange céleste,
S'écria :

« Tu seras, pour ce propos hautain,
Aymery de Narbonne et comte palatin,
Et l'on te parlera d'une façon civile.
Va, fils ! »

Le lendemain Aymery prit la ville.

V

BIVAR.

Bivar était, au fond d'un bois sombre, un manoir
Carré, flanqué de tours, fort vieux, et d'aspect noir.
La cour était petite et la porte était laide
Quand le scheik Jabias, depuis roi de Tolède,
Vint visiter le Cid au retour de Cintra.
Dans l'étroit patio le prince maure entra ;
Un homme, qui tenait à la main une étrille,
Pansait une jument attachée à la grille ;
Cet homme, dont le scheik ne voyait que le dos,
Venait de déposer à terre des fardeaux,
Un sac d'avoine, une auge, un harnais, une selle ;
La bannière arborée au donjon était celle
De don Diègue, ce père étant encor vivant ;
L'homme, sans voir le scheik, frottant, brossant, lavant,
Travaillait, tête nue et bras nus, et sa veste
Était d'un cuir farouche et d'une mode agreste ;
Le scheik, sans ébaucher même un *buenos dias*,
Dit : « Manant, je viens voir le seigneur Ruy Diaz,
Le grand campéador des Castilles. » Et l'homme,
Se retournant, lui dit : « C'est moi.

— Quoi! vous qu'on nomme
Le héros, le vaillant, le seigneur des pavois,
S'écria Jabias, c'est vous qu'ainsi je vois!
Quoi! c'est vous qui n'avez qu'à vous mettre en campagne
Et qu'à dire : « Partons! » pour donner à l'Espagne,
D'Avis à Gibraltar, d'Algarve à Cadafal,
O grand Cid, le frisson du clairon triomphal,
Et pour faire accourir au-dessus de vos tentes,
Ailes au vent, l'essaim des victoires chantantes!
Lorsque je vous ai vu, seigneur, moi prisonnier,
Vous vainqueur, au palais du roi, l'été dernier,
Vous aviez l'air royal du conquérant de l'Èbre;
Vous teniez à la main la Tizona célèbre;
Votre magnificence emplissait cette cour,
Comme il sied quand on est celui d'où vient le jour;
Cid, vous étiez vraiment un Bivar très-superbe;
On eût dans un brasier cueilli des touffes d'herbe,
Seigneur, plus aisément, certes, qu'on n'eût trouvé
Quelqu'un qui devant vous prît le haut du pavé;
Plus d'un richomme avait pour orgueil d'être membre
De votre servidumbre et de votre antichambre;
Le Cid dans sa grandeur allait, venait, parlait,
La faisant boire à tous, comme aux enfants le lait;
D'altiers ducs, tout enflés de faste et de tempête,
Qui, depuis qu'ils avaient le chapeau sur la tête,
D'aucun homme vivant ne s'étaient souciés,
Se levaient, sans savoir pourquoi, quand vous passiez;
Vous vous faisiez servir par tous les gentilshommes;
Le Cid comme une altesse avait ses majordomes;
Lerme était votre archer; Gusman, votre frondeur;
Vos habits étaient faits avec de la splendeur;
Vous si bon, vous aviez la pompe de l'armure;

Votre miel semblait or comme l'orange mûre.
Sans cesse autour de vous vingt coureurs étaient prêts.
Nul n'était au-dessus du Cid, et nul auprès;
Personne, eût-il été de la royale estrade,
Prince, infant, n'eût osé vous dire : Camarade!
Vous éclatiez, avec des rayons jusqu'aux cieux,
Dans une préséance éblouissante aux yeux;
Vous marchiez entouré d'un ordre de bataille;
Aucun sommet n'était trop haut pour votre taille,
Et vous étiez un fils d'une telle fierté
Que les aigles volaient tous de votre côté.
Vous regardiez ainsi que néants et fumées
Tout ce qui n'était pas commandement d'armées,
Et vous ne consentiez qu'au nom de général;
Cid était le baron suprême et magistral;
Vous dominiez tout, grand, sans chef, sans joug, sans digue,
Absolu, lance au poing, panache au front. »

                                              Rodrigue
Répondit : « Je n'étais alors que chez le roi. »

Et le scheik s'écria : « Mais, Cid, aujourd'hui, quoi,
Que s'est-il donc passé? quel est cet équipage?
J'arrive, et je vous trouve en veste, comme un page,
Dehors, bras nus, nu-tête, et si petit garçon
Que vous avez en main l'auge et le caveçon!
Et faisant ce qu'il sied aux écuyers de faire!

—Scheik, dit le Cid, je suis maintenant chez mon père. »

V

LE JOUR DES ROIS.

I

L'aube sur les grands monts se leva frémissante
Le six janvier de l'an du Christ huit cent soixante,
Comme si dans les cieux cette clarté savait
Pourquoi l'homme de fer et d'acier se revêt
Et quelle ombre il prépare aux livides journées.

Une blême blancheur baigne les Pyrénées;
Le louche point du jour de la morne saison,
Par places, dans le large et confus horizon,
Brille, aiguise un clocher, ébauche un monticule;
Et la plaine est obscure, et dans le crépuscule
L'Egba, l'Arga, le Cil, tous ces cours d'eau rampants,
Font des fourmillements d'éclairs et de serpents;
Le bourg Chagres est là près de sa forteresse.

II

Le mendiant du pont de Crassus, où se dresse
L'autel d'Hercule offert aux Jeux Aragonaux,

Est, comme à l'ordinaire, entre deux noirs créneaux,
Venu s'asseoir, tranquille et muet, dès l'aurore.
La larve qui n'est plus ou qui n'est pas encore
Ressemble à ce vieillard, spectre aux funèbres yeux,
Grelottant dans l'horreur d'un haillon monstrueux;
C'est le squelette ayant faim et soif dans la tombe.
Dans ce siècle où sur tous l'esclavage surplombe,
Où tout être, perdu dans la nuit, quel qu'il soit,
Même le plus petit, même le plus étroit,
Offre toujours assez de place pour un maître,
Où c'est un tort de vivre, où c'est un crime d'être,
Ce pauvre homme est chétif au point qu'il est absous;
Il habite le coin du néant, au-dessous
Du dernier échelon de la souffrance humaine,
Si bas, que les heureux ne prennent pas la peine
D'ajouter sa misère à leur joyeux orgueil,
Ni les infortunés d'y confronter leur deuil;
Penché sur le tombeau plein de l'ombre mortelle,
Il est comme un cheval attendant qu'on dételle;
Abject au point que l'homme et la femme, les pas,
Les bruits, l'enterrement, la noce, les trépas,
Les fêtes, sans l'atteindre, autour de lui s'écoulent;
Et le bien et le mal, sans le voir, sur lui roulent;
Tout au plus raille-t-on ce gueux sur son fumier;
Tout le tumulte humain, soldats au fier cimier,
Moines tondus, l'amour, le meurtre, la bataille,
Ignore cette cendre ou rit de cette paille;
Qu'est-il? Rien, ver de terre, ombre; et même l'ennui
N'a pas le temps de perdre un coup de pied sur lui.
Il rampe entre la chose et la bête de somme;
Tibère, sans marcher dessus, verrait cet homme,
Cet être obscur, infect, pétrifié, dormant,

Ne valant pas l'effort de son écrasement;
Celui qui le voit, dit : « C'est l'idiot! » et passe;
Son regard fixe semble effaré par l'espace;
Infirme, il ne pourrait manier des outils;
C'est un de ces vivants lugubres, engloutis
Dans cette extrémité de l'ombre où se termine
La maladie en lèpre et l'ordure en vermine.
C'est à lui que les maux en bas sont limités;
Du rendez-vous des deuils et des calamités
Sa loque, au vent flottante, est l'effroyable enseigne;
Sous ses ongles crispés sa peau s'empourpre et saigne;
Il regarde, voit-il? il écoute, entend-il?
Si cet être aperçoit l'homme, c'est de profil,
Nul visage n'étant tourné vers ses ténèbres;
La famine et la fièvre ont ployé ses vertèbres;
On voudrait balayer son ombre du pavé;
Au passant qui lui donne, il bégaye un Ave;
Sa parole ébauchée en murmure s'achève;
Et si, dans sa stupeur et du fond de son rêve,
Parfois à quelque chose, ici-bas, il répond,
C'est à ce que dit l'eau sous les arches du pont.

Sa maigreur est hideuse aux trous de sa guenille.
Et le seul point par où ce fantôme chenille
Touche aux hommes courbés le soir et le matin,
C'est, à l'aube, au couchant, sa prière en latin,
Dans l'ombre, d'une voix lente psalmodiée.

III

Flamme au septentrion. C'est Vich incendiée.
Don Pancho s'est rué sur Vich au point du jour.

LE JOUR DES ROIS.

Pancho, roi d'Oloron, commande au carrefour
Des trois pertuis profonds qui vont d'Espagne en France;
Voulant piller, il a donné la préférence
A Vich, qui fait commerce avec Tarbe et Cahors;
Pancho, fauve au dedans, est difforme au dehors;
Il est camard, son nez étant sans cartilages,
Et si méchant, qu'on dit que les gens des villages
Ramassent du poil d'ours où cet homme a passé.
Il a brisé la porte, enjambé le fossé,
Est entré dans l'église, et sous les sombres porches
S'est dressé, rouge spectre, ayant aux poings deux torches;
Et maintenant, maisons, tours, palais spacieux,
Toute la ville monte en lueur dans les cieux.

Flamboiement au midi. C'est Girone qui brûle.
Le roi Blas a jadis eu d'Inez la matrulle
Deux bâtards, ce qui fait qu'à cette heure l'on a
Gil, roi de Luz, avec Jean, duc de Cardona;
L'un règne à Roncevaux et l'autre au col d'Andorre.
Quiconque voit des dieux dans les loups, les adore.
Ils ont, la veille au soir, quitté leurs deux donjons,
Ensemble, avec leur bande, en disant : « Partageons! »
N'étant pas trop de deux pour ce qu'ils ont à faire.
En route, le plus jeune a crié : « Bah! mon frère,
Rions; et renonçons à la chose, veux-tu?
Revenons sur nos pas; je ne suis point têtu;
Si tu veux t'en ôter, c'est dit, je me retire.
— Ma règle, a dit l'aîné, c'est de ne jamais rire
Ni reculer, ayant derrière moi l'enfer. »
Et c'est ainsi qu'ils ont, ces deux princes de fer,
Après avoir rompu le mur qui la couronne,
Brûlé la belle ville heureuse de Girone;

Et fait noir l'horizon que le Seigneur fait bleu.

Rongeur à l'orient. C'est Lumbier en feu.
Ariscat l'est venu piller pour se distraire.
Ariscat est le roi d'Aguas; ce téméraire,
Car, en basque, Ariscat veut dire le Hardi,
A son donjon debout près du pic du Midi,
Comme s'il s'égalait à la montagne immense.
Il brûle Lumbier comme on brûla Numance;
L'histoire est quelquefois l'infidèle espion :
Elle oublie Ariscat et vante Scipion;
N'importe! le roi basque est invincible, infâme,
Superbe, comme un autre, et fait sa grande flamme;
Cette ville n'est plus qu'un bûcher; il est fier;
Et le tas de tisons d'Ariscat, Lumbier,
Vaut bien Tyr, le monceau de braises d'Alexandre.

Fumée à l'occident. C'est Teruel en cendre.
Le roi du mont Jaxa, Gesufal le Cruel,
Pour son baiser terrible a choisi Teruel;
Il vient d'en approcher ses deux lèvres funèbres,
Et Teruel se tord dans un flot de ténèbres.
Le fort que sur un pic Gesufal éleva
Est si haut, que du faîte on voit tout l'Alava,
Tout l'Èbre, les deux mers, et le merveilleux golfe
Où tombe Phaéthon et d'où s'envole Astolphe.
Gesufal est ce roi, gai comme les démons,
Qui disait aux pays gisant au pied des monts,
Sol inquiet, tremblant comme une solfatare :
« Je suis ménétrier; je mets à ma guitare
La corde des gibets dressés sur le chemin;
Dansez, peuples! j'ai deux royaumes dans ma main;

Aragon et Léon sont mes deux castagnettes. »
C'est lui qui dit encor : « Je fais les places nettes. »
Et Teruel, hier une ville, aujourd'hui
Est de l'ombre. O désastre, ô peuple sans appui!
Des tourbillons de nuit et d'étincelles passent,
Les façades au fond des fournaises s'effacent,
L'enfant cherche la femme et la femme l'enfant,
Un râle horrible sort du foyer étouffant;
Les flammèches au vent semblent d'affreux moustiques;
On voit dans le brasier le comptoir des boutiques
Où le marchand vendait la veille, et les tiroirs
Sont là béants, montrant de l'or dans leurs coins noirs.
Le feu poursuit la foule et sur les toits s'allonge;
On crie, on tombe, on fuit, tant la vie est un songe!

IV

Qu'est-ce que ce torrent des rois? Pourquoi ce choix,
Quatre villes? Pourquoi toutes quatre à la fois?
Sont-ce des châtiments, ou n'est-ce qu'un carnage?
Pas de choix. Le hasard, ou bien le voisinage,
Voilà tout; le butin pour but et pour raison;
Quant aux quatre cités brûlant à l'horizon,
Regardez : vous verrez bien d'autres rougeurs sombres.
Toute la perspective est un tas de décombres.
La montagne a jeté sur la plaine ses rois,
Rien de plus. Quant au fait, le voici : Navarrois,
Basques, Aragonais, Catalans, ont des terres;
Pourquoi? Pour enrichir les princes. Monastères
Et seigneurs sont le but du paysan. Le droit
Est l'envers du pouvoir dont la force est l'endroit;

Depuis que le puissant sur le faible se rue,
Entre l'homme d'épée et l'homme de charrue,
Il existe une loi dont l'article premier
C'est que l'un est le maître et l'autre le fermier;
Les enfants sont manants, les femmes sont servantes.
A quoi bon discuter? Sans cessions ni ventes,
La maison appartient au fort, source des lois,
Et le bourg est à qui peut pendre le bourgeois;
Toute chose est à l'homme armé; les cimeterres
Font les meilleurs contrats et sont les bons notaires;
Qui peut prendre doit prendre, et le tabellion
Qui sait le mieux signer un bail, c'est le lion.

Cela posé, qu'ont fait ces peuples? Leur délire
Fut triste. L'autre mois, les rois leur ont fait dire
D'alimenter les monts d'où l'eau vers eux descend,
Et d'y mener vingt bœufs et vingt moutons sur cent,
Plus, une fanéga d'orge et de blé par homme.
La plaine est ouvrière et partant économe;
Les pays plats se sont humblement excusés,
Criant grâce, alléguant qu'ils n'ont de rien assez,
Que maigre est l'Aragon et pauvre la Navarre.
Peuple pauvre, les rois prononcent peuple avare;
De là, frémissement et colère là-haut.
Ordre aux arrière-bans d'accourir au plus tôt;
Et Gesufal, celui d'où tombent les sentences,
A fait venir devant un monceau de potences
Les alcades des champs et les anciens des bourgs,
Affirmant qu'il irait, au son de ses tambours,
Pardieu! chercher leurs bœufs chez eux sous des arcades
Faites de pieds d'anciens et de jambes d'alcades.
Le refus persistant, les rois sont descendus.

V

Et c'est pourquoi, s'étant par message entendus,
En bons cousins, étant convenus en famille
De sortir à la fois, vers l'heure où l'aube brille,
Chacun de sa montagne et chacun de sa tour,
Ils vont fêtant le jour des rois, car c'est leur jour,
Par un grand brûlement de villes dans la plaine.

Déroute; enfants, vieillards, bœufs, moutons; clameur vaine,
Trompettes, cris de guerre : exterminons! frappons!
Chariots s'accrochant aux passages des ponts;
Les champs hagards sont pleins de sombres débandades;
La même flamme court sur les cinq Mérindades;
Olite tend les bras à Tudela qui fuit
Vers la pâle Estrella sur qui le brandon luit;
Et Sanguesa frémit, et toutes quatre ensemble
Appellent au secours Pampelune qui tremble.
Comme on sait tous les noms de ces rois, Gilimer,
Torismondo, Garci, grand maître de la mer,
Harizetta, Wermond, Barbo, l'homme égrégore,
Juan, prince de Héas, Guy, comte de Bigorre,
Blas-el-Matador, Gil, Francavel, Favilla,
Et qu'enfin c'est un flot terrible qui vient là,
Devant toutes ces mains dans tant d'horreurs trempées,
On n'a pas songé même à courir aux épées;
On sent qu'en cet essaim que la rage assembla,
Chaque monstre est un grain de cendre d'Attila,
Qu'ils sont fléaux, qu'ils ont en eux l'esprit de guerre;
Qu'ouverts comme Oyarzun, fermés comme Figuère,

Tous les bourgs sont égaux devant l'effrayant vol
De ces chauves-souris du noir ciel espagnol,
Et que tours et créneaux croulent comme des rêves
Au tourbillonnement farouche de leurs glaives;
Nul ne résiste; on meurt. Tant d'hommes poursuivis!
Pas une ville n'a dressé son pont-levis,
Croyant fléchir les rois écumants de victoire
Par l'acceptation tremblante de leur gloire.
On se cache, on s'enfuit, chacun avec les siens.
Ils ont vers Gesufal envoyé leurs anciens,
Pieds nus, la corde au cou, criant miséricorde;
Fidèle à sa promesse, il a serré la corde.

On n'a pas même à Reuss, ô fureur de ces rois!
Épargné le couvent des Filles de la Croix;
Comme on force un fermoir pour feuilleter un livre,
Ils en ont fait briser la porte au soldat ivre.
Hélas! Christ abritait sous un mur élevé
Ces anges où Marie est lisible, où l'Ave
Est écrit, mot divin, sur des pages fidèles,
Vierges pures ayant la Vierge sainte en elles,
Reliures d'ivoire à l'exemplaire d'or!
La grille ouverte, ils ont franchi le corridor;
Les nonnes frémissaient au fond du sanctuaire;
En vain le couvent sombre agitait son suaire,
En vain grondait au seuil le vieux foudre romain,
En vain l'abbesse, blanche, en deuil, la crosse en main,
Sinistre, protégeait son tremblant troupeau d'âmes;
Devant des mécréants, des saintes sont des femmes;
L'homme parfois à Dieu jette d'affreux défis;
L'autel, l'horreur du lieu, le sanglant crucifix,
Le cloître avec sa nuit, l'abbesse avec sa crosse,

LE JOUR DES ROIS.

Tout s'est évanoui dans un rire féroce.
Et ceci fut l'exploit de Blas-el-Matador.

Partout on voit l'alcade et le corrégidor
Pendus, leurs noms au dos, à la potence vile,
L'un devant son hameau, l'autre devant sa ville.

Tous les bourgs ont tendu leurs gorges au couteau.
Chagres, comme le reste, est mort sur son coteau.
O deuil! ce fut pendant une journée entière,
Entre les parapets de l'étroit pont de pierre
Que bâtit là Crassus, lieutenant de César,
Comme l'écrasement d'un peuple sous un char.
Ils voulaient s'évader, les manants misérables;
Mais les pointes d'épée, âpres, inexorables,
Comme des becs de flamme, accouraient derrière eux;
Les bras levés, les cris, les pleurs, étaient affreux;
On n'avait jamais vu peut-être une contrée
D'un tel rayonnement de meurtre pénétrée;
Le pont, d'un bout à l'autre, était un cliquetis;
Les soldats arrachaient aux mères leurs petits;
Et l'on voyait tomber morts et vivants dans l'Èbre,
Pêle-mêle, et pour tous, hélas! ce pont funèbre
Qui sortait de la ville, entrait dans le tombeau.

VI

Le couchant empourpra le mont Tibidabo;
Le soir vint; tirant l'âne obstiné qui recule,
Le soldat se remit en route au crépuscule,
Heure trouble assortie au cri du chat-huant;

Lourds de butin, le long des chemins saluant
Les images des saints que les passants vénèrent,
Vainqueurs, sanglants, joyeux, les rois s'en retournèrent
Chacun avec ses gens, chacun vers son état;
Et, reflet du couchant, ou bien de l'attentat,
La chaîne des vieux monts, funeste et vaste bouge,
Apparaissait, dans l'ombre horrible, toute rouge;
On eût dit que, tandis qu'en bas on triomphait,
Quelque archange vengeur de la plaine avait fait
Remonter tout ce sang au front de la montagne.
Chaque bande, à travers la brumeuse campagne,
Dans des directions diverses s'enfonça;
Ceux-là vers Roncevaux, ceux-ci vers Tolosa;
Et les pillards tâtaient leurs sacs, de peur que l'ombre
N'en fît tomber l'enflure ou décroître le nombre,
La crainte du voleur étant d'être volé.
Meurtre du laboureur et pillage du blé,
La journée était bonne, et les files de lances
Serpentaient dans les champs pleins de sombres silences;
Les montagnards disaient : « Quel beau coup de filet! »
Après avoir tué la plaine qui râlait,
Ils rentraient dans leurs monts, comme une flotte au havre,
Et, riant et chantant, s'éloignaient du cadavre.
On vit leurs dos confus reluire quelque temps,
Et leurs rangs se grouper sous les drapeaux flottants,
Ainsi que des chaînons ténébreux se resserrent;
Puis ces farouches voix dans la nuit s'effacèrent.

VII

Le pont de Crassus, morne et tout mouillé de sang,
Resta désert.

       Alors, tragique et se dressant,
Le mendiant, tendant ses deux mains décharnées,
Montra sa souquenille immonde aux Pyrénées,
Et cria dans l'abîme et dans l'immensité :
« Confrontez-vous. Sentez votre fraternité,
O mont superbe, ô loque infâme ! neige, boue !
Comparez, sous le vent des cieux qui les secoue,
Toi, tes nuages noirs, toi, tes haillons hideux,
O guenille, ô montagne ; et cachez toutes deux,
Pendant que les vivants se traînent sur leurs ventres,
Toi, les poux dans tes trous, toi, les rois dans tes antres ! »

V

LES CHEVALIERS ERRANTS

La terre a vu jadis errer des paladins ;
Ils flamboyaient ainsi que des éclairs soudains,
Puis s'évanouissaient, laissant sur les visages
La crainte, et la lueur de leurs brusques passages ;
Ils étaient, dans des temps d'oppression, de deuil,
De honte, où l'infamie étalait son orgueil,
Les spectres de l'honneur, du droit, de la justice ;
Ils foudroyaient le crime, ils souffletaient le vice ;
On voyait le vol fuir, l'imposture hésiter,
Blêmir la trahison, et se déconcerter
Toute puissance injuste, inhumaine, usurpée,
Devant ces magistrats sinistres de l'épée ;
Malheur à qui faisait le mal ! Un de ces bras
Sortait de l'ombre avec ce cri : « Tu périras ! »
Contre le genre humain et devant la nature,
De l'équité suprême ils tentaient l'aventure ;
Prêts à toute besogne, à toute heure, en tout lieu,
Farouches, ils étaient les chevaliers de Dieu.

Ils erraient dans la nuit ainsi que des lumières.

Leur seigneurie était tutrice des chaumières ;
Ils étaient justes, bons, lugubres, ténébreux ;
Quoique gardé par eux, quoique vengé par eux,
Le peuple en leur présence avait l'inquiétude
De la foule devant la pâle solitude ;
Car on a peur de ceux qui marchent en songeant,
Pendant que l'aquilon, du haut des cieux plongeant,
Rugit, et que la pluie épand à flots son urne
Sur leur tête entrevue au fond du bois nocturne.

Ils passaient effrayants, muets, masqués de fer.

Quelques-uns ressemblaient à des larves d'enfer ;
Leurs cimiers se dressaient difformes sur leurs heaumes ;
On ne savait jamais d'où sortaient ces fantômes ;
On disait : « Qui sont-ils ? d'où viennent-ils ? Ils sont
Ceux qui punissent, ceux qui jugent, ceux qui vont. »
Tragiques, ils avaient l'attitude du rêve.

O les noirs chevaucheurs ! ô les marcheurs sans trêve !
Partout où reluisait l'acier de leur corset,
Partout où l'un d'eux, calme et grave, apparaissait
Posant sa lance au coin ténébreux de la salle,
Partout où surgissait leur ombre colossale,
On sentait la terreur des pays inconnus ;
Celui-ci vient du Rhin ; celui-là du Cydnus ;
Derrière eux cheminait la Mort, squelette chauve ;
Il semblait qu'aux naseaux de leur cavale fauve
On entendît la mer ou la forêt gronder ;
Et c'est aux quatre vents qu'il fallait demander
Si ce passant était roi d'Albe ou de Bretagne,
S'il sortait de la plaine ou bien de la montagne,

S'il avait triomphé du Maure, ou du chenil
Des peuples monstrueux qui hurlent près du Nil ;
Quelle ville son bras avait prise ou sauvée ;
De quel monstre il avait écrasé la couvée.

Les noms de quelques-uns jusqu'à nous sont venus ;
Ils s'appelaient Bernard, Lahire, Eviradnus ;
Ils avaient vu l'Afrique ; ils éveillaient l'idée
D'on ne sait quelle guerre effroyable en Judée ;
Rois dans l'Inde, ils étaient en Europe barons ;
Et les aigles, les cris des combats, les clairons,
Les batailles, les rois, les dieux, les épopées,
Tourbillonnaient dans l'ombre au vent de leurs épées ;
Qui les voyait passer à l'angle de son mur
Pensait à ces cités d'or, de brume et d'azur,
Qui font l'effet d'un songe à la foule effarée :
Tyr, Héliopolis, Solyme, Césarée.
Ils surgissaient du sud ou du septentrion,
Portant sur leur écu l'hydre ou l'alérion,
Couverts des noirs oiseaux du taillis héraldique,
Marchant seuls au sentier que le devoir indique,
Ajoutant au bruit sourd de leur pas solennel
La vague obscurité d'un voyage éternel ;
Ayant franchi les flots, les monts, les bois horribles,
Ils venaient de si loin, qu'ils en étaient terribles ;
Et ces grands chevaliers mêlaient à leurs blasons
Toute l'immensité des sombres horizons.

I

LE PETIT ROI DE GALICE.

I

LE RAVIN D'ERNULA.

Ils sont là tous les dix, les infants d'Asturie.
La même affaire unit dans la même prairie
Les cinq de Santillane aux cinq d'Oviedo.
C'est midi; les mulets, très-las, ont besoin d'eau,
L'âne a soif, le cheval souffle et baisse un œil terne,
Et la troupe a fait halte auprès d'une citerne;
Tout à l'heure on ira plus loin, bannière au vent;
Ils atteindront le fond de l'Asturie avant
Que la nuit ait couvert la sierra de ses ombres;
Ils suivent le chemin qu'à travers ces monts sombres
Un torrent, maintenant à sec, jadis creusa,
Comme s'il voulait joindre Espos à Tolosa;
Un prêtre est avec eux qui lit son bréviaire.

Entre eux et Compostelle ils ont mis la rivière.

LE PETIT ROI DE GALICE.

Ils sont près d'Ernula, bois où le pin verdit,
Où Pelage est si grand, que le chevrier dit :
« Les Arabes faisaient la nuit sur la patrie.
— Combien sont-ils? criaient les peuples d'Asturie.
Pelage en sa main prit la forêt d'Ernula,
Alluma cette torche, et, tant qu'elle brûla,
Il put voir et compter, du haut de la montagne,
Les Maures ténébreux jusqu'au fond de l'Espagne. »

II

LEURS ALTESSES.

L'endroit est désolé, les gens sont triomphants.

C'est un groupe tragique et fier que ces infants,
Précédés d'un clairon qu'à distance accompagne
Une bande des gueux les plus noirs de l'Espagne ;
Sur le front des soldats, férocement vêtus,
La montera de fer courbe ses crocs pointus,
Et Mauregat n'a point d'estafiers plus sauvages,
Et le forban Dragut n'a pas sur les rivages
Écumé de forçats pires, et Gaïffer
N'a pas, dans le troupeau qui le suit, plus d'enfer ;
Les casques sont d'acier et les cœurs sont de bronze ;
Quant aux infants, ce sont dix noms sanglants : Alonze,
Don Santos Pacheco le Hardi, Froïla,
Qui, si l'on veut Satan, peut dire : « Me voilà ! »
Ponce, qui tient la mer d'Irun à Biscarosse,
Rostabat le Géant, Materne le Féroce,
Blas, Ramon, Jorge et Ruy le Subtil, leur aîné,

Blond, le moins violent et le plus acharné.

Le mont, complice et noir, s'ouvre en gorges désertes.

Ils sont frères; c'est bien; sont-ils amis? Non, certes.
Ces Caïns pour lien ont la perte d'autrui.
Blas, du reste, est l'ami de Materne, et don Ruy
De Ramon, comme Atrée est l'ami de Thyeste.

III

NUNO.

Les chefs parlent entre eux, les soldats font la sieste.

Les chevaux sont parqués à part, et sont gardés
Par dix hommes, riant, causant, jouant aux dés,
Qui sont dix intendants, ayant titres de maîtres,
Armés d'épieux, avec des poignards à leurs guêtres.
Le sentier a l'air traître et l'arbre a l'air méchant;
Et la chèvre qui broute au flanc du mont penchant,
Entre les grès lépreux trouve à peine une câpre,
Tant la ravine est fauve et tant la roche est âpre;
De distance en distance, on voit des puits bourbeux
Où finit le sillon des chariots à bœufs;
Hors un peu d'herbe autour des puits, tout est aride;
Tout du grand Midi sombre a l'implacable ride;
Les arbres sont gercés, les granits sont fendus.
L'air rare et brûlant manque aux oiseaux éperdus.
On distingue des tours sur l'épine dorsale
D'un mont lointain qui semble une ourse colossale;

Ils sont près d'Ernula, bois où le pin verdit,
Où Pelage est si grand, que le chevrier dit :
« Les Arabes faisaient la nuit sur la patrie.
— Combien sont-ils? criaient les peuples d'Asturie.
Pelage en sa main prit la forêt d'Ernula,
Alluma cette torche, et, tant qu'elle brûla,
Il put voir et compter, du haut de la montagne,
Les Maures ténébreux jusqu'au fond de l'Espagne. »

II

LEURS ALTESSES.

L'endroit est désolé, les gens sont triomphants.

C'est un groupe tragique et fier que ces infants,
Précédés d'un clairon qu'à distance accompagne
Une bande des gueux les plus noirs de l'Espagne ;
Sur le front des soldats, férocement vêtus,
La montera de fer courbe ses crocs pointus,
Et Mauregat n'a point d'estafiers plus sauvages,
Et le forban Dragut n'a pas sur les rivages
Écumé de forçats pires, et Gaïffer
N'a pas, dans le troupeau qui le suit, plus d'enfer ;
Les casques sont d'acier et les cœurs sont de bronze ;
Quant aux infants, ce sont dix noms sanglants : Alonze,
Don Santos Pacheco le Hardi, Froïla,
Qui, si l'on veut Satan, peut dire : « Me voilà ! »
Ponce, qui tient la mer d'Irun à Biscarosse,
Rostabat le Géant, Materne le Féroce,
Blas, Ramon, Jorge et Ruy le Subtil, leur aîné,

Blond, le moins violent et le plus acharné.

Le mont, complice et noir, s'ouvre en gorges désertes.

Ils sont frères; c'est bien; sont-ils amis? Non, certes.
Ces Caïns pour lien ont la perte d'autrui.
Blas, du reste, est l'ami de Materne, et don Ruy
De Ramon, comme Atrée est l'ami de Thyeste.

III

NUNO.

Les chefs parlent entre eux, les soldats font la sieste.

Les chevaux sont parqués à part, et sont gardés
Par dix hommes, riant, causant, jouant aux dés,
Qui sont dix intendants, ayant titres de maîtres,
Armés d'épieux, avec des poignards à leurs guêtres.
Le sentier a l'air traître et l'arbre a l'air méchant;
Et la chèvre qui broute au flanc du mont penchant,
Entre les grès lépreux trouve à peine une câpre,
Tant la ravine est fauve et tant la roche est âpre;
De distance en distance, on voit des puits bourbeux
Où finit le sillon des chariots à bœufs;
Hors un peu d'herbe autour des puits, tout est aride;
Tout du grand Midi sombre a l'implacable ride;
Les arbres sont gercés, les granits sont fendus.
L'air rare et brûlant manque aux oiseaux éperdus.
On distingue des tours sur l'épine dorsale
D'un mont lointain qui semble une ourse colossale;

Quand, où Dieu met le roc, l'homme bâtit le fort,
Quand à la solitude il ajoute la mort,
Quand de l'inaccessible il fait l'inexpugnable,
C'est triste. Dans des plis d'ocre rouge et de sable,
Les hauts sentiers des cols, vagues linéaments,
S'arrêtent court, brusqués par les escarpements.
Vers le nord, le troupeau des nuages qui passe,
Poursuivi par le vent, chien hurlant de l'espace,
S'enfuit, à tous les pics laissant de sa toison.
Le Corcova remplit le fond de l'horizon.

On entend dans les pins que l'âge use et mutile
Lutter le rocher hydre et le torrent reptile ;
Près du petit pré vert pour la halte choisi,
Un précipice obscur, sans pitié, sans merci,
Aveugle, ouvre son flanc, plein d'une pâle brume
Où l'Ybaïchalval, épouvantable, écume.
De vrais brigands n'auraient pas mieux trouvé l'endroit.
Le col de la vallée est tortueux, étroit,
Rude, et si hérissé de broussaille et d'ortie,
Qu'un seul homme en pourrait défendre la sortie.

De quoi sont-ils joyeux ? D'un exploit. Cette nuit,
Se glissant dans la ville avec leurs gens, sans bruit,
Avant l'heure où commence à poindre l'aube grise,
Ils ont dans Compostelle enlevé par surprise
Le pauvre petit roi de Galice, Nuño.
Les loups sont là, pesant dans leur griffe l'agneau.
En cercle près du puits, dans le champ d'herbe verte,
Cette collection de monstres se concerte.

Le jeune roi captif a quinze ans ; ses voleurs

Sont ses oncles; de là son effroi; pas de pleurs;
Il se tait; il comprend le but qui les rassemble;
Il bâille, et par moments ferme les yeux, et tremble.
Son front triste est meurtri d'un coup de gantelet.
En partant, on l'avait lié sur un mulet;
Grave et sombre, il a dit : « Cette corde me blesse. »
On l'a fait délier, dédaignant sa faiblesse;
Mais ses oncles hagards fixent leurs yeux sur lui.
L'orphelin sent le vide horrible et sans appui.
A sa mort, espérant dompter les vents contraires,
Le feu roi don Garci fit venir ses dix frères,
Supplia leur honneur, leur sang, leur cœur, leur foi,
Et leur recommanda ce faible enfant, leur roi.
On discute, en baissant la voix avec mystère,
Trois avis : le cloîtrer au prochain monastère,
L'aller vendre à Juzaph, prince des Sarrasins,
Le jeter simplement dans un des puits voisins.

IV

LA CONVERSATION DES INFANTS.

« La vie est un affront alors qu'on nous la laisse,
Dit Pacheco; qu'il vive, et meure de vieillesse!
Tué, c'était le roi; vivant, c'est un bâtard.
Qu'il vive! au couvent!

— Mais s'il reparaît plus tard?
Dit Jorge.

— Oui, s'il revient? dit Materno l'Hyène.

— S'il revient? disent Ponce et Ramon.

— Qu'il revienne !
Réplique Pacheco. Frères, si maintenant
Nous le laissons vivant, nous le faisons manant.
Je lui dirais : « Choisis : la mort, ou bien le cloître. »
Si, pouvant disparaître, il aime mieux décroître,
Je vous l'enferme au fond d'un moutier vermoulu,
Et je lui dis : « C'est bon. C'est toi qui l'as voulu. »
Un roi qu'on avilit tombe ; on le destitue
Bien quand on le méprise et mal quand on le tue.
Nuño mort, c'est un spectre ; il reviendrait. Mais, bah !
Ayant plié le jour où mon bras le courba,
Mais s'étant laissé tondre, ayant eu la paresse
De vivre, que m'importe après qu'il reparaisse ?
Je dirais : « Le feu roi hantait les filles ; bien ;
« A-t-il eu quelque part ce fils ? Je n'en sais rien ;
« Mais depuis quand, bâtard et lâche, est-on des nôtres ?
« Toute la différence entre un rustre et nous autres,
« C'est que, si l'affront vient à notre choix s'offrir,
« Le rustre voudra vivre et le prince mourir ;
« Or, ce drôle a vécu. » Les manants ont envie
De devenir caducs, et tiennent à la vie ;
Ils sont bourgeois, marchands, bâtards, vont aux sermons,
Et meurent vieux ; mais nous, les princes, nous aimons
Une jeunesse courte et gaie à fin sanglante ;
Nous sommes les guerriers ; nous trouvons la mort lente,
Et nous lui crions : « Viens ! » et nous accélérons
Son pas lugubre avec le bruit de nos clairons.
Le peuple nous connaît, et le sait bien ; il chasse
Quiconque prouve mal sa couronne et sa race,
Quiconque porte mal sa peau de roi. Jamais

Un roi n'est ressorti d'un cloître; et je promets
De donner aux bouviers qui sont dans la prairie
Tous mes États d'Algarve et tous ceux d'Asturie,
Si quelqu'un, n'importe où, dans les pays de mer
Ou de terre, en Espagne, en France, dans l'enfer,
Me montre un capuchon d'où sort une couronne.
Le froc est un linceul que la nuit environne.
Après que vous avez blêmi dans un couvent,
On ne veut plus de vous; un moine, est-ce un vivant?
On ne vous trouve plus la mine assez féroce.
« Moine, reprends ta robe! Abbé, reprends ta crosse!
« Va-t'en! » Voilà le cri qu'on vous jette. Laissons
Vivre l'enfant. »

     Don Ruy, le chef des trahisons,
Froid, se parle à lui-même et dit :

         « Cette mesure
Aurait ceci de bon qu'elle serait très-sûre.

— Laquelle? » dit Ramon.

      Mais Ruy, sans se hâter :

« Je ne sais rien de mieux, dit-il, pour compléter
Les choses de l'État et de la politique,
Et les actes prudents qu'on fait et qu'on pratique,
Et qui ne doivent pas du vulgaire être sus,
Qu'un puits profond, avec une pierre dessus. »

Cela se dit pendant que les gueux, pêle-mêle,
Boivent l'ombre et le rêve à l'obscure mamelle

Du sommeil ténébreux et muet ; et, pendant
Que l'enfant songe, assis sous le soleil ardent,
Le prêtre mange, avec les prières d'usage.

V

LES SOLDATS CONTINUENT DE DORMIR ET LES INFANTS
DE CAUSER.

Une faute : on n'a point fait garder le passage.
O don Ruy le Subtil, à quoi donc pensez-vous?
Mais don Ruy répondrait : « J'ai la ronce et le houx,
Et chaque pan de roche est une sentinelle ;
La fauve solitude est l'amie éternelle
Des larrons, des voleurs et des hommes de nuit ;
Ce pays ténébreux comme un antre est construit.
Et nous avons ici notre aire inabordable ;
C'est un vieux recéleur que ce mont formidable ;
Sinistre, il nous accepte, et, quoi que nous fassions,
Il cache dans ses trous toutes nos actions ;
Et que pouvons-nous donc craindre dans ces provinces,
Étant bandits aux champs et dans les villes princes? »

Le débat sur le roi continue. « Il faudrait,
Dit l'infant Ruy, trouver quelque couvent discret,
Quelque in-pace bien calme où cet enfant vieillisse ;
Soit. Mais il vaudrait mieux abréger le supplice,
Et s'en débarrasser dans l'Ybaïchalval.
Prenez vite un parti, vite ! Ensuite à cheval !
Dépêchons. »

Et, voyant que l'infant don Materne
Jette une pierre, et puis une autre, à la citerne,
Et qu'il suit du regard les cercles qu'elles font,
L'infant Ruy s'interrompt, dit : « Pas assez profond.
J'ai regardé. » Puis, calme, il reprend :

« Une affaire
Perd sa première forme alors qu'on la diffère ;
Un point est décidé dès qu'il est éclairci.
Nous sommes tous d'accord en bons frères ici,
L'enfant nous gêne. Il faut que de la vie il sorte ;
Le cloître n'est qu'un seuil, la tombe est une porte.
Choisissez. Mais que tout soit fait avant demain. »

VI

QUELQU'UN.

Alerte ! un cavalier passe dans le chemin.

C'est l'heure où les soldats, aux yeux lourds, aux fronts blêmes,
La sieste finissant, se réveillent d'eux-mêmes.
Le cavalier qui passe est habillé de fer ;
Il vient par le sentier du côté de la mer ;
Il entre dans le val, il franchit la chaussée ;
Calme, il approche. Il a la visière baissée ;
Il est seul ; son cheval est blanc.

Bon chevalier,
Qu'est-ce que vous venez faire dans ce hallier ?
Bon passant, quel hasard funeste vous amène

LE PETIT ROI DE GALICE.

Parmi ces rois ayant de la figure humaine
Tout ce que les démons peuvent en copier?
Quelle abeille êtes-vous pour entrer au guêpier?
Quel archange êtes-vous pour entrer dans l'abîme?

Les princes, occupés de bien faire leur crime,
Virent, hautains d'abord, sans trop se soucier,
Passer cet inconnu sous son voile d'acier;
Lui-même, il paraissait, traversant la clairière,
Regarder vaguement leur bande aventurière;
Comme si ses poumons trouvaient l'air étouffant,
Il se hâtait; soudain il aperçut l'enfant;
Alors il marcha droit vers eux, mit pied à terre,
Et, grave, il dit :

    « Je sens une odeur de panthère,
Comme si je passais dans les monts de Tunis;
Je vous trouve en ce lieu trop d'hommes réunis;
Fait-on le mal ici par hasard? Je soupçonne
Volontiers les endroits où ne passe personne.
Qu'est-ce que cet enfant? Et que faites-vous là? »

Un rire, si bruyant qu'un vautour s'envola,
Fut du fier Pacheco la première réponse;
Puis il cria :

    « Pardieu, mes frères! Jorge, Ponce,
Ruy, Rostabat, Alonze, avez-vous entendu?
Les arbres du ravin demandent un pendu;
Qu'ils prennent patience, ils l'auront tout à l'heure;
Je veux d'abord répondre à l'homme. Que je meure
Si je lui cèle rien de ce qu'il veut savoir!

Devant moi d'ordinaire, et dès que l'on croit voir
Quelque chose qui semble aux manants mon panache,
Vite, on clôt les volets des maisons, on se cache,
On se bouche l'oreille et l'on ferme les yeux ;
Je suis content d'avoir enfin un curieux.
Il ne sera pas dit que quelqu'un sur la terre,
Princes, m'aura vu faire une chose et la taire,
Et que, questionné, j'aurai balbutié.
Le hardi qui fait peur, muet, ferait pitié.
Ma main s'ouvre toujours, montrant ce qu'elle sème.
J'étalerais mon âme à Dieu, vînt-il lui-même
M'interroger du haut des cieux, moi, Pacheco,
Ayant pour voix la foudre et l'enfer pour écho.
Çà, qui que tu sois, homme, écoute, misérable.
Nous choisirons après ton chêne ou ton érable,
Selon qu'il peut te plaire, en ce bois d'Ernula,
Pendre à ces branches-ci plutôt qu'à celles-là.
Écoute : ces seigneurs à mines téméraires,
Et moi, le Pacheco, nous sommes les dix frères ;
Nous sommes les infants d'Asturie ; et ceci,
C'est Nuño, fils de feu notre frère Garci,
Roi de Galice, ayant pour ville Compostelle ;
Nous, ses oncles, avons sur lui droit de tutelle ;
Nous l'allons verrouiller dans un couvent. Pourquoi?
C'est qu'il est si petit, qu'il est à peine roi,
Et que ce peuple-ci veut de fortes épées ;
Tant de haines autour du maître sont groupées
Qu'il faut que le seigneur ait la barbe au menton ;
Donc, nous avons ôté du trône l'avorton,
Et nous l'allons offrir au bon Dieu. Sur mon âme,
Cela vous a la peau plus blanche qu'une femme !
Mes frères, n'est-ce pas? c'est mou, c'est grelottant ;

On ignore s'il voit, on ne sait s'il entend ;
Un roi, ça! rien qu'à voir ce petit, on s'ennuie.
Moi, du moins, j'ai dans l'œil des flammes, et la pluie,
Le soleil et le vent, ces farouches tanneurs,
M'ont fait le cuir robuste et ferme, messeigneurs!
Ah! pardieu, s'il est beau d'être prince, c'est rude :
Avoir du combattant l'éternelle attitude,
Vivre casqué, suer l'été, geler l'hiver,
Être le ver affreux d'une larve de fer,
Coucher dans le harnais, boire à la calebasse,
Le soir être si las qu'on va la tête basse,
Se tordre un linge aux pieds, les souliers vous manquant,
Guerroyer tout le jour, la nuit garder le camp,
Marcher à jeun, marcher vaincu, marcher malade,
Sentir suinter le sang par quelque estafilade,
Manger des oignons crus et dormir par hasard,
Voilà. Vissez-moi donc le heaume et le brassard
Sur ce fœtus, à qui bientôt on verra croître
Par derrière une mitre et par devant un goître!
A la bonne heure, moi! je suis le compagnon
Des coups d'épée, et j'ai la Colère pour nom,
Et les poils de mon bras font peur aux bêtes fauves.
Ce nain vivra tondu parmi les vieillards chauves ;
Il se pourrait aussi, pour le bien de l'État,
Si l'on trouvait un puits très-creux, qu'on l'y jetât ;
Moi, je l'aimerais mieux moine en quelque cachette,
Servant la messe au prêtre avec une clochette.
Pour nous, chacun de nous étant prince et géant,
Nous gardons sceptre et lance, et rien n'est mieux séant
Qu'aux enfants la chapelle et la bataille aux hommes.
Il a précisément dix comtés, et nous sommes
Dix princes; est-il rien de plus juste? A présent,

N'est-ce pas, tu comprends cette affaire, passant?
Elle est simple, et l'on peut n'en pas faire mystère;
Et le jour ne va pas s'éclipser, et la terre
Ne va pas refuser aux hommes le maïs,
Parce que dix seigneurs partagent un pays,
Et parce qu'un enfant rentre dans la poussière. »

Le chevalier leva lentement sa visière :
« Je m'appelle Roland, pair de France, » dit-il.

VII

DON RUY LE SUBTIL.

Alors l'aîné prudent, le chef, Ruy le Subtil,
Sourit :
   « Sire Roland, ma pente naturelle
Étant de ne chercher à personne querelle,
Je vous salue, et dis : Soyez le bienvenu !
Je vous fais remarquer que ce pays est nu,
Rude, escarpé, désert, brutal, et que nous sommes
Dix infants bien armés avec dix majordomes,
Ayant derrière nous cent coquins fort méchants ;
Et que, s'il nous plaisait, nous pourrions dans ces champs
Laisser de la charogne en pâture aux volées
De corbeaux que le soir chasse dans les vallées,
Vous êtes dans un vrai coupe-gorge; voyez :
Pas un toit, pas un mur, des sentiers non frayés,
Personne ; aucun secours possible ; et les cascades
Couvrent le cri des gens tombés aux embuscades.
On ne voyage guère en ce val effrayant.

Les songe-creux, qui vont aux chimères bayant,
Trouvent les âpretés de ces ravins fort belles;
Mais ces chemins pierreux aux passants sont rebelles,
Ces pics repoussent l'homme, ils ont des coins hagards
Hantés par des vivants aimant peu les regards,
Et, quand une vallée est à ce point rocheuse,
Elle peut devenir aux curieux fâcheuse.
Bon Roland, votre nom est venu jusqu'à nous,
Nous sommes des seigneurs bienfaisants et très-doux,
Nous ne voudrions pas vous faire de la peine,
Allez-vous-en. Parfois la montagne est malsaine.
Retournez sur vos pas, ne soyez point trop lent,
Retournez.

— Décidez mon cheval, dit Roland;
Car il a l'habitude étrange et ridicule
De ne pas m'obéir quand je veux qu'il recule. »

Les infants un moment se parlèrent tout bas.
Et Ruy dit à Roland :

« Tant d'illustres combats
Font luire votre gloire, ô grand soldat sincère,
Que nous vous aimons mieux compagnon qu'adversaire.
Seigneur, tout invincible et tout Roland qu'on est,
Quand il faut, pied à pied, dans l'herbe et le genêt,
Lutter seul, et, n'ayant que deux bras, tenir tête
A cent vingt durs garçons, c'est une sombre fête;
C'est un combat d'un sang généreux empourpré,
Et qui pourrait finir, sur le sinistre pré,
Par les os d'un héros réjouissant les aigles.

Entendons-nous plutôt. Les États ont leurs règles ;
Et vous êtes tombé dans un arrangement
De famille, inutile à conter longuement ;
Seigneur, Nuño n'est pas possible ; je m'explique :
L'enfantillage nuit à la chose publique ;
Mettre sur un tel front la couronne, l'effroi,
La guerre, n'est-ce pas stupide ? Un marmot roi !
Allons donc ! en ce cas, si le contre-sens règne,
Si l'absurde fait loi, qu'on me donne une duègne,
Et dites aux brebis de rugir, ordonnez
Aux biches d'emboucher les clairons forcenés ;
En même temps, soyez conséquent, qu'on affuble
L'ours des monts et le loup des bois d'une chasuble,
Et qu'aux pattes du tigre on plante un goupillon.
Seigneur, pour être un sage, on n'est pas un félon ;
Et les choses qu'ici je vous dis sont certaines
Pour les docteurs autant que pour les capitaines.
J'arrive au fait ; soyons amis. Nous voulons tous
Faire éclater l'estime où nous sommes de vous ;
Voici : Leso n'est pas une bourgade vile,
La ville d'Oyarzun est une belle ville,
Toutes deux sont à vous. Si, pesant nos raisons,
Vous nous prêtez main-forte en ce que nous faisons,
Nous vous donnons les gens, les bois, les métairies.
Donc vous voilà seigneur de ces deux seigneuries ;
Il ne nous reste plus qu'à nous tendre la main.
Nous avons de la cire, un prêtre, un parchemin,
Et, pour que Votre Grâce en tout point soit contente,
Nous allons vous signer ici votre patente ;
C'est dit.

— Avez-vous fait ce rêve ? » dit Roland.

Et, présentant au roi son beau destrier blanc :

« Tiens, roi ! pars au galop, hâte-toi, cours, regagne
Ta ville, et saute au fleuve et passe la montagne,
Va ! »

L'enfant-roi bondit en selle éperdument,
Et le voilà qui fuit sous le clair firmament,
A travers monts et vaux, pâle, à bride abattue.

« Çà, le premier qui monte à cheval, je le tue, »
Dit Roland.

Les infants se regardaient entre eux,
Stupéfaits.

VIII

PACHECO, FROÏLA, ROSTABAT.

Et Roland :

« Il serait désastreux
Qu'un de vous poursuivît cette proie échappée ;
Je ferais deux morceaux de lui d'un coup d'épée,
Comme le Duero coupe Léon en deux. »

Et, pendant qu'il parlait, à son bras hasardeux,
La grande Durandal brillait toute joyeuse.
Roland s'adosse au tronc robuste d'une yeuse,
Criant : « Défiez-vous de l'épée. Elle mord.

— Quand tu serais femelle ayant pour nom la Mort,
J'irai! J'égorgerai Nuño dans la campagne! »
Dit Pacheco, sautant sur son genêt d'Espagne.
Roland monte au rocher qui barre le chemin.

L'infant pique des deux, une dague à la main,
Une autre entre les dents, prête à la repartie;
Qui donc l'empêcherait de franchir la sortie?
Ses poignets sont crispés d'avance du plaisir
D'atteindre le fuyard et de le ressaisir,
Et de sentir trembler sous l'ongle inexorable
Toute la pauvre chair de l'enfant misérable.
Il vient, et sur Roland il jette un long lacet;
Roland, surpris, recule, et Pacheco passait....
Mais le grand paladin se roidit, et l'assomme
D'un coup prodigieux qui fendit en deux l'homme
Et tua le cheval, et si surnaturel
Qu'il creva le chanfrein et troua le girel.

« Qu'est-ce que j'avais dit? » fit Roland.

« Qu'on soit sage,
Reprit-il; renoncez à forcer le passage.
Si l'un de vous, bravant Durandal à mon poing,
A le cerveau heurté de folie à ce point,
Je lui ferai descendre au talon sa fêlure;
Voyez. »

Don Froïla, caressant l'encolure
De son large cheval au mufle de taureau,
Crie : « Allons!

— Pas un pas de plus, caballero! »
Dit Roland.

Et l'infant répond d'un coup de lance;
Roland, atteint, chancelle, et Froïla s'élance;
Mais Durandal se dresse, et jette Froïla
Sur Pacheco, dont l'âme en ce moment hurla.
Froïla tombe, étreint par l'angoisse dernière;
Son casque, dont l'épée a brisé la charnière,
S'ouvre, et montre sa bouche où l'écume apparaît.
Bave épaisse et sanglante! Ainsi, dans la forêt,
La séve en mai, gonflant les aubépines blanches,
S'enfle et sort en salive à la pointe des branches.

« Vengeance! mort! rugit Rostabat le Géant,
Nous sommes cent contre un. Tuons ce mécréant!

— Infants! cria Roland, la chose est difficile;
Car Roland n'est pas un. J'arrive de Sicile,
D'Arabie et d'Égypte, et tout ce que je sais,
C'est que des peuples noirs devant moi sont passés;
Je crois avoir plané dans le ciel solitaire;
Il m'a semblé parfois que je quittais la terre
Et l'homme, et que le dos monstrueux des griffons
M'emportait au milieu des nuages profonds;
Mais, n'importe, j'arrive et votre audace est rare,
Et j'en ris. Prenez garde à vous, car je déclare,
Infants, que j'ai toujours senti Dieu près de moi.
Vous êtes cent contre un! Pardieu! le bel effroi!
Fils, cent maravédis valent-ils une piastre?
Cent lampions sont-ils plus farouches qu'un astre?
Combien de poux faut-il pour manger un lion?

Vous êtes peu nombreux pour la rébellion
Et pour l'encombrement du chemin, quand je passe.
Arrière ! »

   Rostabat le Géant, tête basse,
Crachant les grognements rauques d'un sanglier,
Lourd colosse, fondit sur le bon chevalier,
Avec le bruit d'un mur énorme qui s'écroule ;
Près de lui, s'avançant comme une sombre foule,
Les sept autres infants, avec leurs intendants,
Marchent, et derrière eux viennent, grinçant des dents,
Les cent coupe-jarrets à faces renégates,
Coiffés de monteras et chaussés d'alpargates,
Demi-cercle féroce, agile, étincelant ;
Et tous font converger leurs piques sur Roland.

L'infant, monstre de cœur, est monstre de stature :
Le rocher de Roland lui vient à la ceinture ;
Leurs fronts sont de niveau dans ces puissants combats,
Le preux étant en haut et le géant en bas.

Rostabat prend pour fronde, ayant Roland pour cible,
Un noir grappin qui semble une araignée horrible,
Masse affreuse oscillant au bout d'un long anneau ;
Il lance sur Roland cet arrache-créneau ;
Roland l'esquive, et dit au géant : « Bête brute ! »
Le grappin égratigne un rocher dans sa chute,
Et le géant bondit, deux haches aux deux poings.

Le colosse et le preux, terribles, se sont joints.

« O Durandal, ayant coupé Dol en Bretagne,

Tu peux bien me trancher encor cette montagne, »
Dit Roland, assenant l'estoc sur Rostabat.

Comme sur ses deux pieds de devant l'ours s'abat,
Après s'être dressé pour étreindre le pâtre,
Ainsi Rostabat tombe ; et sur son cou d'albâtre
Laïs nue avait moins d'escarboucles luisant
Que ces fauves rochers n'ont de flaques de sang.
Il tombe ; la bruyère écrasée est remplie
De cette monstrueuse et vaste panoplie ;
Relevée en tombant, sa chemise d'acier
Laisse nu son poitrail de prince carnassier,
Cadavre au ventre horrible, aux hideuses mamelles,
Et l'on voit le dessous de ses noires semelles.

Les sept princes vivants regardent les trois morts.

Et, pendant ce temps-là, lâchant rênes et mors,
Le pauvre enfant sauvé fuyait vers Compostelle.

Durandal brille et fait refluer devant elle
Les assaillants, poussant des souffles d'aquilon ;
Toujours droit sur le roc qui ferme le vallon,
Roland crie au troupeau qui sur lui se resserre :

« Du renfort vous serait peut-être nécessaire.
Envoyez-en chercher. A quoi bon se presser ?
J'attendrai jusqu'au soir avant de commencer.

— Il raille ! Tous sur lui ! dit Jorge, et pêle-mêle !
Nous sommes vautours ; l'aigle est notre sœur jumelle ;
Fils, courage ! et ce soir, pour son souper sanglant,
Chacun de nous aura son morceau de Roland.

IX

DURANDAL TRAVAILLE.

Laveuses qui, dès l'heure où l'orient se dore,
Chantez, battant du linge aux fontaines d'Andorre,
Et qui faites blanchir des toiles sous le ciel;
Chevriers qui roulez sur le Jaïzquivel
Dans les nuages gris votre hutte isolée;
Muletiers qui poussez de vallée en vallée
Vos mules sur les ponts que César éleva,
Sait-on ce que là-bas le vieux mont Corcova
Regarde par-dessus l'épaule des collines?

Le mont regarde un choc hideux de javelines,
Un noir buisson vivant de piques, hérissé,
Comme au pied d'une tour que ceindrait un fossé,
Autour d'un homme, tête altière, âpre, escarpée,
Que protége le cercle immense d'une épée.
Tous d'un côté; de l'autre, un seul; tragique duel!
Lutte énorme! combat de l'Hydre et de Michel!

Qui pourrait dire au fond des cieux pleins de huées,
Ce que fait le tonnerre au milieu des nuées,
Et ce que fait Roland entouré d'ennemis?
Larges coups, flots de sang par des bouches vomis,
Faces se renversant en arrière livides,
Casques brisés roulant comme des cruches vides,
Flot d'assaillants toujours repoussés, blessés, morts,
Cris de rage; ô carnage! ô terreur! corps à corps

D'un homme contre un tas de gueux épouvantable!
Comme un usurier met son or sur une table,
Le meurtre sur les morts jette les morts, et rit.
Durandal flamboyant semble un sinistre esprit;
Elle va, vient, remonte et tombe, se relève,
S'abat, et fait la fête effrayante du glaive :
Sous son éclair, les bras, les cœurs, les yeux, les fronts,
Tremblent, et les hardis, nivelés aux poltrons,
Se courbent; et l'épée éclatante et fidèle
Donne des coups d'estoc qui semblent des coups d'aile;
Et sur le héros, tous ensemble, le truand,
Le prince, furieux, s'acharnent, se ruant,
Frappant, parant, jappant, hurlant, criant : Main-forte!
Roland est-il blessé? Peut-être. Mais qu'importe?
Il lutte. La blessure est l'altière faveur
Que fait la guerre au brave illustre, au preux sauveur,
Et la chair de Roland, mieux que l'acier trempée,
Ne craint pas ce baiser farouche de l'épée.
Mais, cette fois, ce sont des armes de goujats,
Lassos plombés, couteaux catalans, navajas,
Qui frappent le héros, sur qui cette famille
De monstres se reploie et se tord et fourmille;
Le héros sous son pied sent onduler leurs nœuds
Comme les gonflements d'un dragon épineux;
Son armure est partout bosselée et fêlée;
Et Roland par moments songe dans la mêlée.
« Pense-t-il à donner à boire à mon cheval? »

Un ruisseau de pourpre erre et fume dans le val,
Et sur l'herbe partout des gouttes de sang pleuvent;
Cette clairière aride et que jamais n'abreuvent
Les urnes de la pluie et les vastes seaux d'eau

Que l'hiver jette au front des monts d'Urbistondo,
S'ouvre, et toute brûlée et toute crevassée,
Consent joyeusement à l'horrible rosée ;
Fauve, elle dit : « C'est bon. J'ai moins chaud maintenant. »
Des satyres, couchés sur le dos, égrenant
Des grappes de raisin au-dessus de leur tête,
Des ægipans aux yeux de dieux, aux pieds de bête,
Joutant avec le vieux Silène, s'essoufflant
A se vider quelque outre énorme dans le flanc,
Tetant la nymphe Ivresse en leur riante envie,
N'ont pas la volupté de la soif assouvie
Plus que ce redoutable et terrible ravin.
La terre boit le sang mieux qu'un faune le vin.

Un assaut est suivi d'un autre assaut. A peine
Roland a-t-il broyé quelque gueux qui le gêne,
Que voilà de nouveau qu'on lui mord le talon.
Noir fracas ! la forêt, la lande, le vallon,
Les cols profonds, les pics que l'ouragan insulte,
N'entendent plus le bruit du vent dans ce tumulte ;
Un vaste cliquetis sort de ce sombre effort ;
Tout l'écho retentit. Qu'est-ce donc que la mort
Forge dans la montagne et fait dans cette brume,
Ayant ce vil ramas de bandits pour enclume,
Durandal pour marteau, Roland pour forgeron ?

X

LE CRUCIFIX.

Et, là-bas, sans qu'il fût besoin de l'éperon,
Le cheval galopait toujours à perdre haleine ;

Il passait la rivière, il franchissait la plaine,
Il volait; par moments, frémissant et ravi,
L'enfant se retournait, tremblant d'être suivi,
Et de voir, des hauteurs du monstrueux repaire,
Descendre quelque frère horrible de son père.

Comme le soir tombait, Compostelle apparut.
Le cheval traversa le pont de granit brut
Dont saint Jacque a posé les premières assises.
Les bons clochers sortaient des brumes indécises;
Et l'orphelin revit son paradis natal.

Près du pont se dressait, sur un haut piédestal,
Un Christ en pierre ayant à ses pieds la madone;
Un blanc cierge éclairait sa face qui pardonne,
Plus douce à l'heure où l'ombre au fond des cieux grandit.
Et l'enfant arrêta son cheval, descendit,
S'agenouilla, joignit les mains devant le cierge,
Et dit :

« O mon bon Dieu, ma bonne sainte Vierge,
J'étais perdu; j'étais le ver sous le pavé;
Mes oncles me tenaient; mais vous m'avez sauvé;
Vous m'avez envoyé ce paladin de France,
Seigneur; et vous m'avez montré la différence
Entre les hommes bons et les hommes méchants.
J'avais peut-être en moi bien de mauvais penchants,
J'eusse plus tard peut-être été moi-même infâme,
Mais, en sauvant la vie, ô Dieu, vous sauvez l'âme;
Vous m'êtes apparu dans cet homme, Seigneur;
J'ai vu le jour, j'ai vu la foi, j'ai vu l'honneur,
Et j'ai compris qu'il faut qu'un prince compatisse

Au malheur, c'est-à-dire, ô Père ! à la justice.
O madame Marie ! ô Jésus ! à genoux
Devant le crucifix où vous saignez pour nous,
Je jure de garder ce souvenir, et d'être
Doux au faible, loyal au bon, terrible au traître,
Et juste et secourable à jamais, écolier
De ce qu'a fait pour moi ce vaillant chevalier.
Et j'en prends à témoin vos saintes auréoles. »

Le cheval de Roland entendit ces paroles,
Leva la tête, et dit à l'enfant : « C'est bien, roi. »

L'orphelin remonta sur le blanc palefroi,
Et rentra dans sa ville au son joyeux des cloches.

XI

CE QU'A FAIT RUY LE SUBTIL.

Et dans le même instant, entre les larges roches,
A travers les sapins d'Ernula, frémissant
De ce défi superbe et sombre, un contre cent,
On pouvait voir encor, sous la nuit étoilée,
Le groupe formidable au fond de la vallée.
Le combat finissait ; tous ces monts radieux
Ou lugubres, jadis hantés des demi-dieux,
S'éveillaient, étonnés, dans le blanc crépuscule,
Et, regardant Roland, se souvenaient d'Hercule.
Plus d'infants : neuf étaient tombés ; un avait fui ;
C'était Ruy le Subtil ; mais la bande sans lui
Avait continué, car rien n'irrite comme

LE PETIT ROI DE GALICE.

La honte et la fureur de combattre un seul homme ;
Durandal, à tuer ces coquins s'ébréchant,
Avait jonché de morts la terre, et fait ce champ
Plus vermeil qu'un nuage où le soleil se couche ;
Elle s'était rompue en ce labeur farouche ;
Ce qui n'empêchait pas Roland de s'avancer ;
Les bandits, le croyant prêt à recommencer,
Tremblants comme des bœufs qu'on ramène à l'étable
A chaque mouvement de son bras redoutable,
Reculaient, lui montrant de loin leurs coutelas ;
Et, pas à pas, Roland, sanglant, terrible, las,
Les chassait devant lui parmi les fondrières ;
Et, n'ayant plus d'épée, il leur jetait des pierres.

II

EVIRADNUS.

I

DÉPART DE L'AVENTURIER POUR L'AVENTURE.

Qu'est-ce que Sigismond et Ladislas ont dit?
Je ne sais si la roche ou l'arbre l'entendit;
Mais, quand ils ont tout bas parlé dans la broussaille,
L'arbre a fait un long bruit de taillis qui tressaille,
Comme si quelque bête en passant l'eût troublé,
Et l'ombre du rocher ténébreux a semblé
Plus noire, et l'on dirait qu'un morceau de cette ombre
A pris forme et s'en est allé dans le bois sombre,
Et maintenant on voit comme un spectre marchant
Là-bas dans la clarté sinistre du couchant.

Ce n'est pas une bête en son gîte éveillée,
Ce n'est pas un fantôme éclos sous la feuillée,
Ce n'est pas un morceau de l'ombre du rocher
Qu'on voit là-bas au fond des clairières marcher;
C'est un vivant qui n'est ni stryge ni lémure;

Celui qui marche là, couvert d'une âpre armure,
C'est le grand chevalier d'Alsace, Eviradnus.

Ces hommes qui parlaient, il les a reconnus ;
Comme il se reposait dans le hallier, ces bouches
Ont passé, murmurant des paroles farouches,
Et jusqu'à son oreille un mot est arrivé ;
Et c'est pourquoi ce juste et ce preux s'est levé.

Il connaît ce pays qu'il parcourut naguère.

Il rejoint l'écuyer Gasclin, page de guerre,
Qui l'attend dans l'auberge, au plus profond du val,
Où tout à l'heure il vient de laisser son cheval
Pour qu'en hâte on lui donne à boire, et qu'on le ferre.
Il dit au forgeron : « Faites vite. Une affaire
M'appelle. » Il monte en selle et part.

II

EVIRADNUS.

Eviradnus,
Vieux, commence à sentir le poids des ans chenus ;
Mais c'est toujours celui qu'entre tous on renomme,
Le preux que nul n'a vu de son sang économe ;
Chasseur du crime, il est nuit et jour à l'affût ;
De sa vie il n'a fait d'action qui ne fût
Sainte, blanche et loyale, et la grande pucelle,
L'épée, en sa main pure et sans tache, étincelle.
C'est le Samson chrétien qui, survenant à point,

N'ayant pour enfoncer la porte que son poing,
Entra, pour la sauver, dans Sickingen en flamme ;
Qui, s'indignant de voir honorer un infâme,
Fit, sous son dur talon, un tas d'arceaux rompus
Du monument bâti pour l'affreux duc Lupus,
Arracha la statue, et porta la colonne
Du munster de Strasbourg au pont de Wasselonne,
Et là, fier, la jeta dans les étangs profonds ;
On vante Eviradnus d'Altorf à Chaux-de-Fonds ;
Quand il songe et s'accoude, on dirait Charlemagne ;
Rôdant, tout hérissé, du bois à la montagne,
Velu, fauve, il a l'air d'un loup qui serait bon ;
Il a sept pieds de haut comme Jean de Bourbon ;
Tout entier au devoir qu'en sa pensée il couve,
Il ne se plaint de rien, mais seulement il trouve
Que les hommes sont bas et que les lits sont courts ;
Il écoute partout si l'on crie au secours ;
Quand les rois courbent trop le peuple, il le redresse
Avec une intrépide et superbe tendresse ;
Il défendit Alix comme Diègue Urraca ;
Il est le fort ami du faible ; il attaqua
Dans leurs antres les rois du Rhin, et dans leurs bauges
Les barons effrayants et difformes des Vosges ;
De tout peuple orphelin il se faisait l'aïeul ;
Il mit en liberté les villes ; il vint seul
De Hugo Tête-d'Aigle affronter la caverne ;
Bon, terrible, il brisa le carcan de Saverne,
La ceinture de fer de Schelestadt, l'anneau
De Colmar, et la chaîne au pied de Haguenau.
Tel fut Eviradnus. Dans l'horrible balance
Où les princes jetaient le dol, la violence,
L'iniquité, l'horreur, le mal, le sang, le feu,

EVIRADNUS.

Sa grande épée était le contre-poids de Dieu.
Il est toujours en marche, attendu qu'on moleste
Bien des infortunés sous la voûte céleste,
Et qu'on voit dans la nuit bien des mains supplier;
Sa lance n'aime pas moisir au râtelier;
Sa hache de bataille aisément se décroche;
Malheur à l'action mauvaise qui s'approche
Trop près d'Eviradnus, le champion d'acier!
La mort tombe de lui comme l'eau du glacier.
Il est héros; il a pour cousine la race
Des Amadis de France et des Pyrrhus de Thrace;
Il rit des ans. Cet homme à qui le monde entier
N'eût pas fait dire grâce! et demander quartier,
Ira-t-il pas crier au temps : Miséricorde!
Il s'est, comme Baudoin, ceint les reins d'une corde;
Tout vieux qu'il est, il est de la grande tribu;
Le moins fier des oiseaux n'est pas l'aigle barbu.

Qu'importe l'âge? il lutte. Il vient de Palestine,
Il n'est point las. Les ans s'acharnent; il s'obstine.

III

DANS LA FORÊT.

Quelqu'un qui s'y serait perdu ce soir, verrait
Quelque chose d'étrange au fond de la forêt;
C'est une grande salle éclairée et déserte.
Où? Dans l'ancien manoir de Corbus.

                              L'herbe verte,

Le lierre, le chiendent, l'églantier sauvageon,
Font, depuis trois cents ans, l'assaut de ce donjon ;
Le burg, sous cette abjecte et rampante escalade,
Meurt, comme sous la lèpre un sanglier malade ;
Il tombe ; les fossés s'emplissent des créneaux ;
La ronce, ce serpent, tord sur lui ses anneaux ;
Le moineau franc, sans même entendre ses murmures,
Sur ses vieux pierriers morts vient becqueter les mûres ;
L'épine sur son deuil prospère insolemment ;
Mais, l'hiver, il se venge ; alors, le burg dormant
S'éveille, et, quand il pleut pendant des nuits entières,
Quand l'eau glisse des toits et s'engouffre aux gouttières,
Il rend grâce à l'ondée, aux vents, et, content d'eux,
Profite, pour cracher sur le lierre hideux,
Des bouches de granit de ses quatre gargouilles.

Le burg est aux lichens comme le glaive aux rouilles ;
Hélas ! et Corbus, triste, agonise. Pourtant
L'hiver lui plaît ; l'hiver, sauvage combattant,
Il se refait, avec les convulsions sombres
Des nuages hagards croulant sur ses décombres,
Avec l'éclair qui frappe et fuit comme un larron,
Avec les souffles noirs qui sonnent du clairon,
Une sorte de vie effrayante, à sa taille ;
La tempête est la sœur fauve de la bataille ;
Et le puissant donjon, féroce, échevelé,
Dit : « Me voilà ! » sitôt que la bise a sifflé ;
Il rit quand l'équinoxe irrité le querelle
Sinistrement, avec son haleine de grêle ;
Il est joyeux, ce burg, soldat encor debout,
Quand, jappant comme un chien poursuivi par un loup,
Novembre, dans la brume errant de roche en roche,

Répond au hurlement de Janvier qui s'approche.
Le donjon crie : « En guerre ! ô tourmente, es-tu là ? »
Il craint peu l'ouragan, lui qui vit Attila.
Oh ! les lugubres nuits ! Combat dans la bruine !
La nuée attaquant, farouche, la ruine !
Un ruissellement vaste, affreux, torrentiel,
Descend des profondeurs furieuses du ciel ;
Le burg brave la nue ; on entend les gorgones
Aboyer aux huit coins de ses tours octogones ;
Tous les monstres sculptés sur l'édifice épars,
Grondent, et les lions de pierre des remparts
Mordent la brume, l'air et l'onde, et les tarasques
Battent de l'aile au souffle horrible des bourrasques ;
L'âpre averse en fuyant vomit sur les griffons ;
Et, sous la pluie entrant par les trous des plafonds,
Les guivres, les dragons, les méduses, les drées,
Grincent des dents au fond des chambres effondrées ;
Le château de granit, pareil aux preux de fer,
Lutte toute la nuit, résiste tout l'hiver ;
En vain le ciel s'essouffle, en vain Janvier se rue ;
En vain tous les passants de cette sombre rue
Qu'on nomme l'infini, l'ombre et l'immensité,
Le tourbillon, d'un fouet invisible hâté,
Le tonnerre, la trombe où le typhon se dresse,
S'acharnent sur la fière et haute forteresse ;
L'orage la secoue en vain comme un fruit mûr ;
Les vents perdent leur peine à guerroyer ce mur,
Le Föhn bruyant s'y lasse, et sur cette cuirasse
L'Aquilon s'époumone et l'Autan se harasse,
Et tous ces noirs chevaux de l'air sortent fourbus
De leur bataille avec le donjon de Corbus.

Aussi, malgré la ronce et le chardon et l'herbe,
Le vieux burg est resté triomphal et superbe ;
Il est comme un pontife au cœur du bois profond ;
Sa tour lui met trois rangs de créneaux sur le front ;
Le soir, sa silhouette immense se découpe ;
Il a pour trône un roc, haute et sublime croupe ;
Et, par les quatre coins, sud, nord, couchant, levant,
Quatre monts, Crobius, Bléda, géants du vent,
Aptar où croît le pin, Toxis que verdit l'orme,
Soutiennent au-dessus de sa tiare énorme
Les nuages, ce dais livide de la nuit.

Le pâtre a peur, et croit que cette tour le suit ;
Les superstitions ont fait Corbus terrible ;
On dit que l'Archer Noir a pris ce burg pour cible,
Et que sa cave est l'antre où dort le Grand Dormant ;
Car les gens des hameaux tremblent facilement ;
Les légendes toujours mêlent quelque fantôme
A l'obscure vapeur qui sort des toits de chaume,
L'âtre enfante le rêve, et l'on voit ondoyer
L'effroi dans la fumée errante du foyer.

Aussi, le paysan rend grâce à sa roture
Qui le dispense, lui, d'audace et d'aventure,
Et lui permet de fuir ce burg de la forêt
Qu'un preux, par point d'honneur belliqueux, chercherait.

Corbus voit rarement au loin passer un homme.
Seulement, tous les quinze ou vingt ans, l'économe
Et l'huissier du palais, avec des cuisiniers
Portant tout un festin dans de larges paniers,
Viennent, font des apprêts mystérieux, et partent ;

Et, le soir, à travers les branches qui s'écartent,
On voit de la lumière au fond du burg noirci ;
Et nul n'ose approcher. Et pourquoi? Le voici :

IV

LA COUTUME DE LUSACE.

C'est l'usage, à la mort du marquis de Lusace,
Que l'héritier du trône, en qui revit la race,
Avant de revêtir les royaux attributs,
Aille, une nuit, souper dans la tour de Corbus ;
C'est de ce noir souper qu'il sort prince et margrave ;
La marquise n'est bonne et le marquis n'est brave
Que s'ils ont respiré les funèbres parfums
Des siècles dans ce nid des vieux maîtres défunts ;
Les marquis de Lusace ont une haute tige,
Et leur source est profonde à donner le vertige ;
Ils ont pour père Antée, ancêtre d'Attila ;
De ce vaincu d'Alcide une race coula ;
C'est la race, autrefois païenne, puis chrétienne,
De Lechus, de Platon, d'Othon, d'Ursus, d'Étienne,
Et de tous ces seigneurs des rocs et des forêts
Bordant l'Europe au nord, flot d'abord, digue après.
Corbus est double : il est burg au bois, ville en plaine ;
Du temps où l'on montait sur la tour châtelaine,
On voyait, au delà des pins et des rochers,
Sa ville perçant l'ombre au loin de ses clochers ;
Cette ville a des murs ; pourtant, ce n'est pas d'elle
Que relève l'antique et noble citadelle ;
Fière, elle s'appartient ; quelquefois un château

Est l'égal d'une ville; en Toscane, Prato,
Barletta dans la Pouille, et Crême en Lombardie,
Valent une cité, même forte et hardie;
Corbus est de ce rang. Sur ses rudes parois
Ce burg a le reflet de tous les anciens rois;
Tous leurs avénements, toutes leurs funérailles,
Ont, chantant ou pleurant, traversé ses murailles,
Tous s'y sont mariés, la plupart y sont nés;
C'est là que flamboyaient ces barons couronnés;
Corbus est le berceau de la royauté scythe.
Or, le nouveau marquis doit faire une visite
A l'histoire qu'il va continuer. La loi
Veut qu'il soit seul pendant la nuit qui le fait roi.
Au seuil de la forêt, un clerc lui donne à boire
Un vin mystérieux versé dans un ciboire,
Qui doit, le soir venu, l'endormir jusqu'au jour;
Puis on le laisse, il part et monte dans la tour;
Il trouve dans la salle une table dressée;
Il soupe et dort; et l'ombre envoie à sa pensée
Tous les spectres des rois depuis le duc Bela;
Nul n'oserait entrer au burg cette nuit-là;
Le lendemain, on vient en foule, on le délivre;
Et, plein des visions du sommeil, encore ivre
De tous ses grands aïeux qui lui sont apparus;
On le mène à l'église où dort Borivorus;
L'évêque lui bénit la bouche et la paupière,
Et met dans ses deux mains les deux haches de pierre
Dont Attila frappait, juste comme la mort,
D'un bras sur le Midi, de l'autre sur le Nord.

Ce jour-là, sur les tours de la ville, on arbore
Le menaçant drapeau du marquis Swantibore

Qui lia dans les bois et fit manger aux loups
Sa femme et le taureau dont il était jaloux.

Même quand l'héritier du trône est une femme,
Le souper de la tour de Corbus la réclame ;
C'est la loi ; seulement, la pauvre femme a peur.

V

LA MARQUISE MAHAUD.

La nièce du dernier marquis, Jean le Frappeur,
Mahaud est aujourd'hui marquise de Lusace.
Dame, elle a la couronne, et, femme, elle a la grâce ;
Une reine n'est pas reine sans la beauté.
C'est peu que le royaume, il faut la royauté.
Dieu dans son harmonie également emploie
Le cèdre qui résiste et le roseau qui ploie,
Et, certes, il est bon qu'une femme parfois
Ait dans sa main les mœurs, les esprits et les lois,
Succède au maître altier, sourie au peuple, et mène,
En lui parlant tout bas, la sombre troupe humaine ;
Mais la douce Mahaud, dans ces temps de malheur,
Tient trop le sceptre, hélas ! comme on tient une fleur ;
Elle est gaie, étourdie, imprudente et peureuse.
Toute une Europe obscure autour d'elle se creuse ;
Et, quoiqu'elle ait vingt ans, on a beau la prier,
Elle n'a pas encor voulu se marier.
Il est temps cependant qu'un bras viril l'appuie ;
Comme l'arc-en-ciel rit entre l'ombre et la pluie,
Comme la biche joue entre le tigre et l'ours,

Elle a, la pauvre belle aux purs et chastes jours,
Deux noirs voisins qui font une noire besogne :
L'empereur d'Allemagne et le roi de Pologne.

VI

LES DEUX VOISINS.

Toute la différence entre ce sombre roi
Et ce sombre empereur, sans foi, sans Dieu, sans loi,
C'est que l'un est la griffe et que l'autre est la serre ;
Tous deux vont à la messe et disent leur rosaire ;
Ils n'en passent pas moins pour avoir fait tous deux
Dans l'enfer un traité d'alliance hideux ;
On va même jusqu'à chuchoter à voix basse,
Dans la foule où la peur d'en haut tombe et s'amasse,
L'affreux texte d'un pacte entre eux et le pouvoir
Qui s'agite sous l'homme au fond du monde noir ;
Quoique l'un soit la haine et l'autre la vengeance,
Ils vivent côte à côte en bonne intelligence ;
Tous les peuples qu'on voit saigner à l'horizon
Sortent de leur tenaille et sont de leur façon ;
Leurs deux figures sont lugubrement grandies
Par de rouges reflets de sacs et d'incendies ;
D'ailleurs, comme David, suivant l'usage ancien,
L'un est poëte, et l'autre est bon musicien ;
Et les déclarant dieux, la renommée allie
Leurs noms dans les sonnets qui viennent d'Italie.
L'antique hiérarchie a l'air mise en oubli ;
Car, suivant le vieil ordre en Europe établi,
L'empereur d'Allemagne est duc, le roi de France

Marquis; les autres rois ont peu de différence;
Ils sont barons autour de Rome, leur pilier,
Et le roi de Pologne est simple chevalier;
Mais dans ce siècle on voit l'exception unique
Du roi sarmate égal au césar germanique.
Chacun s'est fait sa part; l'Allemand n'a qu'un soin,
Il prend tous les pays de terre ferme au loin;
Le Polonais, ayant le rivage baltique,
Veut des ports; il a pris toute la mer Celtique;
Sur tous les flots du Nord il pousse ses dromons ;
L'Islande voit passer ses navires démons;
L'Allemand brûle Anvers et conquiert les deux Prusses,
Le Polonais secourt Spotocus, duc des Russes,
Comme un plus grand boucher en aide un plus petit;
Le roi prend, l'empereur pille, usurpe, investit;
L'empereur fait la guerre à l'ordre teutonique,
Le roi sur le Jutland pose son pied cynique;
Mais, qu'ils brisent le faible ou qu'ils trompent le fort,
Quoi qu'ils fassent, ils ont pour loi d'être d'accord;
Des geysers du pôle aux cités transalpines,
Leurs ongles monstrueux, crispés sur des rapines,
Égratignent le pâle et triste continent.
Et tout leur réussit. Chacun d'eux, rayonnant,
Mène à fin tous ses plans lâches ou téméraires,
Et règne; et, sous Satan paternel, ils sont frères;
Ils s'aiment; l'un est fourbe et l'autre est déloyal;
Ils sont les deux bandits du grand chemin royal.
O les noirs conquérants ! et quelle œuvre éphémère !
L'ambition, branlant ses têtes de chimère,
Sous leur crâne brumeux, fétide et sans clarté,
Nourrit la pourriture et la stérilité;
Ce qu'ils font est néant et cendre ; une hydre allaite,

Dans leur âme nocturne et profonde, un squelette.
Le Polonais sournois, l'Allemand hasardeux,
Remarquent qu'à cette heure une femme est près d'eux ;
Tous deux guettent Mahaud. Et naguère, avec rage,
De sa bouche qu'empourpre une lueur d'orage
Et d'où sortent des mots pleins d'ombre ou teints de sang,
L'empereur a jeté cet éclair menaçant :
« L'empire est las d'avoir au dos cette besace
Qu'on appelle la haute et la basse Lusace,
Et dont la pesanteur, qui nous met sur les dents,
S'accroît, quand, par hasard, une femme est dedans. »
Le Polonais se tait, épie et patiente.

Ce sont deux grands dangers ; mais cette insouciante
Sourit, gazouille et danse, aime les doux propos,
Se fait bénir du pauvre et réduit les impôts ;
Elle est vive, coquette, aimable et bijoutière ;
Elle est femme toujours ; dans sa couronne altière,
Elle choisit la perle, elle a peur du fleuron ;
Car le fleuron tranchant, c'est l'homme et le baron.
Elle a des tribunaux d'amour qu'elle préside ;
Aux copistes d'Homère elle paye un subside ;
Elle a tout récemment accueilli dans sa cour
Deux hommes, un luthier avec un troubadour,
Dont on ignore tout, le nom, le rang, la race,
Mais qui, conteurs charmants, le soir, sur la terrasse,
A l'heure où les vitraux aux brises sont ouverts,
Lui font de la musique et lui disent des vers.
Or, en juin, la Lusace, en août, les Moraves,
Font la fête du trône et sacrent leurs margraves ;
C'est aujourd'hui le jour du burg mystérieux ;
Mahaud viendra ce soir souper chez ses aïeux.

Qu'est-ce que tout cela fait à l'herbe des plaines,
Aux oiseaux, à la fleur, au nuage, aux fontaines?
Qu'est-ce que tout cela fait aux arbres des bois?
Que le peuple ait des jougs et que l'homme ait des rois,
L'eau coule, le vent passe et murmure : « Qu'importe? »

VII

LA SALLE A MANGER.

La salle est gigantesque; elle n'a qu'une porte;
Le mur fuit dans la brume et semble illimité;
En face de la porte, à l'autre extrémité,
Brille, étrange et splendide, une table adossée
Au fond de ce livide et froid rez-de-chaussée;
La salle a pour plafond les charpentes du toit;
Cette table n'attend qu'un convive; on n'y voit
Qu'un fauteuil sous un dais qui pend aux poutres noires;
Les anciens temps ont peint sur le mur leurs histoires :
Le fier combat du roi des Vendes Thassilo,
Contre Nemrod sur terre et Neptune sur l'eau,
Le fleuve Rhin trahi par la rivière Meuse,
Et, groupes blémissants sur la paroi brumeuse,
Odin, le loup Fenris et le serpent Asgar;
Et toute la lumière éclairant ce hangar,
Qui semble d'un dragon avoir été l'étable,
Vient d'un flambeau sinistre allumé sur la table;
C'est le grand chandelier aux sept branches de fer
Que l'archange Attila rapporta de l'enfer
Après qu'il eut vaincu le Mammon, et sept âmes
Furent du noir flambeau les sept premières flammes.

Toute la salle semble un grand linéament
D'abîme, modelé dans l'ombre vaguement;
Au fond, la table éclate avec la brusquerie
De la clarté heurtant des blocs d'orfévrerie;
De beaux faisans tués par les traîtres faucons,
Des viandes froides, force aiguières et flacons,
Chargent la table où s'offre une opulente agape;
Les plats, bordés de fleurs, sont en vermeil; la nappe
Vient de Frise, pays célèbre par ses draps;
Et, pour les fruits, brugnons, fraises, pommes, cédrats,
Les pâtres de la Murg ont sculpté les sébiles;
Ces orfévres du bois sont des rustres habiles
Qui font sur une écuelle ondoyer des jardins
Et des monts où l'on voit fuir des chasses aux daims.
Sur une vasque d'or aux anses florentines,
Des actéons cornus et chaussés de bottines
Luttent, l'épée au poing, contre des lévriers;
Des branches de glaïeuls et de genévriers,
Des roses, des bouquets d'anis, une jonchée
De sauge tout en fleur nouvellement fauchée,
Couvrent d'un frais parfum de printemps répandu
Un tapis d'Ispahan sous la table étendu.
Dehors, c'est la ruine et c'est la solitude.
On entend, dans sa rauque et vaste inquiétude,
Passer sur le hallier, par l'été rajeuni,
Le vent, onde de l'ombre et flot de l'infini.
On a remis partout des vitres aux verrières
Qu'ébranle la rafale arrivant des clairières;
L'étrange, dans ce lieu ténébreux et rêvant,
Ce serait que celui qu'on attend fût vivant;
Aux lueurs du sept-bras, qui fait flamboyer presque
Les vagues yeux épars sur la lugubre fresque,

On voit le long des murs, par place, un escabeau,
Quelque long coffre obscur à meubler le tombeau,
Et des buffets, chargés de cuivre et de faïence ;
Et la porte, effrayante et sombre confiance,
Est formidablement ouverte sur la nuit.

Rien ne parle en ce lieu, d'où tout homme s'enfuit.
La terreur, dans les coins accroupie, attend l'hôte.
Cette salle à manger de titans est si haute,
Qu'en égarant, de poutre en poutre, son regard
Aux étages confus de ce plafond hagard,
On est presque étonné de n'y pas voir d'étoiles.
L'araignée est géante en ces hideuses toiles
Flottant là-haut, parmi les madriers profonds
Que mordent aux deux bouts les gueules des griffons.
La lumière a l'air noire et la salle a l'air morte.
La nuit retient son souffle. On dirait que la porte
A peur de remuer tout haut ses deux battants.

VIII

CE QU'ON Y VOIT ENCORE.

Mais ce que cette salle, antre obscur des vieux temps,
A de plus sépulcral et de plus redoutable,
Ce n'est pas le flambeau, ni le dais, ni la table ;
C'est, le long de deux rangs d'arches et de piliers,
Deux files de chevaux avec leurs chevaliers.

Chacun à son pilier s'adosse et tient sa lance ;
L'arme droite, ils se font vis-à-vis en silence ;

Les chanfreins sont lacés ; les harnais sont bouclés ;
Les chatons des cuissards sont barrés de leurs clés ;
Les trousseaux de poignards sur l'arçon se répandent ;
Jusqu'aux pieds des chevaux les caparaçons pendent ;
Les cuirs sont agrafés ; les ardillons d'airain
Attachent l'éperon, serrent le gorgerin ;
La grande épée à mains brille au croc de la selle ;
La hache est sur le dos, la dague est sous l'aisselle ;
Les genouillères ont leur boutoir meurtrier ;
Les mains pressent la bride, et les pieds l'étrier ;
Ils sont prêts ; chaque heaume est masqué de son crible ;
Tous se taisent ; pas un ne bouge ; c'est terrible.

Les chevaux monstrueux ont la corne au frontail.
Si Satan est berger, c'est là son noir bétail.
Pour en voir de pareils dans l'ombre, il faut qu'on dorme ;
Ils sont comme engloutis sous la housse difforme ;
Les cavaliers sont froids, calmes, graves, armés,
Effroyables ; les poings lugubrement fermés ;
Si l'enfer tout à coup ouvrait ces mains fantômes,
On verrait quelque lettre affreuse dans leurs paumes.
De la brume du lieu leur stature s'accroît.
Autour d'eux l'ombre a peur et les piliers ont froid.
O nuit, qu'est-ce que c'est que ces guerriers livides ?

Chevaux et chevaliers sont des armures vides,
Mais debout. Ils ont tous encor le geste fier,
L'air fauve, et, quoique étant de l'ombre, ils sont du fer.
Sont-ce des larves ? Non ; et sont-ce des statues ?
Non. C'est de la chimère et de l'horreur, vêtues
D'airain, et, des bas-fonds de ce monde puni,
Faisant une menace obscure à l'infini ;

Devant cette impassible et morne chevauchée,
L'âme tremble et se sent des spectres approchée,
Comme si l'on voyait la halte des marcheurs
Mystérieux que l'aube efface en ses blancheurs.
Si quelqu'un, à cette heure, osait franchir la porte,
A voir se regarder ces masques de la sorte,
Il croirait que la mort, à de certains moments,
Rhabillant l'homme, ouvrant les sépulcres dormants,
Ordonne, hors du temps, de l'espace et du nombre,
Des confrontations de fantômes dans l'ombre.

Les linceuls ne sont pas plus noirs que ces armets;
Les tombeaux, quoique sourds et voilés pour jamais,
Ne sont pas plus glacés que ces brassards; les bières
N'ont pas leurs ais hideux mieux joints que ces jambières;
Le casque semble un crâne, et, de squammes couverts,
Les doigts des gantelets luisent comme des vers;
Ces robes de combat ont des plis de suaires;
Ces pieds pétrifiés siéraient aux ossuaires;
Ces piques ont des bois lourds et vertigineux
Où des têtes de mort s'ébauchent dans les nœuds.
Ils sont tous arrogants sur la selle, et leurs bustes
Achèvent les poitrails des destriers robustes;
Les mailles sur leurs flancs croisent leurs durs tricots;
Le mortier des marquis près des tortils ducaux
Rayonne, et sur l'écu, le casque et la rondache,
La perle triple alterne avec les feuilles d'ache;
La chemise de guerre et le manteau de roi
Sont si larges, qu'ils vont du maître au palefroi;
Les plus anciens harnais remontent jusqu'à Rome;
L'armure du cheval sous l'armure de l'homme
Vit d'une vie horrible, et guerrier et coursier

Ne font qu'une seule hydre aux écailles d'acier.

L'histoire est là ; ce sont toutes les panoplies
Par qui furent jadis tant d'œuvres accomplies ;
Chacune, avec son timbre en forme de delta,
Semble la vision du chef qui la porta ;
Là sont les ducs sanglants et les marquis sauvages
Qui portaient pour pennons au milieu des ravages
Des saints dorés et peints sur des peaux de poissons.
Voici Geth, qui criait aux Slaves : « Avançons ! »
Mundiaque, Ottocar, Platon, Ladislas Cunne,
Welf, dont l'écu portait : « Ma peur se nomme Aucune. »
Zultan, Nazamystus, Othon le Chassieux ;
Depuis Spignus jusqu'à Spartibor aux trois yeux,
Toute la dynastie effrayante d'Antée
Semble là sur le bord des siècles arrêtée.

Que font-ils là, debout et droits ? Qu'attendent-ils ?
L'aveuglement remplit l'armet aux durs sourcils.
L'arbre est là sans la séve et le héros sans l'âme ;
Où l'on voit des yeux d'ombre on vit des yeux de flamme ;
La visière aux trous ronds sert de masque au néant ;
Le vide s'est fait spectre et rien s'est fait géant ;
Et chacun de ces hauts cavaliers est l'écorce
De l'orgueil, du défi, du meurtre et de la force ;
Le sépulcre glacé les tient ; la rouille mord
Ces grands casques, épris d'aventure et de mort,
Que baisait leur maîtresse auguste, la bannière ;
Pas un brassard ne peut remuer sa charnière ;
Les voilà tous muets, eux qui rugissaient tous,
Et, grondant et grinçant, rendaient les clairons fous ;
Le heaume affreux n'a plus de cri dans ses gencives ;

Ces armures, jadis fauves et convulsives,
Ces hauberts, autrefois pleins d'un souffle irrité,
Sont venus s'échouer dans l'immobilité,
Regarder devant eux l'ombre qui se prolonge,
Et prendre dans la nuit la figure du songe.

Ces deux files, qui vont depuis le morne seuil
Jusqu'au fond où l'on voit la table et le fauteuil,
Laissent entre leurs fronts une ruelle étroite;
Les marquis sont à gauche et les ducs sont à droite;
Jusqu'au jour où le toit que Spignus crénela,
Chargé d'ans croulera sur leur tête, ils sont là,
Inégaux, face à face, et pareils, côte à côte.
En dehors des deux rangs, en avant, tête haute,
Comme pour commander le funèbre escadron
Qu'éveillera le bruit du suprême clairon,
Les vieux sculpteurs ont mis un cavalier de pierre,
Charlemagne, ce roi qui de toute la terre
Fit une table ronde à douze chevaliers.

Les cimiers surprenants, tragiques, singuliers,
Cauchemars entrevus dans le sommeil sans bornes,
Sirènes aux seins nus, mélusines, licornes,
Farouches bois de cerfs, aspics, alérions,
Sur la rigidité des pâles morions,
Semblent une forêt de monstres qui végète;
L'un penche en avant, l'autre en arrière se jette;
Tous ces êtres, dragons, cerbères orageux,
Que le bronze et le rêve ont créés dans leurs jeux,
Lions volants, serpents ailés, guivres palmées,
Faits pour l'effarement des livides armées,
Espèces de démons composés de terreur,

Qui, sur le heaume altier des barons en fureur,
Hurlaient, accompagnant la bannière géante,
Sur les cimiers glacés songent, gueule béante,
Comme s'ils s'ennuyaient, trouvant les siècles longs ;
Et, regrettant les morts saignant sous les talons,
Les trompettes, la poudre immense, la bataille,
Le carnage, on dirait que l'Épouvante bâille.
Le métal fait reluire, en reflets durs et froids,
Sa grande larme au mufle obscur des palefrois ;
De ces spectres pensifs l'odeur des temps s'exhale ;
Leur ombre est formidable au plafond de la salle ;
Aux lueurs du flambeau frissonnant, au-dessus
Des blêmes cavaliers vaguement aperçus,
Elle remue et croît dans les ténébreux faîtes ;
Et la double rangée horrible de ces têtes
Fait, dans l'énormité des vieux combles fuyants,
De grands nuages noirs aux profils effrayants.

Et tout est fixe, et pas un coursier ne se cabre
Dans cette légion de la guerre macabre ;
Oh ! ces hommes masqués sur ces chevaux voilés,
Chose affreuse !

   A la brume éternelle mêlés,
Ayant chez les vivants fini leur tâche austère,
Muets, ils sont tournés du côté du mystère ;
Ces sphinx ont l'air, au seuil du gouffre où rien ne luit,
De regarder l'énigme en face dans la nuit,
Comme si, prêts à faire, entre les bleus pilastres,
Sous leurs sabots d'acier étinceler les astres,
Voulant pour cirque l'ombre, ils provoquaient d'en bas,
Pour on ne sait quels fiers et funèbres combats,

Dans le champ sombre où n'ose aborder la pensée,
La sinistre visière au fond des cieux baissée.

IX

BRUIT QUE FAIT LE PLANCHER.

C'est là qu'Eviradnus entre; Gasclin le suit.

Le mur d'enceinte étant presque partout détruit,
Cette porte, ancien seuil des marquis patriarches,
Qu'au-dessus de la cour exhaussent quelques marches,
Domine l'horizon, et toute la forêt
Autour de son perron comme un gouffre apparaît.
L'épaisseur du vieux roc de Corbus est propice
A cacher plus d'un sourd et sanglant précipice;
Tout le burg, et la salle elle-même, dit-on,
Sont bâtis sur des puits faits par le duc Platon;
Le plancher sonne; on sent au-dessous des abîmes.

« Page, dit ce chercheur d'aventures sublimes,
Viens. Tu vois mieux que moi, qui n'ai plus de bons yeux,
Car la lumière est femme et se refuse aux vieux;
Bah! voit toujours assez qui regarde en arrière.
On découvre d'ici la route et la clairière;
Garçon, vois-tu là-bas venir quelqu'un? » Gasclin
Se penche hors du seuil; la lune est dans son plein,
D'une blanche lueur la clairière est baignée.
« Une femme à cheval. Elle est accompagnée.
— De qui? » Gasclin répond : « Seigneur, j'entends les voix
De deux hommes parlant et riant, et je vois

Trois ombres de chevaux qui passent sur la route.
— Bien, dit Eviradnus. Ce sont eux. Page, écoute :
Tu vas partir d'ici. Prends un autre chemin.
Va-t'en, sans être vu. Tu reviendras demain
Avec nos deux chevaux, frais, en bon équipage,
Au point du jour. C'est dit. Laisse-moi seul. » Le page,
Regardant son bon maître avec des yeux de fils,
Dit : « Si je demeurais ? Ils sont deux. — Je suffis.
Va. »

X

EVIRADNUS IMMOBILE.

Le héros est seul sous ces grands murs sévères.
Il s'approche un moment de la table où les verres
Et les hanaps, dorés et peints, petits et grands,
Sont étagés, divers pour les vins différents;
Il a soif; les flacons tentent sa lèvre avide;
Mais la goutte qui reste au fond d'un verre vide
Trahirait que quelqu'un dans la salle est vivant;
Il va droit aux chevaux. Il s'arrête devant
Celui qui le plus près de la table étincelle,
Il prend le cavalier et l'arrache à la selle;
La panoplie en vain lui jette un pâle éclair,
Il saisit corps à corps le fantôme de fer,
Et l'emporte au plus noir de la salle; et, pliée
Dans la cendre et la nuit, l'armure humiliée
Reste adossée au mur comme un héros vaincu;
Eviradnus lui prend sa lance et son écu,
Monte en selle à sa place, et le voilà statue.

Pareil aux autres, froid, la visière abattue,
On n'entend pas un souffle à sa lèvre échapper,
Et le tombeau pourrait lui-même s'y tromper.

Tout est silencieux dans la salle terrible.

XI

UN PEU DE MUSIQUE.

Écoutez ! — Comme un nid qui murmure invisible,
Un bruit confus s'approche, et des rires, des voix,
Des pas, sortent du fond vertigineux des bois.

Et voici qu'à travers la grande forêt brune
Qu'emplit la rêverie immense de la lune,
On entend frissonner et vibrer mollement,
Communiquant au bois son doux frémissement,
La guitare des monts d'Inspruck, reconnaissable
Au grelot de son manche où sonne un grain de sable;
Il s'y mêle la voix d'un homme, et ce frisson
Prend un sens et devient une vague chanson :

« Si tu veux, faisons un rêve :
Montons sur deux palefrois ;
Tu m'emmènes, je t'enlève.
L'oiseau chante dans les bois.

« Je suis ton maître et ta proie ;
Partons, c'est la fin du jour ;

Mon cheval sera la joie,
Ton cheval sera l'amour.

« Nous ferons toucher leurs têtes;
Les voyages sont aisés;
Nous donnerons à ces bêtes
Une avoine de baisers.

« Viens ! nos doux chevaux mensonges
Frappent du pied tous les deux,
Le mien au fond de mes songes,
Et le tien au fond des cieux.

« Un bagage est nécessaire;
Nous emporterons nos vœux,
Nos bonheurs, notre misère,
Et la fleur de tes cheveux.

« Viens, le soir brunit les chênes;
Le moineau rit; ce moqueur
Entend le doux bruit des chaînes
Que tu m'as mises au cœur.

« Ce ne sera point ma faute
Si les forêts et les monts,
En nous voyant côte à côte,
Ne murmurent pas : Aimons!

« Viens, sois tendre, je suis ivre.
O les verts taillis mouillés!
Ton souffle te fera suivre
Des papillons réveillés.

« L'envieux oiseau nocturne,
Triste, ouvrira son œil rond;
Les nymphes, penchant leur urne,
Dans les grottes souriront;

« Et diront : « Sommes-nous folles!
« C'est Léandre avec Héro;
« En écoutant leurs paroles
« Nous laissons tomber notre eau. »

« Allons-nous-en par l'Autriche!
Nous aurons l'aube à nos fronts;
Je serai grand, et toi riche,
Puisque nous nous aimerons.

« Allons-nous-en par la terre,
Sur nos deux chevaux charmants,
Dans l'azur, dans le mystère,
Dans les éblouissements!

« Nous entrerons à l'auberge,
Et nous paierons l'hôtelier
De ton sourire de vierge,
De mon bonjour d'écolier.

« Tu seras dame, et moi comte;
Viens, mon cœur s'épanouit;
Viens, nous conterons ce conte
Aux étoiles de la nuit. »

La mélodie encor quelques instants se traîne
Sous les arbres bleuis par la lune sereine,

Puis tremble, puis expire, et la voix qui chantait
S'éteint comme un oiseau se pose; tout se tait.

XII

LE GRAND JOSS ET LE PETIT ZÉNO.

Soudain, au seuil lugubre apparaissent trois têtes
Joyeuses, et d'où sort une lueur de fêtes;
Deux hommes, une femme en robe de drap d'or.
L'un des hommes paraît trente ans; l'autre est encor
Plus jeune, et, sur son dos, il porte en bandoulière
La guitare où s'enlace une branche de lierre;
Il est grand et blond; l'autre est petit, pâle et brun;
Ces hommes, qu'on dirait faits d'ombre et de parfum,
Sont beaux, mais le démon dans leur beauté grimace;
Avril a de ces fleurs où rampe une limace.

« Mon grand Joss, mon petit Zéno, venez ici.
Voyez. C'est effrayant. »

                        Celle qui parle ainsi
C'est madame Mahaud; le clair de lune semble
Caresser sa beauté qui rayonne et qui tremble,
Comme si ce doux être était de ceux que l'air
Crée, apporte et remporte en un céleste éclair.

« Passer ici la nuit! Certe, un trône s'achète!
Si vous n'étiez venus m'escorter en cachette,
Dit-elle, je serais vraiment morte de peur. »

La lune éclaire auprès du seuil, dans la vapeur,
Un des grands chevaliers adossés aux murailles.

« Comme je vous vendrais à l'encan ces ferrailles!
Dit Zéno; je ferais, si j'étais le marquis,
De ce tas de vieux clous sortir des vins exquis,
Des galas, des tournois, des bouffons et des femmes. »

Et, frappant cet airain d'où sort le bruit des âmes,
Cette armure où l'on voit frémir le gantelet,
Calme et riant, il donne au sépulcre un soufflet.

« Laissez donc mes aïeux, dit Mahaud, qui murmure.
Vous êtes trop petit pour toucher cette armure. »

Zéno pâlit. Mais Joss : « Ça, des aïeux! J'en ris.
Tous ces bonshommes noirs sont des nids de souris.
Pardieu! pendant qu'ils ont l'air terrible, et qu'ils songent,
Écoutez, on entend le bruit des dents qui rongent.
Et dire qu'en effet autrefois tout cela
S'appelait Ottocar, Othon, Platon, Bela!
Hélas! la fin n'est pas plaisante, et déconcerte.
Soyez donc ducs et rois! je ne voudrais pas, certe,
Avoir été colosse, avoir été héros,
Madame, avoir empli de morts des tombereaux,
Pour que, sous ma farouche et fière bourguignotte,
Moi, prince et spectre, un rat paisible me grignote!

— C'est que ce n'est point là votre état, dit Mahaud.
Chantez, soit; mais ici ne parlez pas trop haut.

— Bien dit, reprend Zéno. C'est un lieu de prodiges.

Et, quant à moi, je vois des serpentes, des stryges,
Tout un fourmillement de monstres, s'ébaucher
Dans la brume qui sort des fentes du plancher. »

Mahaud frémit.

    « Ce vin que l'abbé m'a fait boire,
Va bientôt m'endormir d'une façon très-noire ;
Jurez-moi de rester près de moi.

       — J'en réponds, »
Dit Joss ; et Zéno dit : « Je le jure. Soupons. »

XIII

ILS SOUPENT.

Et, riant et chantant, ils s'en vont vers la table.

« Je fais Joss chambellan et Zéno connétable, »
Dit Mahaud. Et tous trois causent, joyeux et beaux,
Elle sur le fauteuil, eux sur des escabeaux ;
Joss mange, Zéno boit, Mahaud rêve. La feuille
N'a pas de bruit distinct qu'on note et qu'on recueille,
Ainsi va le babil sans forme et sans lien ;
Joss par moments fredonne un chant tyrolien,
Et fait rire ou pleurer la guitare ; les contes
Se mêlent aux gaîtés fraîches, vives et promptes.
Mahaud dit : « Savez-vous que vous êtes heureux ?
— Nous sommes bien portants, jeunes, fous, amoureux ;
C'est vrai. — De plus, tu sais le latin comme un prêtre,

Et Joss chante fort bien. — Oui, nous avons un maître
Qui nous donne cela par-dessus le marché.
—Quel est son nom?—Pour nous Satan, pour vous Péché,
Dit Zéno, caressant jusqu'en sa raillerie.
— Ne riez pas ainsi, je ne veux pas qu'on rie.
Paix, Zéno! Parle-moi, toi, Joss, mon chambellan.
— Madame, Viridis, comtesse de Milan,
Fut superbe; Diane éblouissait le pâtre;
Aspasie, Isabeau de Saxe, Cléopatre,
Sont des noms devant qui la louange se tait;
Rhodope fut divine; Érylésis était
Si belle, que Vénus, jalouse de sa gorge,
La traîna toute nue en la céleste forge
Et la fit sur l'enclume écraser par Vulcain;
Eh bien, autant l'étoile éclipse le sequin,
Autant le temple éclipse un monceau de décombres,
Autant vous effacez toutes ces belles ombres!
Ces coquettes qui font des mines dans l'azur,
Les elfes, les péris, ont le front jeune et pur
Moins que vous, et pourtant le vent et ses bouffées
Les ont galamment d'ombre et de rayons coiffées.
—Flatteur, tu chantes bien, » dit Mahaud. Joss reprend.
« Si j'étais, sous le ciel splendide et transparent,
Ange, fille ou démon, s'il fallait que j'apprisse
La grâce, la gaîté, le rire et le caprice,
Altesse, je viendrais à l'école chez vous.
Vous êtes une fée aux yeux divins et doux,
Ayant pour un vil sceptre échangé sa baguette. »
Mahaud songe : « On dirait que ton regard me guette,
Tais-toi. Voyons, de vous tout ce que je connais,
C'est que Joss est Bohème et Zéno Polonais,
Mais vous êtes charmants; et pauvres; oui, vous l'êtes;

Moi, je suis riche; eh bien, demandez-moi, poëtes,
Tout ce que vous voudrez.—Tout! Je vous prends au mot,
Répond Joss. Un baiser. — Un baiser! dit Mahaud
Surprise en ce chanteur d'une telle pensée;
Savez-vous qui je suis? » Et fière et courroucée,
Elle rougit. Mais Joss n'est pas intimidé :
« Si je ne le savais, aurais-je demandé
Une faveur qu'il faut qu'on obtienne, ou qu'on prenne?
Il n'est don que de roi ni baiser que de reine.
— Reine! » et Mahaud sourit.

XIV

APRÈS SOUPER.

      Cependant, par degrés,
Le narcotique éteint ses yeux d'ombre enivrés;
Zéno l'observe, un doigt sur la bouche; elle penche
La tête, et, souriant, s'endort, sereine et blanche.

Zéno lui prend la main qui retombe.

         « Elle dort!
Dit Zéno; maintenant, vite, tirons au sort.
D'abord, à qui l'État? Ensuite, à qui la fille? »

Dans ces deux profils d'homme un œil de tigre brille.

« Frère, dit Joss, parlons politique à présent.
La Mahaud dort et fait quelque rêve innocent;
Nos griffes sont dessus. Nous avons cette folle.

L'ami de dessous terre est sûr et tient parole ;
Le hasard, grâce à lui, ne nous a rien ôté
De ce que nous avons construit et comploté ;
Tout nous a réussi. Pas de puissance humaine
Qui nous puisse arracher la femme et le domaine.
Concluons. Guerroyer, se chamailler pour rien,
Pour un oui, pour un non, pour un dogme arien
Dont le pape sournois rira dans la coulisse,
Pour quelque fille ayant une peau fraîche et lisse,
Des yeux bleus et des mains blanches comme le lait ;
C'était bon dans le temps où l'on se querellait
Pour la croix byzantine ou pour la croix latine,
Et quand Pépin tenait un synode à Leptine,
Et quand Rodolphe et Jean, comme deux hommes soûls,
Glaive au poing, s'arrachaient leur Agnès de deux sous ;
Aujourd'hui, tout est mieux et les mœurs sont plus douces ;
Frère, on ne se met plus ainsi la guerre aux trousses,
Et l'on sait en amis régler un différend ;
As-tu des dés?

— J'en ai.

— Celui qui gagne prend
Le marquisat ; celui qui perd a la marquise.

— Bien.

— J'entends du bruit.

— Non, dit Zéno, c'est la bise
Qui souffle bêtement, et qu'on prend pour quelqu'un.
As-tu peur?

— Je n'ai peur de rien, que d'être à jeun,
Répond Joss, et sur moi que les gouffres s'écroulent !

— Finissons. Que le sort décide. »

Les dés roulent.

« Quatre. »

Joss prend les dés.

« Six. Je gagne tout net.
J'ai trouvé la Lusace au fond de ce cornet.
Dès demain, j'entre en danse avec tout mon orchestre.
Taxes partout. Payez. La corde ou le séquestre.
Des trompettes d'airain seront mes galoubets.
Les impôts, cela pousse en plantant des gibets. »

Zéno dit : « J'ai la fille. Eh bien, je le préfère.

— Elle est belle, dit Joss.

— Pardieu !

— Qu'en vas-tu faire ?

— Un cadavre. »

Et Zéno reprend·

« En vérité,
La créature m'a tout à l'heure insulté.

Petit! voilà le mot qu'a dit cette femelle.
Si l'enfer m'eût crié, béant sous ma semelle,
Dans la sombre minute où je tenais les dés :
« Fils, les hasards ne sont pas encor décidés;
« Je t'offre le gros lot : la Lusace aux sept villes;
« Je t'offre dix pays de blés, de vins et d'huiles,
« A ton choix, ayant tous leur peuple diligent;
« Je t'offre la Bohême et ses mines d'argent,
« Ce pays le plus haut du monde, ce grand antre
« D'où plus d'un fleuve sort, où pas un ruisseau n'entre;
« Je t'offre le Tyrol aux monts d'azur remplis,
« Et je t'offre la France avec les fleurs de lis ;
« Qu'est-ce que tu choisis ? » J'aurais dit : « La vengeance. »
Et j'aurais dit : « Enfer, plutôt que cette France,
« Et que cette Bohême, et ce Tyrol si beau,
« Mets à mes ordres l'ombre et les vers du tombeau ! »
Mon frère, cette femme, absurdement marquise
D'une marche terrible où tout le Nord se brise,
Et qui, dans tous les cas, est pour nous un danger,
Ayant été stupide au point de m'outrager,
Il convient qu'elle meure; et puis, s'il faut tout dire,
Je l'aime; et la lueur que de mon cœur je tire,
Je la tire du tien : tu l'aimes aussi, toi.
Frère, en faisant ici, chacun dans notre emploi,
Les bohèmes, pour mettre à fin cette équipée,
Nous sommes devenus, près de cette poupée,
Niais, toi comme un page, et moi comme un barbon,
Et, de galants pour rire, amoureux pour de bon;
Oui, nous sommes tous deux épris de cette femme;
Or, frère, elle serait entre nous une flamme;
Tôt ou tard, et malgré le bien que je te veux,
Elle nous mènerait à nous prendre aux cheveux;

Vois-tu, nous finirons par rompre notre pacte.
Nous l'aimons. Tuons-la.

— Ta logique est exacte,
Dit Joss rêveur ; mais quoi, du sang ici ? »

Zéno
Pousse un coin de tapis, tâte, prend un anneau,
Le tire, et le plancher se soulève ; un abîme
S'ouvre ; il en sort de l'ombre ayant l'odeur du crime ;
Joss marche vers la trappe, et, les yeux dans les yeux,
Zéno muet la montre à Joss silencieux ;
Joss se penche, approuvant de la tête le gouffre.

XV

LES OUBLIETTES.

S'il sortait de ce puits une lueur de soufre,
On dirait une bouche obscure de l'enfer.
La trappe est large assez pour qu'en un brusque éclair
L'homme étonné qu'on pousse y tombe à la renverse ;
On distingue les dents sinistres d'une herse,
Et, plus bas, le regard flotte dans de la nuit ;
Le sang sur les parois fait un rougeâtre enduit ;
L'Épouvante est au fond de ce puits toute nue ;
On sent qu'il pourrit là de l'histoire inconnue,
Et que ce vieux sépulcre, oublié maintenant,
Cuve du meurtre, est plein de larves se traînant,
D'ombres tâtant le mur et de spectres reptiles.

« Nos aïeux ont parfois fait des choses utiles, »
Dit Joss. Et Zéno dit : « Je connais le château ;
Ce que le mont Corbus cache sous son manteau,
Nous le savons, l'orfraie et moi ; cette bâtisse
Est vieille ; on y rendait autrefois la justice.

— Es-tu sûr que Mahaud ne se réveille point?

— Son œil est clos ainsi que je ferme mon poing ;
Elle dort d'une sorte âpre et surnaturelle,
L'obscure volonté du philtre étant sur elle.

— Elle s'éveillera demain au point du jour?

— Dans l'ombre.

    — Et que va dire ici toute la cour
Quand, au lieu d'une femme, ils trouveront deux hommes?

— Tous se prosterneront en sachant qui nous sommes.

— Où va cette oubliette?

    — Aux torrents, aux corbeaux,
Au néant. Finissons. »

    Ces hommes, jeunes, beaux,
Charmants, sont à présent difformes, tant s'efface
Sous la noirceur du cœur le rayon de la face,
Tant l'homme est transparent à l'enfer qui l'emplit.
Ils s'approchent : Mahaud dort comme dans un lit.

« Allons ! »

Joss la saisit sous les bras, et dépose
Un baiser monstrueux sur cette bouche rose;
Zéno, penché devant le grand fauteuil massif,
Prend ses pieds endormis et charmants ; et, lascif,
Lève la robe d'or jusqu'à la jarretière.

Le puits, comme une fosse au fond d'un cimetière,
Est là béant.

XVI

CE QU'ILS FONT DEVIENT PLUS DIFFICILE A FAIRE.

Portant Mahaud, qui dort toujours,
Ils marchent lents, courbés, en silence, à pas sourds,
Zéno tourné vers l'ombre et Joss vers la lumière ;
La salle aux yeux de Joss apparaît tout entière ;
Tout à coup il s'arrête, et Zéno dit : « Eh bien ? »
Mais Joss est effrayant ; pâle, il ne répond rien
Et fait signe à Zéno, qui regarde en arrière....
Tous deux semblent changés en deux spectres de pierre;
Car tous deux peuvent voir, là, sous un cintre obscur,
Un des grands chevaliers rangés le long du mur
Qui se lève et descend de cheval; ce fantôme,
Tranquille sous le masque horrible de son heaume,
Vient vers eux, et son pas fait trembler le plancher :
On croit entendre un dieu de l'abîme marcher;
Entre eux et l'oubliette, il vient barrer l'espace,
Et dit, le glaive haut et la visière basse,

D'une voix sépulcrale et lente comme un glas :
« Arrête, Sigismond ! Arrête, Ladislas ! »
Tous deux laissent tomber la marquise, de sorte
Qu'elle gît à leurs pieds et paraît une morte.

La voix de fer parlant sous le grillage noir
Reprend, pendant que Joss blêmit, lugubre à voir,
Et que Zéno chancelle ainsi qu'un mât qui sombre :

« Hommes qui m'écoutez, il est un pacte sombre
Dont tout l'univers parle et que vous connaissez ;
Le voici : « Moi, Satan, dieu des cieux éclipsés,
« Roi des jours ténébreux, prince des vents contraires,
« Je contracte alliance avec mes deux bons frères,
« L'empereur Sigismond et le roi Ladislas ;
« Sans jamais m'absenter ni dire : *Je suis las*,
« Je les protégerai dans toute conjoncture ;
« De plus, je cède, en libre et pleine investiture,
« Étant seigneur de l'onde et souverain du mont,
« La mer à Ladislas, la terre à Sigismond,
« A la condition que, si je le réclame,
« Le roi m'offre sa tête et l'empereur son âme. »

— Serait-ce lui ? dit Joss. Spectre aux yeux fulgurants,
Es-tu Satan ?

    — Je suis plus et moins. Je ne prends
Que vos têtes, ô rois des crimes et des trames,
Laissant sous l'ongle noir se débattre vos âmes. »

Ils se regardent, fous, brisés, courbant le front,
Et Zéno dit à Joss : « Hein ! qu'est-ce que c'est donc ? »

Joss bégaye : « Oui, la nuit nous tient. Pas de refuge.
De quelle part viens-tu ? Qu'es-tu, spectre ?

— Le juge.

— Grâce ! »

La voix reprend :

« Dieu conduit par la main
Le vengeur en travers de votre affreux chemin ;
L'heure où vous existiez est une heure sonnée ;
Rien ne peut plus bouger dans votre destinée ;
L'épée inébranlable et calme est dans le joint.
Oui, je vous regardais. Vous ne vous doutiez point
Que vous aviez sur vous l'œil fixe de la peine,
Et que quelqu'un savait dans cette ombre malsaine
Que Joss fût kayser et que Zéno fût roi.
Vous venez de parler tout à l'heure, pourquoi ?
Tout est dit. Vos forfaits sont sur vous, incurables,
N'espérez rien. Je suis l'abîme, ô misérables !
Ah ! Ladislas est roi, Sigismond est césar ;
Dieu n'est bon qu'à servir de roue à votre char ;
Toi, tu tiens la Pologne avec ses villes fortes ;
Toi, Milan t'a fait duc, Rome empereur, tu portes
La couronne de fer et la couronne d'or ;
Toi, tu descends d'Hercule, et toi, de Spartibor ;
Vos deux tiares sont les deux lueurs du monde ;
Tous les monts de la terre et tous les flots de l'onde
Ont, altiers ou tremblants, vos deux ombres sur eux ;
Vous êtes les jumeaux du grand vertige heureux ;
Vous avez la puissance et vous avez la gloire ;

Mais, sous ce ciel de pourpre et sous ce dais de moire,
Sous cette inaccessible et haute dignité,
Sous cet arc de triomphe au cintre illimité,
Sous ce royal pouvoir, couvert de sacrés voiles,
Sous ces couronnes, tas de perles et d'étoiles,
Sous tous ces grands exploits, prompts, terribles, fougueux,
Sigismond est un monstre et Ladislas un gueux!
O dégradation du sceptre et de l'épée!
Noire main de justice aux cloaques trempée!
Devant l'hydre, le seuil du temple ouvre ses gonds,
Et le trône est un siége aux croupes des dragons!
Siècle infâme! ô grand ciel étoilé, que de honte!
Tout rampe; pas un front où le rouge ne monte;
C'est égal, on se tait, et nul ne fait un pas.
O peuple, million et million de bras,
Toi, que tous ces rois-là mangent et déshonorent,
Toi, que Leurs Majestés les vermines dévorent,
Est-ce que tu n'as pas des ongles, vil troupeau,
Pour ces démangeaisons d'empereurs sur ta peau!
Du reste, en voilà deux de pris; deux âmes telles
Que l'enfer même rêve étonné devant elles!
Sigismond, Ladislas, vous étiez triomphants,
Splendides, inouïs, prospères, étouffants;
Le temps d'être punis arrive; à la bonne heure.
Ah! le vautour larmoie et le caïman pleure.
J'en ris. Je trouve bon qu'à de certains instants,
Les princes, les heureux, les forts, les éclatants,
Les vainqueurs, les puissants, tous les bandits suprêmes,
A leurs fronts cerclés d'or, chargés de diadèmes,
Sentent l'âpre sueur de Josaphat monter.
Il est doux de voir ceux qui hurlaient, sangloter.
La peur après le crime; après l'affreux, l'immonde.

C'est bien. Dieu tout-puissant! quoi, des maîtres du monde,
C'est ce que, dans la cendre et sous mes pieds, j'ai là!
Quoi, ceci règne! Quoi, c'est un césar, cela!
En vérité, j'ai honte, et mon vieux cœur se serre
De les voir se courber plus qu'il n'est nécessaire.
Finissons. Ce qui vient de se passer ici,
Princes, veut un linceul promptement épaissi;
Ces mêmes dés hideux qui virent le Calvaire,
Ont roulé, dans mon ombre indignée et sévère,
Sur une femme, après avoir roulé sur Dieu.
Vous avez joué là, rois, un lugubre jeu.
Mais, soit. Je ne vais pas perdre à de la morale
Ce moment que remplit la brume sépulcrale.
Vous ne voyez plus clair dans vos propres chemins,
Et vos doigts ne sont plus assez des doigts humains
Pour qu'ils puissent tâter vos actions funèbres;
A quoi bon présenter le miroir aux ténèbres?
A quoi bon vous parler de ce que vous faisiez?
Boire de l'ombre, étant de nuit rassasiés,
C'est ce que vous avez l'habitude de faire,
Rois, au point de ne plus sentir dans votre verre
L'odeur des attentats et le goût des forfaits.
Je vous dis seulement que ce vil portefaix,
Votre siècle, commence à trouver vos altesses
Lourdes d'iniquités et de scélératesses;
Il est las, c'est pourquoi je vous jette au monceau
D'ordures que des ans emporte le ruisseau!
Ces jeunes gens penchés sur cette jeune fille,
J'ai vu cela! Dieu bon, sont-ils de la famille
Des vivants, respirant sous ton clair horizon?
Sont-ce des hommes? Non. Rien qu'à voir la façon
Dont votre lèvre touche aux vierges endormies,

Princes, on sent en vous des goules, des lamies,
D'affreux êtres sortis des cercueils soulevés.
Je vous rends à la nuit. Tout ce que vous avez
De la face de l'homme est un mensonge infâme ;
Vous avez quelque bête effroyable au lieu d'âme ;
Sigismond l'assassin, Ladislas le forban,
Vous êtes des damnés en rupture de ban ;
Donc lâchez les vivants et lâchez les empires !
Hors du trône, tyrans ! à la tombe, vampires !
Chiens du tombeau, voici le sépulcre. Rentrez. »

Et son doigt est tourné vers le gouffre.

        Atterrés,
Ils s'agenouillent.

    « Oh! dit Sigismond, fantôme,
Ne nous emmène pas dans ton morne royaume !
Nous t'obéirons. Dis, qu'exiges-tu de nous ?
Grâce ! »

   Et le roi dit : « Vois, nous sommes à genoux,
Spectre ! »

   Une vieille femme a la voix moins débile.

La figure qui tient l'épée est immobile,
Et se tait, comme si cet être souverain
Tenait conseil en lui sous un linceul d'airain ;
Tout à coup, élevant sa voix grave et hautaine :

« Princes, votre façon d'être lâches me gêne.

Je suis homme et non spectre. Allons, debout! mon bras
Est le bras d'un vivant; il ne me convient pas
De faire une autre peur que celle où j'ai coutume.
Je suis Eviradnus. »

XVII

LA MASSUE.

Comme sort de la brume
Un sévère sapin, vieilli dans l'Appenzell,
A l'heure où le matin au souffle universel
Passe, des bois profonds balayant la lisière,
Le preux ouvre son casque, et hors de la visière
Sa longue barbe blanche et tranquille apparaît.

Sigismond s'est dressé comme un dogue en arrêt;
Ladislas bondit, hurle, ébauche une huée,
Grince des dents et rit, et, comme la nuée
Résume en un éclair le gouffre pluvieux,
Toute sa rage éclate en ce cri : « C'est un vieux ! »

Le grand chevalier dit, regardant l'un et l'autre :
« Rois, un vieux de mon temps vaut deux jeunes du vôtre.
Je vous défie à mort, laissant à votre choix
D'attaquer l'un sans l'autre ou tous deux à la fois;
Prenez au tas quelque arme ici qui vous convienne;
Vous êtes sans cuirasse et je quitte la mienne;
Car le châtiment doit lui-même être correct. »

Eviradnus n'a plus que sa veste d'Utrecht.

Pendant que, grave et froid, il déboucle sa chape,
Ladislas, furtif, prend un couteau sur la nappe,
Se déchausse, et, rapide et bras levé, pieds nus,
Il se glisse en rampant derrière Eviradnus;
Mais Eviradnus sent qu'on l'attaque en arrière,
Se tourne, empoigne et tord la lame meurtrière,
Et sa main colossale étreint comme un étau
Le cou de Ladislas, qui lâche le couteau :
Dans l'œil du nain royal on voit la mort paraître.

« Je devrais te couper les quatre membres, traître,
Et te laisser ramper sur tes moignons sanglants.
Tiens, dit Eviradnus, meurs vite ! »

        Et sur ses flancs
Le roi s'affaisse, et, blême et l'œil hors de l'orbite,
Sans un cri, tant la mort formidable est subite,
Il expire.

   L'un meurt, mais l'autre s'est dressé.
Le preux, en délaçant sa cuirasse, a posé
Sur un banc son épée, et Sigismond l'a prise.

Le jeune homme effrayant rit de la barbe grise ;
L'épée au poing, joyeux, assassin rayonnant,
Croisant les bras, il crie : « A mon tour maintenant ! »
Et les noirs chevaliers, juges de cette lice,
Peuvent voir, à deux pas du fatal précipice,
Près de Mahaud, qui semble un corps inanimé,
Eviradnus sans arme et Sigismond armé.
Le gouffre attend. Il faut que l'un des deux y tombe.

« Voyons un peu sur qui va se fermer la tombe,

Dit Sigismond. C'est toi le mort! c'est toi le chien! »

Le moment est funèbre; Eviradnus sent bien
Qu'avant qu'il ait choisi dans quelque armure un glaive,
Il aura dans les reins la pointe qui se lève;
Que faire? tout à coup sur Ladislas gisant
Son œil tombe; il sourit terrible, et, se baissant
De l'air d'un lion pris qui trouve son issue :
« Hé! dit-il, je n'ai pas besoin d'autre massue! »
Et, prenant aux talons le cadavre du roi,
Il marche à l'empereur qui chancelle d'effroi;
Il brandit le roi mort comme une arme, il en joue,
Il tient dans ses deux poings les deux pieds, et secoue
Au-dessus de sa tête, en murmurant : « Tout beau! »
Cette espèce de fronde horrible du tombeau,
Dont le corps est la corde et la tête la pierre.
Le cadavre éperdu se renverse en arrière,
Et les bras disloqués font des gestes hideux.

Lui crie : « Arrangez-vous, princes, entre vous deux.
Si l'enfer s'éteignait, dans l'ombre universelle,
On le rallumerait, certe, avec l'étincelle
Qu'on peut tirer d'un roi heurtant un empereur. »

Sigismond, sous ce mort qui plane, ivre d'horreur,
Recule, sans la voir, vers la lugubre trappe;
Soudain le mort s'abat et le cadavre frappe....
Eviradnus est seul. Et l'on entend le bruit
De deux spectres tombant ensemble dans la nuit.
Le preux se courbe au seuil du puits, son œil y plonge,
Et, calme, il dit tout bas, comme parlant en songe :
« C'est bien! disparaissez, le tigre et le chacal! »

XVIII

LE JOUR REPARAÎT.

Il reporte Mahaud sur le fauteuil ducal,
Et, de peur qu'au réveil elle ne s'inquiète,
Il referme sans bruit l'infernale oubliette;
Puis remet tout en ordre autour de lui, disant :

« La chose n'a pas fait une goutte de sang;
C'est mieux. »

Mais, tout à coup, la cloche au loin éclate;
Les monts gris sont bordés d'un long fil écarlate;
Et voici que portant des branches de genêt,
Le peuple vient chercher sa dame; l'aube naît.
Les hameaux sont en branle, on accourt, et vermeille,
Mahaud, en même temps que l'aurore, s'éveille;
Elle pense rêver, et croit que le brouillard
A pris ces jeunes gens pour en faire un vieillard,
Et les cherche des yeux, les regrettant peut-être;
Eviradnus salue, et le vieux vaillant maître,
S'approchant d'elle avec un doux sourire ami :
« Madame, lui dit-il, avez-vous bien dormi? »

VI

LES TRÔNES D'ORIENT

I

ZIM-ZIZIMI.

★

Zim-Zizimi, soudan d'Égypte, commandeur
Des croyants, padischah qui dépasse en grandeur
Le césar d'Allemagne et le sultan d'Asie,
Maître que la splendeur énorme rassasie,
Songe : c'est le moment de son festin du soir ;
Toute la table fume ainsi qu'un encensoir ;
Le banquet est dressé dans la plus haute crypte
D'un grand palais bâti par les vieux rois d'Égypte ;
Les plafonds sont dorés et les piliers sont peints ;
Les buffets sont chargés de viandes et de pains,
Et de tout ce que peut rêver la faim humaine ;
Un roi mange en un jour plus qu'en une semaine
Le peuple d'Ispahan, de Byzance et de Tyr ;
Et c'est l'art des valets que de faire aboutir
La mamelle du monde à la bouche d'un homme ;
Tous les mets qu'on choisit, tous les vins qu'on renomme
Sont là, car le sultan Zizimi boit du vin ;
Il rit du livre austère et du texte divin

Que le derviche triste, humble et pâle, vénère;
L'homme sobre est souvent cruel, et, d'ordinaire,
L'économe de vin est prodigue de sang;
Mais Zim est à la fois ivrogne et malfaisant.

Ce qui n'empêche pas qu'il ne soit plein de gloire.
Il règne; il a soumis la vieille Afrique noire;
Il règne par le sang, la guerre et l'échafaud;
Il tient l'Asie ainsi qu'il tient l'Afrique; il faut
Que celui qui veut fuir son empire s'exile
Au nord, en Thrace, au sud, jusqu'au fleuve Baxile;
Toujours vainqueur, fatal, fauve, il a pour vassaux
Les batailles, les camps, les clairons, les assauts;
L'aigle en l'apercevant crie et fuit dans les roches.
Les rajahs de Mysore et d'Agra sont ses proches,
Ainsi qu'Omar qui dit : « Grâce à moi, Dieu vaincra. »
Son oncle est Hayraddin, sultan de Bassora,
Les grands cheiks du désert sont tous de sa famille,
Le roi d'Oude est son frère, et l'épée est sa fille.

Il a dompté Bagdad, Trébizonde, et Mossul,
Que conquit le premier Duilius, ce consul
Qui marchait précédé de flûtes tibicines;
Il a soumis Gophna, les forêts abyssines,
L'Arabie, où l'aurore a d'immenses rougeurs,
Et l'Hedjaz, où, le soir, les tremblants voyageurs,
De la nuit autour d'eux sentant rôder les bêtes,
Allument de grands feux, tiennent leurs armes prêtes,
Et se brûlent un doigt pour ne pas s'endormir;
Mascate et son iman, la Mecque et son émir,
Le Liban, le Caucase et l'Atlas font partie
De l'ombre de son trône, ainsi que la Scythie,

ZIM-ZIZIMI.

Et l'eau de Nagaïn et le sable d'Ophir,
Et le Sahara fauve, où l'oiseau vert asfir
Vient becqueter la mouche aux pieds des dromadaires ;
Pareils à des vautours forcés de changer d'aires,
Devant lui, vingt sultans, reculant hérissés,
Se sont dans la fournaise africaine enfoncés ;
Quand il étend son sceptre, il touche aux âpres zones
Où luit la nudité des fières amazones ;
En Grèce, il fait lutter chrétiens contre chrétiens,
Les chiens contre les porcs, les porcs contre les chiens ;
Tout le craint ; et sa tête est de loin saluée
Par le lama debout dans la sainte nuée,
Et son nom fait pâlir parmi les Kassburdars
Le sophi devant qui flottent sept étendards ;
Il règne ; et le morceau qu'il coupe de la terre
S'agrandit chaque jour sous son noir cimeterre ;
Il foule les cités, les achète, les vend,
Les dévore ; à qui sont les hommes, Dieu vivant ?
A lui, comme la paille est au bœuf dans l'étable.

★

Cependant, il s'ennuie. Il est seul à sa table,
Le trône ne pouvant avoir de conviés ;
Grandeur, bonheur, les biens par la foule enviés,
L'alcôve où l'on s'endort, le sceptre où l'on s'appuie,
Il a tout ; c'est pourquoi ce tout-puissant s'ennuie ;
Ivre, il est triste.

    Il vient d'épuiser les plaisirs ;
Il a donné son pied à baiser aux vizirs ;

Sa musique a joué les fanfares connues ;
Des femmes ont dansé devant lui toutes nues ;
Il s'est fait adorer par un tas prosterné
De cheiks et d'ulémas décrépits, étonné
Que la barbe fût blanche alors que l'âme est vile ;
Il s'est fait amener des prisons de la ville
Deux voleurs qui se sont traînés à ses genoux,
Criant grâce, implorant l'homme maître de tous,
Agitant à leurs poings de pesantes ferrailles,
Et, curieux de voir s'échapper leurs entrailles,
Il leur a lentement lui-même ouvert le flanc ;
Puis il a renvoyé ses esclaves, bâillant.

Zim regarde, en sa molle et hautaine attitude,
Cherchant à qui parler dans cette solitude.

★

Le trône où Zizimi s'accoude est soutenu
Par dix sphinx au front ceint de roses, au flanc nu ;
Tous sont en marbre blanc ; tous tiennent une lyre ;
L'énigme dans leurs yeux semble presque sourire ;
Chacun d'eux porte un mot sur sa tête sculpté,
Et ces dix mots sont : Gloire, Amour, Jeu, Volupté,
Santé, Bonheur, Beauté, Grandeur, Victoire, Joie.

Et le sultan s'écrie :

« O sphinx dont l'œil flamboie,
Je suis le Conquérant ; mon nom est établi
Dans l'azur des cieux, hors de l'ombre et de l'oubli ;

Et mon bras porte un tas de foudres qu'il secoue ;
Mes exploits fulgurants passent comme une roue ;
Je vis ; je ne suis pas ce qu'on nomme un mortel ;
Mon trône vieillissant se transforme en autel ;
Quand le moment viendra que je quitte la terre,
Étant le jour, j'irai rentrer dans la lumière ;
Dieu dira : « Du sultan je veux me rapprocher. »
L'aube prendra son astre et viendra me chercher.
L'homme m'adore avec des faces d'épouvante ;
L'Orgueil est mon valet, la Gloire est ma servante ;
Elle se tient debout quand Zizimi s'assied ;
Je dédaigne et je hais les hommes ; et mon pied
Sent le mou de la fange en marchant sur leurs nuques.
A défaut des humains, tous muets, tous eunuques,
Tenez-moi compagnie, ô sphinx qui m'entourez
Avec vos noms joyeux sur vos têtes dorés,
Désennuyez le roi redoutable qui tonne :
Que ma splendeur en vous autour de moi rayonne ;
Chantez-moi votre chant de gloire et de bonheur ;
O trône triomphal dont je suis le seigneur,
Parle-moi ! Parlez-moi, sphinx couronnés de roses ! »

Alors les sphinx, avec la voix qui sort des choses,
Parlèrent : tels ces bruits qu'on entend en dormant.

★

LE PREMIER SPHINX.

La reine Nitocris, près du clair firmament,
Habite le tombeau de la haute terrasse ;

Elle est seule, elle est triste ; elle songe à sa race,
A tous ces rois, terreur des Grecs et des Hébreux,
Durs, sanglants, et sortis de son flanc ténébreux ;
Au milieu de l'azur son sépulcre est farouche ;
Les oiseaux tombent morts quand leur aile le touche ;
Et la reine est muette, et les nuages font
Sur son royal silence un bruit sombre et profond.
Selon l'antique loi, nul vivant, s'il ne porte
Sur sa tête un corps mort, ne peut franchir la porte
Du tombeau, plein d'enfer et d'horreur pénétré.
La reine ouvre les yeux la nuit ; le ciel sacré
Apparaît à la morte à travers les pilastres ;
Son œil sinistre et fixe importune les astres ;
Et jusqu'à l'aube, autour des os de Nitocris,
Un flot de spectres passe avec de vagues cris.

LE DEUXIÈME SPHINX.

Si grands que soient les rois, les pharaons, les mages
Qu'entoure une nuée éternelle d'hommages,
Personne n'est plus haut que Téglath-Phalasar.
Comme Dieu même, à qui l'étoile sert de char,
Il a son temple avec un prophète pour prêtre ;
Ses yeux semblent de pourpre, étant les yeux du maître ;
Tout tremble ; et, sous son joug redouté, le héros
Tient les peuples courbés ainsi que des taureaux ;
Pour les villes d'Assur que son pas met en cendre,
Il est ce que sera pour l'Asie Alexandre,
Il est ce que sera pour l'Europe Attila ;
Il triomphe, il rayonne ; et, pendant ce temps-là,
Sans savoir qu'à ses pieds toute la terre tombe,
Pour le mur qui sera la cloison de sa tombe,
Des potiers font sécher de la brique au soleil.

LE TROISIÈME SPHINX.

Nemrod était un maître aux archanges pareil ;
Son nom est sur Babel, la sublime masure ;
Son sceptre altier couvrait l'espace qu'on mesure
De la mer du couchant à la mer du levant ;
Baal le fit terrible à tout être vivant
Depuis le ciel sacré jusqu'à l'enfer immonde,
Ayant rempli ses mains de l'empire du monde.
Si l'on eût dit : « Nemrod mourra, » qui l'aurait cru ?
Il vivait ; maintenant cet homme a disparu.
Le désert est profond et le vent est sonore.

LE QUATRIÈME SPHINX.

Chrem fut roi ; sa statue était d'or ; on ignore
La date de la fonte et le nom du fondeur ;
Et nul ne pourrait dire à quelle profondeur
Ni dans quel sombre puits, ce pharaon sévère
Flotte, plongé dans l'huile, en son cercueil de verre.
Les rois triomphent, beaux, fiers, joyeux, courroucés,
Puissants, victorieux ; alors Dieu dit : « Assez ! »

Le temps, spectre debout sur tout ce qui s'écroule,
Tient et par moments tourne un sablier où coule
Une poudre qu'il a prise dans les tombeaux
Et ramassée aux plis des linceuls en lambeaux,
Et la cendre des morts mesure aux vivants l'heure.

Rois, le sablier tremble et la clepsydre pleure ;
Pourquoi ? le savez-vous, rois ? C'est que chacun d'eux
Voit au delà de vous, ô princes hasardeux,
Le dedans du sépulcre et de la catacombe,
Et la forme que prend le trône dans la tombe.

LE CINQUIÈME SPHINX.

Les quatre conquérants de l'Asie étaient grands ;
Leurs colères roulaient ainsi que des torrents ;
Quand ils marchaient, la terre oscillait sur son axe ;
Thuras tenait le Phase, Ochus avait l'Araxe,
Gour la Perse, et le roi fatal, Phul-Bélézys,
Sur l'Inde monstrueuse et triste était assis ;
Quand Cyrus les lia tous quatre à son quadrige,
L'Euphrate eut peur ; Ninive, en voyant ce prodige,
Disait : « Quel est ce char étrange et radieux
Que traîne un formidable attelage de dieux ? »
Ainsi parlait le peuple, ainsi parlait l'armée ;
Tout s'est évanoui, puisque tout est fumée.

LE SIXIÈME SPHINX.

Cambyse ne fait plus un mouvement ; il dort ;
Il dort sans même voir qu'il pourrit ; il est mort.
Tant que vivent les rois, la foule est à plat ventre ;
On les contemple, on trouve admirable leur antre ;
Mais, sitôt qu'ils sont morts, ils deviennent hideux,
Et n'ont plus que les vers pour ramper autour d'eux.
Oh ! de Troie à Memphis, et d'Ecbatane à Tarse,
La grande catastrophe éternelle est éparse
Avec Pyrrhus le grand, avec Psamméticus !
Les rois vainqueurs sont morts plus que les rois vaincus ;
Car la mort rit, et fait, quand sur l'homme elle monte,
Plus de nuit sur la gloire, hélas ! que sur la honte.

LE SEPTIÈME SPHINX.

La tombe où l'on a mis Bélus croule au désert ;
Ruine, elle a perdu son mur de granit vert,

Et sa coupole, sœur du ciel, splendide et ronde ;
Le pâtre y vient choisir des pierres pour sa fronde ;
Celui qui, le soir, passe en ce lugubre champ
Entend le bruit que fait le chacal en mâchant ;
L'ombre en ce lieu s'amasse et la nuit est là toute ;
Le voyageur, tâtant de son bâton la voûte,
Crie en vain : « Est-ce ici qu'était le dieu Bélus ? »
Le sépulcre est si vieux qu'il ne s'en souvient plus.

LE HUITIÈME SPHINX.

Aménophis, Ephrée et Cherbron sont funèbres ;
Rhamsès est devenu tout noir dans les ténèbres ;
Les satrapes s'en vont dans l'ombre, ils s'en vont tous ;
L'ombre n'a pas besoin de clefs ni de verrous,
L'ombre est forte. La mort est la grande geôlière ;
Elle manie un dieu d'une main familière,
Et l'enferme ; les rois sont ses noirs prisonniers ;
Elle tient les premiers, elle tient les derniers ;
Dans une gaîne étroite elle a roidi leurs membres ;
Elle les a couchés dans de lugubres chambres
Entre des murs bâtis de cailloux et de chaux ;
Et, pour qu'ils restent seuls dans ces blêmes cachots,
Méditant sur leur sceptre et sur leur aventure,
Elle a pris de la terre et bouché l'ouverture.

LE NEUVIÈME SPHINX.

Passants, quelqu'un veut-il voir Cléopatre au lit ?
Venez ; l'alcôve est morne, une brume l'emplit ;
Cléopatre est couchée à jamais ; cette femme
Fut l'éblouissement de l'Asie et la flamme
Que tout le genre humain avait dans le regard ;
Quand elle disparut, le monde fut hagard ;

Ses dents étaient de perle et sa bouche était d'ambre;
Les rois mouraient d'amour en entrant dans sa chambre,
Pour elle Ephractæus soumit l'Atlas, Sapor
Vint d'Osymandias saisir le cercle d'or,
Mamylos conquit Suse et Tentyris détruite,
Et Palmyre, et pour elle Antoine prit la fuite;
Entre elle et l'univers qui s'offraient à la fois
Il hésita, lâchant le monde dans son choix.
Cléopatre égalait les Junons éternelles;
Une chaîne sortait de ses vagues prunelles;
O tremblant cœur humain, si jamais tu vibras,
C'est dans l'étreinte altière et douce de ses bras;
Son nom seul enivrait; Strophus n'osait l'écrire;
La terre s'éclairait de son divin sourire,
A force de lumière et d'amour, effrayant;
Son corps semblait mêlé d'azur; en la voyant,
Vénus, le soir, rentrait jalouse sous la nue;
Cléopatre embaumait l'Égypte; toute nue,
Elle brûlait les yeux ainsi que le soleil;
Les roses enviaient l'ongle de son orteil;
O vivants, allez voir sa tombe souveraine;
Fière, elle était déesse et daignait être reine;
L'amour prenait pour arc sa lèvre aux coins moqueurs;
Sa beauté rendait fous les fronts, les sens, les cœurs,
Et plus que les lions rugissants était forte;
Mais bouchez-vous le nez si vous passez la porte.

LE DIXIÈME SPHINX.

Que fait Sennachérib, roi plus grand que le sort?
Le roi Sennachérib fait ceci qu'il est mort.
Que fait Gad? Il est mort. Que fait Sardanapale?
Il est mort.

ZIM-ZIZIMI.

★

Le sultan écoutait, morne et pâle.

« Voilà de sombres voix, dit-il ; et je ferai
Dès demain jeter bas ce palais effaré
Où le démon répond quand on s'adresse aux anges. »

Il menaça du poing les sphinx aux yeux étranges.

★

Et son regard tomba sur sa coupe où brillait
Le vin semé de sauge et de feuilles d'œillet.

« Ah ! toi, tu sais calmer ma tête fatiguée ;
Viens, ma coupe, dit-il. Ris, parle-moi, sois gaie.
Chasse de mon esprit ces nuages hideux.
Moi, le pouvoir, et toi, le vin, causons tous deux. »

La coupe étincelante, embaumée et fleurie,
Lui dit :

« Phur, roi soleil, avait Alexandrie ;
Il levait au-dessus de la mer son cimier ;
Il tirait de son peuple orageux, le premier
D'Afrique après Carthage et du monde après Rome,
Des soldats plus nombreux que les rêves que l'homme
Voit dans la transparence obscure du sommeil ;

Mais à quoi bon avoir été l'homme soleil?
Puisqu'on est le néant, que sert d'être le maître?
Que sert d'être calife ou mage? A quoi bon être
Un de ces pharaons, ébauches des sultans,
Qui, dans la profondeur ténébreuse des temps,
Jettent la lueur vague et sombre de leurs mitres?
A quoi bon être Arsès, Darius, Armamithres,
Cyaxare, Séthos, Dardanus, Dercylas,
Xercès, Nabonassar, Asar-addon, hélas!
On a des légions qu'à la guerre on exerce;
On est Antiochus, Chosroès, Artaxerce,
Sésostris, Annibal, Astyage, Sylla,
Achille, Omar, César, on meurt, sachez cela.
Ils étaient dans le bruit, ils sont dans le silence.
Vivants, quand le trépas sur un de vous s'élance,
Tout homme, quel qu'il soit, meurt tremblant; mais le roi
Du haut de plus d'orgueil tombe dans plus d'effroi;
Cet esprit plus noir trouve un juge plus farouche;
Pendant que l'âme fuit, le cadavre se couche,
Et se sent sous la terre opprimer et chercher
Par la griffe de l'arbre et le poids du rocher;
L'orfraie à son côté se tapit défiante;
Qu'est-ce qu'un sultan mort? Les taupes font leur fiente
Dans de la cendre à qui l'empire fut donné,
Et dans des ossements qui jadis ont régné;
Et les tombeaux des rois sont des trous à panthère. »

Zim, furieux, brisa la coupe contre terre.

★

Pour éclairer la salle, on avait apporté

Au centre de la table un flambeau d'or sculpté
A Sumatra, pays des orfévres célèbres;
Cette lampe splendide étoilait les ténèbres.

Zim lui parla :

« Voilà de la lumière au moins !
Les sphinx sont de la nuit les funèbres témoins;
La coupe, étant toujours ivre, est à peu près folle;
Mais, toi, flambeau, tu vis dans ta claire auréole;
Tu jettes aux banquets un regard souriant;
O lampe, où tu parais tu fais un orient;
Quand tu parles, ta voix doit être un chant d'aurore;
Dis-moi quelque chanson divine que j'ignore,
Parle-moi, ravis-moi, lampe du paradis!
Que la coupe et les sphinx monstrueux soient maudits;
Car les sphinx ont l'œil faux, la coupe a le vin traître. »

Et la lampe parla sur cet ordre du maître :

« Après avoir eu Tyr, Babylone, Ilion,
Et pris Delphe à Thésée et l'Athos au lion,
Conquis Thèbe, et soumis le Gange tributaire,
Ninus le fratricide est perdu sous la terre;
Il est muré, selon le rite assyrien,
Dans un trou formidable où l'on ne voit plus rien.
Où? Qui le sait? Les puits sont noirs, la terre est creuse.
L'homme est devenu spectre. A travers l'ombre affreuse,
Si le regard de ceux qui sont vivants pouvait
Percer jusqu'au lit triste au lugubre chevet
Où gît ce roi, jadis éclair dans la tempête,
On verrait, à côté de ce qui fut sa tête,

Un vase de grès rouge, un doigt de marbre blanc ;
Adam le trouverait à Caïn ressemblant.
La vipère frémit quand elle s'aventure
Jusqu'à cette effrayante et sombre pourriture ;
Il est gisant ; il dort ; peut-être qu'il attend.

« Par moments, la Mort vient dans sa tombe, apportant
Une cruche et du pain qu'elle dépose à terre ;
Elle pousse du pied le dormeur solitaire,
Et lui dit : « Me voici, Ninus. Réveille-toi.
« Je t'apporte à manger. Tu dois avoir faim, roi.
« Prends. — Je n'ai plus de mains, répond le roi farouche.
« — Allons, mange. » Et Ninus dit : « Je n'ai plus de bouche. »
Et la Mort, lui montrant le pain, dit : « Fils des dieux,
« Vois ce pain. » Et Ninus répond : « Je n'ai plus d'yeux. »

★

Zim se dressa terrible, et, sur les dalles sombres
Que le festin couvrait de ses joyeux décombres,
Jeta la lampe d'or sculptée à Sumatra.
La lampe s'éteignit.

    Alors la Nuit entra ;
Et Zim se trouva seul avec elle ; la salle,
Comme en une fumée obscure et colossale,
S'effaça ; Zim tremblait, sans gardes, sans soutiens :
La Nuit lui prit la main dans l'ombre, et lui dit : « Viens. »

II

1453.

Les Turcs, devant Constantinople,
Virent un géant chevalier,
A l'écu d'or et de sinople,
Suivi d'un lion familier.

Mahomet Deux, sous les murailles,
Lui cria : « Qu'es-tu ? » Le géant
Dit : « Je m'appelle Funérailles,
Et toi, tu t'appelles Néant.

« Mon nom sous le soleil est France,
Je reviendrai dans la clarté,
J'apporterai la délivrance,
J'amènerai la liberté.

« Mon armure est dorée et verte
Comme la mer sous le ciel bleu ;
Derrière moi l'ombre est ouverte ;
Le lion qui me suit, c'est Dieu. »

III

SULTAN MOURAD.

I

Mourad, fils du sultan Bajazet, fut un homme
Glorieux, plus qu'aucun des Tibères de Rome;
Dans son sérail veillaient les lions accroupis,
Et Mourad en couvrit de meurtres les tapis;
On y voyait blanchir des os entre les dalles;
Un long fleuve de sang de dessous ses sandales
Sortait, et s'épandait sur la terre, inondant
L'Orient, et fumant dans l'ombre à l'Occident;
Il fit un tel carnage avec son cimeterre
Que son cheval semblait au monde une panthère;
Sous lui Smyrne et Tunis, qui regretta ses beys,
Furent comme des corps qui pendent aux gibets;
Il fut sublime; il prit, mêlant la force aux ruses,
Le Caucase aux Kirghis et le Liban aux Druses;
Il fit, après l'assaut, pendre les magistrats
D'Éphèse, et rouer vifs les prêtres de Patras;
Grâce à Mourad, suivi des victoires rampantes,
Le vautour essuyait son bec fauve aux charpentes
Du temple de Thésée encor pleines de clous;

Grâce à lui, l'on voyait dans Athènes des loups,
Et la ronce couvrait de sa verte tunique
Tous ces vieux pans de murs écroulés, Salonique,
Corinthe, Argos, Varna, Tyr, Didymotichos,
Où l'on n'entendait plus parler que les échos;
Mourad fut saint; il fit étrangler ses huit frères;
Comme les deux derniers, petits, cherchaient leurs mères
Et s'enfuyaient, avant de les faire mourir,
Tout autour de la chambre il les laissa courir;
Mourad, parmi la foule invitée à ses fêtes,
Passait, le cangiar à la main, et les têtes
S'envolaient de son sabre ainsi que des oiseaux;
Mourad, qui ruina Delphe, Ancyre et Naxos,
Comme on cueille un fruit mûr, tuait une province;
Il anéantissait le peuple avec le prince,
Les temples et les dieux, les rois et les donjons;
L'eau n'a pas plus d'essaims d'insectes dans ses joncs
Qu'il n'avait de rois morts et de spectres épiques
Volant autour de lui dans les forêts de piques;
Mourad, fils étoilé des sultans triomphants,
Ouvrit, l'un après l'autre et vivants, douze enfants
Pour trouver dans leur ventre une pomme volée;
Mourad fut magnanime; il détruisit Élée,
Mégare et Famagouste avec l'aide d'Allah;
Il effaça de terre Agrigente; il brûla
Fiume et Rhode, voulant avoir des femmes blanches;
Il fit scier son oncle Achmet entre deux planches
De cèdre, afin de faire honneur à ce vieillard;
Mourad fut sage et fort; son père mourut tard,
Mourad l'aida; ce père avait laissé vingt femmes,
Filles d'Europe ayant dans leurs regards des âmes,
Ou filles de Tiflis au sein blanc, au teint clair;

Sultan Mourad jeta ces femmes à la mer
Dans des sacs convulsifs que la houle profonde
Emporta, se tordant confusément sous l'onde ;
Mourad les fit noyer toutes ; ce fut sa loi ;
Et, quand quelque santon lui demandait pourquoi,
Il donnait pour raison : « C'est qu'elles étaient grosses. »
D'Aden et d'Erzeroum il fit de larges fosses,
Un charnier de Modon vaincue, et trois amas
De cadavres d'Alep, de Brousse et de Damas ;
Un jour, tirant de l'arc, il prit son fils pour cible,
Et le tua ; Mourad sultan fut invincible :
Vlad, boyard de Tarvis, appelé Belzébuth,
Refuse de payer au sultan le tribut,
Prend l'ambassade turque et la fait périr toute
Sur trente pals, plantés aux deux bords d'une route ;
Mourad accourt, brûlant moissons, granges, greniers ;
Bat le boyard, lui fait vingt mille prisonniers,
Puis, autour de l'immense et noir champ de bataille,
Bâtit un large mur tout en pierre de taille,
Et fait dans les créneaux, pleins d'affreux cris plaintifs,
Maçonner et murer les vingt mille captifs,
Laissant des trous par où l'on voit leurs yeux dans l'ombre ;
Et part, après avoir écrit sur leur mur sombre :
« Mourad, tailleur de pierre, à Vlad, planteur de pieux. »
Mourad était croyant, Mourad était pieux ;
Il brûla cent couvents de chrétiens en Eubée,
Où par hasard sa foudre était un jour tombée ;
Mourad fut quarante ans l'éclatant meurtrier
Sabrant le monde, ayant Dieu sous son étrier ;
Il eut le Rhamséïon et le Généralife ;
Il fut le padischah, l'empereur, le calife,
Et les prêtres disaient : « Allah ! Mourad est grand.

II

Législateur horrible et pire conquérant,
N'ayant autour de lui que des troupeaux infâmes,
De la foule, de l'homme en poussière, des âmes
D'où des langues sortaient pour lui lécher les pieds,
Loué pour ses forfaits toujours inexpiés,
Flatté par ses vaincus et baisé par ses proies,
Il vivait dans l'encens, dans l'orgueil, dans les joies,
Avec l'immense ennui du méchant adoré.

Il était le faucheur, la terre était le pré.

III

Un jour, comme il passait à pied dans une rue
A Bagdad, tête auguste au vil peuple apparue,
A l'heure où les maisons, les arbres et les blés
Jettent sur les chemins de soleil accablés
Leur frange d'ombre au bord d'un tapis de lumière,
Il vit, à quelques pas du seuil d'une chaumière,
Gisant à terre, un porc fétide qu'un boucher
Venait de saigner vif avant de l'écorcher;
Cette bête râlait devant cette masure;
Son cou s'ouvrait, béant d'une affreuse blessure;
Le soleil de midi brûlait l'agonisant;
Dans la plaie implacable et sombre, dont le sang
Faisait un lac fumant à la porte du bouge,
Chacun de ses rayons entrait comme un fer rouge;

Comme s'ils accouraient à l'appel du soleil,
Cent moustiques suçaient la plaie au bord vermeil ;
Comme autour de leur nid voltigent les colombes,
Ils allaient et venaient, parasites des tombes,
Les pattes dans le sang, l'aile dans le rayon ;
Car la mort, l'agonie et la corruption,
Sont ici-bas le seul mystérieux désastre
Où la mouche travaille en même temps que l'astre ;
Le porc ne pouvait faire un mouvement, livré
Au féroce soleil, des mouches dévoré ;
On voyait tressaillir l'effroyable coupure ;
Tous les passants fuyaient loin de la bête impure ;
Qui donc eût eu pitié de ce malheur hideux ?
Le porc et le sultan étaient seuls tous les deux ;
L'un torturé, mourant, maudit, infect, immonde ;
L'autre, empereur, puissant, vainqueur, maître du monde,
Triomphant aussi haut que l'homme peut monter,
Comme si le destin eût voulu confronter
Les deux extrémités sinistres des ténèbres.
Le porc, dont un frisson agitait les vertèbres,
Râlait, triste, épuisé, morne ; et le padischah
De cet être difforme et sanglant s'approcha,
Comme on s'arrête au bord d'un gouffre qui se creuse ;
Mourad pencha son front vers la bête lépreuse,
Puis la poussa du pied dans l'ombre du chemin,
Et de ce même geste énorme et surhumain
Dont il chassait les rois, Mourad chassa les mouches.
Le porc mourant rouvrit ses paupières farouches,
Regarda d'un regard ineffable, un moment,
L'homme qui l'assistait dans son accablement ;
Puis son œil se perdit dans l'immense mystère ;
Il expira.

IV

Le jour où ceci sur la terre
S'accomplissait, voici ce que voyait le ciel :

C'était dans l'endroit calme, apaisé, solennel,
Où luit l'astre idéal sous l'idéal nuage,
Au delà de la vie, et de l'heure, et de l'âge,
Hors de ce qu'on appelle espace, et des contours
Des songes qu'ici-bas nous nommons nuits et jours;
Lieu d'évidence où l'âme enfin peut voir les causes,
Où, voyant le revers inattendu des choses,
On comprend, et l'on dit : « C'est bien ! » l'autre côté
De la chimère sombre étant la vérité ;
Lieu blanc, chaste, où le mal s'évanouit et sombre.
L'étoile en cet azur semble une goutte d'ombre.

Ce qui rayonne là, ce n'est pas un vain jour
Qui naît et meurt, riant et pleurant tour à tour,
Jaillissant, puis rentrant dans la noirceur première,
Et, comme notre aurore, un sanglot de lumière ;
C'est un grand jour divin, regardé dans les cieux
Par les soleils, comme est le nôtre par les yeux ;
Jour pur, expliquant tout, quoiqu'il soit le problème ;
Jour qui terrifierait, s'il n'était l'espoir même,
De toute l'étendue éclairant l'épaisseur,
Foudre par l'épouvante, aube par la douceur.
Là, toutes les beautés tonnent épanouies ;
Là, frissonnent en paix les lueurs inouïes ;
Là, les ressuscités ouvrent leur œil béni

Au resplendissement de l'éclair infini;
Là, les vastes rayons passent comme des ondes.

C'était sur le sommet du Sinaï des mondes;
C'était là.

      Le nuage auguste, par moments,
Se fendait, et jetait des éblouissements.
Toute la profondeur entourait cette cime.

On distinguait, avec un tremblement sublime,
Quelqu'un d'inexprimable au fond de la clarté.

Et tout frémissait, tout, l'aube et l'obscurité,
Les anges, les soleils, et les êtres suprêmes,
Devant un vague front couvert de diadèmes.
Dieu méditait.

      Celui qui crée et qui sourit,
Celui qu'en bégayant nous appelons Esprit,
Bonté, Force, Équité, Perfection, Sagesse,
Regarde devant lui, toujours, sans fin, sans cesse,
Fuir les siècles ainsi que des mouches d'été.
Car il est éternel avec tranquillité.

Et dans l'ombre hurlait tout un gouffre, la terre.

En bas, sous une brume épaisse, cette sphère
Rampait, monde lugubre où les pâles humains
Passaient et s'écroulaient et se tordaient les mains;
On apercevait l'Inde et le Nil, des mêlées
D'exterminations et de villes brûlées,

Et des champs ravagés et des clairons soufflant,
Et l'Europe livide ayant un glaive au flanc ;
Des vapeurs de tombeau, des lueurs de repaire ;
Cinq frères tout sanglants : l'oncle, le fils, le père ;
Des hommes dans des murs, vivants, quoique pourris ;
Des têtes voletant, mornes chauves-souris,
Autour d'un sabre nu, fécond en funérailles ;
Des enfants éventrés soutenant leurs entrailles ;
Et de larges bûchers fumaient, et des tronçons
D'êtres sciés en deux rampaient dans les tisons ;
Et le vaste étouffeur des plaintes et des râles,
L'Océan, échouait dans les nuages pâles
D'affreux sacs noirs faisant des gestes effrayants ;
Et ce chaos de fronts hagards, de pas fuyants,
D'yeux en pleurs, d'ossements, de larves, de décombres,
Ce brumeux tourbillon de spectres, et ces ombres
Secouant des linceuls, et tous ces morts, saignant
Au loin, d'un continent à l'autre continent,
Pendant aux pals, cloués aux croix, nus sur les claies,
Criaient, montrant leurs fers, leur sang, leurs maux, leurs plaies :

« C'est Mourad ! c'est Mourad ! justice, ô Dieu vivant ! »

A ce cri, qu'apportait de toutes parts le vent,
Les tonnerres jetaient des grondements étranges,
Des flamboiements passaient sur les faces des anges,
Les grilles de l'enfer s'empourpraient, le courroux
En faisait remuer d'eux-mêmes les verrous,
Et l'on voyait sortir de l'abîme insondable
Une sinistre main qui s'ouvrait formidable ;
« Justice ! » répétait l'ombre ; et le châtiment
Au fond de l'infini se dressait lentement.

Soudain, du plus profond des nuits, sur la nuée,
Une bête difforme, affreuse, exténuée,
Un être abject et sombre, un pourceau, s'éleva,
Ouvrant un œil sanglant qui cherchait Jéhovah ;
La nuée apporta le porc dans la lumière,
A l'endroit même où luit l'unique sanctuaire,
Le saint des saints, jamais décru, jamais accru ;
Et le porc murmura : « Grâce ! il m'a secouru. »
Le pourceau misérable et Dieu se regardèrent.

Alors, selon des lois que hâtent où modèrent
Les volontés de l'Être effrayant qui construit
Dans les ténèbres l'aube et dans le jour la nuit,
On vit, dans le brouillard où rien n'a plus de forme,
Vaguement apparaître une balance énorme ;
Cette balance vint d'elle-même, à travers
Tous les enfers béants, tous les cieux entr'ouverts,
Se placer sous la foule immense des victimes ;
Au-dessus du silence horrible des abîmes,
Sous l'œil du seul vivant, du seul vrai, du seul grand,
Terrible, elle oscillait, et portait, s'éclairant
D'un jour mystérieux plus profond que le nôtre,
Dans un plateau le monde et le pourceau dans l'autre.

Du côté du pourceau la balance pencha.

V

Mourad, le haut calife et l'altier padischah,
En sortant de la rue où les gens de la ville
L'avaient pu voir toucher à cette bête vile,

Fut le soir même pris d'une fièvre, et mourut.

Le tombeau des soudans, bâti de jaspe brut,
Couvert d'orfévrerie, auguste, et dont l'entrée
Semble l'intérieur d'une bête éventrée
Qui serait tout en or et tout en diamants,
Ce monument, superbe entre les monuments,
Qui hérisse, au-dessus d'un mur de briques sèches,
Son faîte plein de tours comme un carquois de flèches,
Ce turbé que Bagdad montre encore aujourd'hui,
Reçut le sultan mort et se ferma sur lui.

Quand il fut là, gisant et couché sous la pierre,
Mourad ouvrit les yeux et vit une lumière ;
Sans qu'on pût distinguer l'astre ni le flambeau,
Un éblouissement remplissait son tombeau ;
Une aube s'y levait, prodigieuse et douce ;
Et sa prunelle éteinte eut l'étrange secousse
D'une porte de jour qui s'ouvre dans la nuit :
Il aperçut l'échelle immense qui conduit
Les actions de l'homme à l'œil qui voit les âmes ;
Et les clartés étaient des roses et des flammes ;
Et Mourad entendit une voix qui disait :

« Mourad, neveu d'Achmet et fils de Bajazet,
Tu semblais à jamais perdu ; ton âme infime
N'était plus qu'un ulcère et ton destin qu'un crime ;
Tu sombrais parmi ceux que le mal submergea ;
Déjà Satan était visible en toi ; déjà,
Sans t'en douter, promis aux tourbillons funèbres
Des spectres sous la voûte infâme des ténèbres,
Tu portais sur ton dos les ailes de la nuit ;

De ton pas sépulcral l'enfer guettait le bruit ;
Autour de toi montait, par ton crime attirée,
L'obscurité du gouffre ainsi qu'une marée ;
Tu penchais sur l'abîme où l'homme est châtié ;
Mais tu viens d'avoir, monstre, un éclair de pitié ;
Une lueur suprême et désintéressée
A, comme à ton insu, traversé ta pensée,
Et je t'ai fait mourir dans ton bon mouvement ;
Il suffit, pour sauver même l'homme inclément,
Même le plus sanglant des bourreaux et des maîtres,
Du moindre des bienfaits sur le dernier des êtres ;
Un seul instant d'amour rouvre l'Éden fermé ;
Un pourceau secouru pèse un monde opprimé ;
Viens ! le ciel s'offre, avec ses étoiles sans nombre,
En frémissant de joie, à l'évadé de l'ombre !
Viens ! tu fus bon un jour, sois à jamais heureux.
Entre, transfiguré ! tes crimes ténébreux,
O roi, derrière toi s'effacent dans les gloires ;
Tourne la tête, et vois blanchir tes ailes noires. »

VII

L'ITALIE. — RATBERT

I

LES CONSEILLERS PROBES ET LIBRES.

Ratbert, fils de Rodolphe et petit-fils de Charles,
Qui se dit empereur et qui n'est que roi d'Arles,
Vêtu de son habit de patrice romain,
Et la lance du grand saint Maurice à la main,
Est assis au milieu de la place d'Ancône.
Sa couronne est l'armet de Didier, et son trône
Est le fauteuil de fer de Henri l'Oiseleur.
Sont présents cent barons et chevaliers ; la fleur
Du grand arbre héraldique et généalogique
Que ce sol noir nourrit de sa séve tragique.
Spinola, qui prit Suze et qui la ruina,
Jean de Carrara, Pons, Sixte Malaspina
Au lieu de pique ayant la longue épine noire ;
Ugo, qui fit noyer ses sœurs dans leur baignoire,
Regardent dans leurs rangs entrer avec dédain
Guy, sieur de Pardiac et de l'Ile-en-Jourdain ;
Guy, parmi tous ces gens de lustre et de naissance,
N'ayant encor pour lui que le sac de Vicence,
Et, du reste, n'étant qu'un batteur de pavé,
D'origine quelconque et de sang peu prouvé.

L'exarque Sapaudus que le saint-siége envoie,
Sénèque, marquis d'Ast; Bos, comte de Savoie;
Le tyran de Massa, le sombre Albert Cibo
Que le marbre aujourd'hui fait blanc sur son tombeau;
Ranuce, caporal de la ville d'Anduze;
Foulque, ayant pour cimier la tête de Méduse;
Marc, ayant pour devise : Imperium fit jus;
Entourent Afranus, évêque de Fréjus.
Là sont Farnèse, Ursin, Cosme à l'âme avilie;
Puis les quatre marquis souverains d'Italie;
L'archevêque d'Urbin, Jean, bâtard de Rodez,
Alonze de Silva, ce duc dont les cadets
Sont rois, ayant conquis l'Algarve portugaise,
Et Visconti, seigneur de Milan, et Borghèse,
Et l'homme, entre tous faux, glissant, habile, ingrat,
Avellan, duc de Tyr et sieur de Montferrat;
Près d'eux Prendiparte, capitaine de Sienne;
Pic, fils d'un astrologue et d'une Égyptienne;
Alde Aldobrandini; Guiscard, sieur de Beaujeu,
Et le gonfalonier du saint-siége et de Dieu,
Gandolfe, à qui, plus tard, le pape Urbain fit faire
Une statue équestre en l'église Saint-Pierre,
Complimentent Martin de la Scala, le roi
De Vérone, et le roi de Tarente, Geoffroy;
A quelques pas se tient Falco, comte d'Athène,
Fils du vieux Muzzufer, le rude capitaine
Dont les clairons semblaient des bouches d'aquilon;
De plus, deux petits rois, Agrippin et Gilon.

Tous jeunes, beaux, heureux, pleins de joie et farouches.

Les seigneurs vont aux rois ainsi qu'au miel les mouches.

Tous sont venus, des burgs, des châteaux, des manoirs ;
Et la place autour d'eux est déserte ; et cent noirs,
Tous nus, et cent piquiers aux armures persanes
En barrent chaque rue avec leurs pertuisanes.
Geoffroy, Martin, Gilon, l'enfant Agrippin Trois,
Sont assis sous le dais près du maître, étant rois.

Dans ce réseau de chefs qui couvrait l'Italie,
Je passe Théodat, prince de Trente ; Élie,
Despote d'Avenzo, qu'a réclamé l'oubli ;
Ce borgne Ordelafo, le bourreau de Forli ;
Lascaris, que sa tante Alberte fit eunuque ;
Othobon, sieur d'Assise, et Tibalt, sieur de Lucque ;
C'est que, bien que mêlant aux autres leurs drapeaux,
Ceux-là ne comptaient point parmi les principaux ;
Dans un filet on voit les fils moins que les câbles ;
Je nomme seulement les monstres remarquables.

Derrière eux, sur la pierre auguste d'un portail,
Est sculpté Satan, roi, forçat, épouvantail.
L'effrayant ramasseur de haillons de l'abîme,
Ayant sa hotte au dos, pleine d'âmes, son crime
Sur son aile qui ploie, et son croc noir qui luit
Dans son poing formidable, et, dans ses yeux, la nuit.

Pour qui voudrait peser les droits que donne au maître
La pureté du sang dont le ciel l'a fait naître,
Ratbert est fils d'Agnès, comtesse d'Elseneur ;
Or, c'est la même gloire et c'est le même honneur
D'être enfanté d'Agnès que né de Messaline.

Malaspina, portant l'épine javeline,

Redoutable marquis à l'œil fauve et dévot,
Est à droite du roi, comme comte et prévôt.

C'est un de ces grands jours où les bannières sortent.
Dix chevaliers de l'ordre Au Droit Désir apportent
Le Nœud d'Or, précédés d'Énéas, leur massier,
Et d'un héraut de guerre en soutane d'acier.

Le roi brille, entouré d'une splendeur d'épées.
Plusieurs femmes sont là, près du trône groupées;
Élise d'Antioche, Ana, Cubitosa,
Fille d'Azon, qu'Albert de Mantoue épousa;
La plus belle, Matha, sœur du prince de Cumes,
Est blonde; et, l'éventant d'un éventail de plumes,
Sa naine, par moments, lui découvre les seins;
Couchée et comme lasse au milieu des coussins,
Elle enivre le roi d'attitudes lascives;
Son rire jeune et fou laisse voir ses gencives;
Elle a ce vêtement ouvert sur le côté,
Qui, plus tard, fut au Louvre effrontément porté
Par Bonne de Berry, fille de Jean de France.

Dans Ancône, est-ce deuil, terreur, indifférence?
Tout se tait; les maisons, les bouges, les palais,
Ont bouché leur lucarne ou fermé leurs volets;
Le cadran qui dit l'heure a l'air triste et funeste.

Le soleil luit aux cieux comme dans une peste;
Que l'homme soit foulé par les rois ou saisi
Par les fléaux, l'azur n'en a point de souci;
Le soleil, qui n'a pas d'ombre et de lueurs fausses,
Rit devant les tyrans comme il rit sur les fosses.

RATBERT. — LES CONSEILLERS.

Ratbert vient d'inventer, en se frappant le front,
Un piége où ceux qu'il veut détruire tomberont ;
Il en parle tout bas aux princes, qui sourient.
La prière — le peuple aime que les rois prient —
Est faite par Tibère, évêque de Verceil.

Tous étant réunis, on va tenir conseil.

Les deux huissiers de l'Ordre, Anchise avec Trophime,
Invitent le plus grand comme le plus infime
A parler, l'empereur voulant que les avis,
Mauvais, soient entendus, et, justes, soient suivis ;
Puis il est répété par les huissiers, Anchise
Et Trophime, qu'il faut avec pleine franchise
Sur la guerre entreprise offrir son sentiment ;
Que chacun doit parler à son tour librement ;
Que c'est jour de chapitre et jour de conscience ;
Et que, dans ces jours-là, les rois ont patience,
Vu que, devant le Christ, Thomas Didyme a pu
Parler insolemment sans être interrompu.
Et puisse l'empereur vivre longues années !

On voit devant Ratbert trois haches destinées,
La première, au quartier de bœuf rouge et fumant
Qu'un grand brasier joyeux cuit à son flamboiement,
La deuxième, au tonneau de vin que sur la table
A placé l'échanson aidé du connétable,
La troisième, à celui dont l'avis déplaira.

Un se lève. On se tait. C'est Jean de Carrara.

« Ta politique est sage et ta guerre est adroite,

Noble empereur, et Dieu te tient dans sa main droite.
Qui te conteste est traître et qui te brave est fou.
Je suis ton homme lige, et, toujours, n'importe où,
Je te suivrai, mon maître, et j'aimerai ta chaîne,
Et je la porterai.

    — Celle-ci, capitaine,
Dit Ratbert, lui jetant au cou son collier d'or.
De plus, j'ai Perpignan, je t'en fais régidor. »

L'archevêque d'Urbin salue, il examine
Le plan de guerre, sac des communes, famine,
Les moyens souterrains, les rapports d'espions.
« Sire, vous êtes grand comme les Scipions ;
En vous voyant, le flanc de l'Église tressaille.

— Archevêque, pardieu ! dit Ratbert, je te baille
Un sou par muid de vin qu'on boit à Besançon. »

Cibo, qui parle avec un accent brabançon,
S'en excuse, ayant fait à Louvain ses études,
Et dit :

  « Sire, les gens à fières attitudes
Sont des félons ; pieds nus et la chaîne aux poignets,
Qu'on les fouette. O mon roi ! par votre mère Agnès,
Vous êtes empereur ; vous avez les trois villes,
Arles, Rome de Gaule et la mère des Milles,
Bordeaux en Aquitaine et les îles de Ré,
Naple, où le mont Vésuve est fort considéré.
Qui vous résiste essaye une lutte inutile ;
Noble, qu'on le dégrade, et, serf, qu'on le mutile ;

Vous affronter est crime, orgueil, lâche fureur ;
Quiconque ne dit pas : « Ratbert est l'empereur, »
Doit mourir ; nous avons des potences, j'espère.
Quant à moi, je voudrais, fût-ce mon propre père,
S'il osait blasphémer César que Dieu conduit,
Voir les corbeaux percher sur ses côtes la nuit,
Et la lune passer à travers son squelette. »

Ratbert dit : « Bon marquis, je te donne Spolète. »

C'est à Malaspina de parler. Un vieillard
Se troublerait devant ce jeune homme ; il sait l'art
D'évoquer le démon, la stryge, l'égrégore ;
Il teint sa dague avec du suc de mandragore ;
Il sait des palefrois empoisonner le mors ;
Dans une guerre, il a rempli de serpents morts
Les citernes de l'eau qu'on boit dans les Abruzzes ;
Il dit : « La guerre est sainte ! » Il rend compte des ruses,
A voix basse, et finit à voix haute en priant :
« Fais régner l'empereur du nord à l'orient !
Mon Dieu, c'est par sa bouche auguste que tu parles.

— Je te fais capischol de mon chapitre d'Arles, »
Dit Ratbert.

       Afranus se lève le dernier.
Cet évêque est pieux, charitable, aumônier ;
Quoique jeune, il voulait se faire anachorète ;
Il est grand casuiste et très-savant ; il traite
Les biens du monde en homme austère et détaché ;
Jadis, il a traduit en vers latins Psyché ;
Comme il est humble, il a les reins ceints d'une corde.
Il invoque l'esprit divin ; puis il aborde

Les questions : — Ratbert, par stratagème, a mis
Son drapeau sur les murs d'Ancône ; c'est permis,
Ancône étant peu sage ; et la ruse est licite
Lorsqu'elle a glorieuse et pleine réussite,
Et qu'au bonheur public on la voit aboutir ;
Et ce n'est pas tromper, et ce n'est pas mentir
Que mettre à la raison les discordes civiles ;
Les prétextes sont bons pour entrer dans les villes. —
Il ajoute : « La ruse, ou ce qu'on nomme ainsi,
Fait de la guerre, en somme, un art plus adouci ;
Moins de coups, moins de bruit ; la victoire plus sûre.
J'admire notre prince, et, quand je le mesure
Aux anciens Alarics, aux antiques Cyrus
Passant leur vie en chocs violents et bourrus,
Je l'estime plus grand, faisant la différence
D'Ennius à Virgile et de Plaute à Térence.
Je donne mon avis, sire, timidement ;
Je suis d'Église, et n'ai que l'humble entendement
D'un pauvre clerc, mieux fait pour chanter des cantiques
Que pour parler devant de si grands politiques ;
Mais, beau sire, on ne peut voir que son horizon,
Et raisonner qu'avec ce qu'on a de raison ;
Je suis prêtre, et la messe est ma seule lecture ;
Je suis très-ignorant ; chacun a sa monture
Qu'il monte avec audace ou bien avec effroi ;
Il faut pour l'empereur le puissant palefroi
Bardé de fer, nourri d'orge blanche et d'épeautre,
Le dragon pour l'archange et l'âne pour l'apôtre.
Je poursuis, et je dis qu'il est bon que le droit
Soit, pour le roi, très-large, et, pour le peuple, étroit ;
Le peuple étant bétail et le roi, berger. Sire,
L'empereur ne veut rien sans que Dieu le désire.

Donc, faites! Vous pouvez, sans avertissements,
Guerroyer les chrétiens comme les ottomans ;
Les ottomans étant hors de la loi vulgaire,
On peut les attaquer sans déclarer la guerre ;
C'est si juste et si vrai, que, pour premiers effets,
Vos flottes, sire, ont pris dix galères de Fez ;
Quant aux chrétiens, du jour qu'ils sont vos adversaires,
Ils sont de fait païens, sire, et de droit corsaires.
Il serait malheureux qu'un scrupule arrêtât
Sa Majesté, quand c'est pour le bien de l'État.
Chaque affaire a sa loi ; chaque chose a son heure.
La fille du marquis de Final est mineure ;
Peut-on la détrôner ? En même temps, peut-on
Conserver à la sœur de l'empereur Menton ?
Sans doute. Les pays ont des mœurs différentes.
Pourvu que de l'Église on maintienne les rentes,
On le peut. Les vieux temps, qui n'ont plus d'avocats,
Agissaient autrement ; mais je fais peu de cas
De ces temps-là ; c'étaient des temps de république.
L'empereur, c'est la règle ; et, bref, la loi salique,
Très-mauvaise à Menton, est très-bonne à Final.

— Évêque, dit le roi, tu seras cardinal. »

Pendant que le conseil se tenait de la sorte,
Et qu'ils parlaient ainsi dans cette ville morte,
Et que le maître avait sous ses pieds ces prélats,
Ces femmes, ces barons en habits de galas,
Et l'Italie au loin comme une solitude,
Quelques seigneurs, ainsi qu'ils en ont l'habitude,
Regardant derrière eux d'un regard inquiet,
Virent que le Satan de pierre souriait.

II

LA DÉFIANCE D'ONFROY.

Parmi les noirs déserts et les mornes silences,
Ratbert, pour l'escorter n'ayant que quelques lances,
Et le marquis Sénèque et l'évêque Afranus,
Traverse, presque seul, des pays inconnus ;
Mais il sait qu'il est fort de l'effroi qu'il inspire,
Et que l'empereur porte avec lui tout l'empire.
Un soir, Ratbert s'arrête aux portes de Carpi ;
Sur ce seuil formidable un dogue est accroupi ;
Ce dogue, c'est Onfroy, le baron de la ville ;
Calme et fier, sous la dent d'une herse incivile,
Onfroy s'adosse aux murs qui bravaient Attila ;
Les femmes, les enfants et les soldats sont là ;
Et voici ce que dit le vieux podesta sombre
Qui parle haut, ayant son peuple dans son ombre :

« Roi, nous te saluons sans plier les genoux.
Nous avons une chose à te dire. Quand nous,
Gens de guerre et barons qui tenions la province,
Nous avons bien voulu de toi pour notre prince,
Quand nous t'avons donné ce peuple et cet Etat,

Sire, ce n'était point pour qu'on les maltraitât.
Jadis nous étions forts. Quand tu nous fis des offres,
Nous étions très-puissants; de l'argent plein nos coffres;
Et nous avions battu tes plus braves soldats;
Nous étions tes vainqueurs. Roi, tu ne marchandas
Aucun engagement, sire, aucune promesse;
On traita; tu juras par ta mère et la messe;
Nous alors, las d'avoir de l'acier sur la peau,
Comptant que tu serais bon berger du troupeau,
Et qu'on abolirait les taxes et les dîmes,
Nous vînmes te prêter hommage, et nous pendîmes
Nos casques, nos hauberts et nos piques aux clous.
Roi, nous voulons des chiens qui ne soient pas des loups.
Tes gens se sont conduits d'une telle manière
Qu'aujourd'hui toute ville, altesse, est prisonnière
De la peur que ta suite et tes soldats lui font,
Et que pas un fossé ne semble assez profond.
Vois, on se garde. Ici, dans les villes voisines,
On ne lève jamais qu'un pieu des sarrasines
Pour ne laisser passer qu'un seul homme à la fois,
A cause des brigands et de vous autres rois.
Roi, nous te remontrons que ta bande à toute heure
Dévalise ce peuple, entre dans sa demeure,
Y met tout en tumulte et sens dessus dessous,
Puis s'en va, lui volant ses misérables sous;
Cette horde en ton nom incessamment réclame
Le bien des pauvres gens qui nous fait saigner l'âme,
Et puisque, nous présents avec nos compagnons,
On le prend sous nos yeux, c'est nous qui le donnons;
Oui, c'est nous qui, trouvant qu'il vous manque des filles,
Des meutes, des chevaux, des reîtres, des bastilles,
Lorsque vous guerroyez et lorsque vous chassez,

Et qu'ayant trop de tout, vous n'avez point assez,
Avons la bonté rare et touchante de faire
Des charités, à vous, les heureux de la terre
Qui dormez dans la plume et buvez dans l'or fin,
Avec tous les liards de tous les meurt-de-faim !
Or, il nous reste encore, il faut que tu le saches,
Assez de vieux pierriers, assez de vieilles haches,
Assez de vieux engins au fond de nos greniers,
Sire, pour ne pas être à ce point aumôniers,
Et pour ne faire point, comme dans ton Autriche,
Avec l'argent du pauvre une largesse au riche.
Nous pouvons, en creusant, retrouver aujourd'hui
Nos estocs sous la rouille et nos cœurs sous l'ennui ;
Nous pouvons décrocher, de nos mains indignées,
Nos bannières parmi les toiles d'araignées,
Et les faire flotter au vent, si nous voulons.

« Sire, en outre, tu mets l'opprobre à nos talons.
Nous savons bien pourquoi tu combles de richesses
Nos filles et nos sœurs dont tu fais des duchesses,
Etoiles d'infamie au front de nos maisons.
Roi, nous n'acceptons pas sur nos durs écussons
Des constellations faites avec des taches ;
La honte est mal mêlée à l'ombre des panaches ;
Le soldat a le pied si maladroit, seigneur,
Qu'il ne peut sans boiter traîner le déshonneur.
Nos filles sont nous-même ; au fond de nos tours noires,
Leur beauté chaste est sœur de nos anciennes gloires ;
C'est pourquoi nous trouvons qu'on fait mal à propos
Les rideaux de ton lit avec nos vieux drapeaux.

« Tes juges sont des gueux ; bailliage ou cour plénière.

On trouve, et ce sera ma parole dernière,
Dans nos champs, où l'honneur antique est au rabais,
Pas assez de chemins, sire, et trop de gibets.
Ce luxe n'est pas bon. Nos pins et nos érables
Voyaient jadis, parmi leurs ombres vénérables,
Les bûcherons et non les bourreaux pénétrer ;
Nos grands chênes n'ont point l'habitude d'entrer
Dans l'exécution des lois et des sentences,
Et n'aiment pas donner tant de bois aux potences.

« Nous avons le cœur gros, et nous sommes, ô roi,
Tout près de secouer la corde du beffroi ;
Ton altesse nous gêne et nous n'y tenons guère.
Roi, ce n'est pas pour voir nos compagnons de guerre
Accrochés à la fourche et devenus hideux,
Qui, morts, échevelés, quand nous passons près d'eux,
Semblent nous regarder et nous faire reproche ;
Ce n'est pas pour subir ton burg sur notre roche,
Plein de danses, de chants et de festins joyeux ;
Ce n'est pas pour avoir ces pitiés sous les yeux
Que nous venons ici, courbant nos vieilles âmes,
Te saluer, menant à nos côtés nos femmes ;
Ce n'est pas pour cela que nous humilions
Dans elles les agneaux et dans nous les lions.

« Et, pour rachat du mal que tu fais, quand tu donnes
Des rentes aux moutiers, des terres aux madones,
Quand, plus chamarré d'or que le soleil le soir,
Tu vas baiser l'autel, adorer l'ostensoir,
Prier, ou quand tu fais quelque autre simagrée,
Ne te figure pas que ceci nous agrée.
Engraisser des abbés ou doter des couvents,

Cela fait-il que ceux qui sont morts soient vivants?
Roi, nous ne le pensons en aucune manière.
Roi, le chariot verse à trop creuser l'ornière;
L'appétit des rois donne aux peuples appétit;
Si tu ne changes pas d'allure, on t'avertit,
Prends garde. Et c'est cela que je voulais te dire.

— Bien parlé! dit Ratbert avec un doux sourire. »
Et, penché vers l'oreille obscure d'Afranus :
« Nous sommes peu nombreux et follement venus;
Cet homme est fort.

— Très-fort, dit le marquis Sénèque.
— Laissez-moi l'inviter à souper, » dit l'évêque.

Et c'est pourquoi l'on voit maintenant à Carpi
Un grand baron de marbre en l'église assoupi;
C'est le tombeau d'Onfroy, ce héros d'un autre âge,
Avec son épitaphe exaltant son courage,
Sa vertu, son fier cœur plus haut que les destins,
Faite par Afranus, évêque, en vers latins.

III

LA CONFIANCE DU MARQUIS FABRICE.

I

ISORA DE FINAL. — FABRICE D'ALBENGA.

Tout au bord de la mer de Gênes, sur un mont
Qui jadis vit passer les Francs de Pharamond,
Un enfant, un aïeul, seuls dans la citadelle
De Final sur qui veille une garde fidèle,
Vivent, bien entourés de murs et de ravins ;
Et l'enfant a cinq ans et l'aïeul quatre-vingts.

L'enfant est Isora de Final, héritière
Du fief dont Witikind a tracé la frontière ;
L'orpheline n'a plus près d'elle que l'aïeul.
L'abandon sur Final a jeté son linceul ;
L'herbe, dont, par endroits, les dalles sont couvertes,
Aux fentes des pavés fait des fenêtres vertes ;
Sur la route oubliée on n'entend plus un pas ;
Car le père et la mère, hélas ! ne s'en vont pas
Sans que la vie autour des enfants s'assombrisse.

L'aïeul est le marquis d'Albenga, ce Fabrice
Qui fut bon; cher au pâtre, aimé du laboureur,
Il fut, pour guerroyer le pape ou l'empereur,
Commandeur de la mer et général des villes;
Gênes le fit abbé du peuple, et, des mains viles
Ayant livré l'État aux rois, il combattit.
Tout homme auprès de lui jadis semblait petit;
L'antique Sparte était sur son visage empreinte;
La loyauté mettait sa cordiale étreinte
Dans la main de cet homme à bien faire obstiné.
Comme il était bâtard d'Othon, dit le Non-Né,
Parce qu'on le tira, vers l'an douze cent trente,
Du ventre de sa mère Honorate expirante,
Les rois faisaient dédain de ce fils belliqueux;
Fabrice s'en vengeait en étant plus grand qu'eux.
A vingt ans, il était blond et beau; ce jeune homme
Avait l'air d'un tribun militaire de Rome;
Comme pour exprimer les détours du destin
Dont le héros triomphe, un graveur florentin
Avait sur son écu sculpté le labyrinthe;
Les femmes l'admiraient, se montrant avec crainte
La tête de lion qu'il avait dans le dos.
Il a vu les plus fiers, Requesens et Chandos,
Et Robert, avoué d'Arras, sieur de Béthune,
Fuir devant son épée et devant sa fortune;
Les princes pâlissaient de l'entendre gronder;
Un jour, il a forcé le pape à demander
Une fuite rapide aux galères de Gênes;
C'était un grand briseur de lances et de chaînes,
Guerroyant volontiers, mais surtout délivrant;
Il a par tous été proclamé le plus grand
D'un siècle fort auquel succède un siècle traître;

Il a toujours frémi quand des bouches de prêtre
Dans les sombres clairons de la guerre ont soufflé ;
Et souvent de saint Pierre il a tordu la clé
Dans la vieille serrure horrible de l'Église.
Sa bannière cherchait la bourrasque et la bise ;
Plus d'un monstre a grincé des dents sous son talon ;
Son bras se roidissait chaque fois qu'un félon
Déformait quelque État populaire en royaume ;
Allant, venant dans l'ombre ainsi qu'un grand fantôme,
Fier, levant dans la nuit son cimier flamboyant,
Homme auguste au dedans, ferme au dehors, ayant
En lui toute la gloire et toute la patrie,
Belle âme invulnérable et cependant meurtrie,
Sauvant les lois, gardant les murs, vengeant les droits,
Et sonnant dans la nuit sous tous les coups des rois,
Cinquante ans, ce soldat, dont la tête enfin plie,
Fut l'armure de fer de la vieille Italie ;
Et ce noir siècle, à qui tout rayon semble ôté,
Garde quelque lueur encor de son côté.

II

LE DÉFAUT DE LA CUIRASSE.

Maintenant il est vieux ; son donjon, c'est son cloître ;
Il tombe, et, déclinant, sent dans son âme croître
La confiance honnête et calme des grands cœurs ;
Le brave ne croit pas au lâche, les vainqueurs
Sont forts, et le héros est ignorant du fourbe.
Ce qu'osent les tyrans, ce qu'accepte la tourbe,
Il ne le sait ; il est hors de ce siècle vil ;

N'en étant vu qu'à peine, à peine le voit-il ;
N'ayant jamais de ruse, il n'eut jamais de crainte ;
Son défaut fut toujours la crédulité sainte,
Et, quand il fut vaincu, ce fut par loyauté ;
Plus de péril lui fait plus de sécurité.
Comme dans un exil il vit seul dans sa gloire ;
Oublié ; l'ancien peuple a gardé sa mémoire,
Mais le nouveau le perd dans l'ombre, et ce vieillard,
Qui fut astre, s'éteint dans un morne brouillard.

Dans sa brume, où les feux du couchant se dispersent,
Il a cette mer vaste et ce grand ciel qui versent
Sur le bonheur la joie et sur le deuil l'ennui.

Tout est derrière lui maintenant ; tout a fui ;
L'ombre d'un siècle entier devant ses pas s'allonge ;
Il semble des yeux suivre on ne sait quel grand songe ;
Parfois, il marche et va sans entendre et sans voir.
Vieillir, sombre déclin ! l'homme est triste le soir ;
Il sent l'accablement de l'œuvre finissante.
On dirait par instants que son âme s'absente,
Et va savoir là-haut s'il est temps de partir.

Il n'a pas un remords et pas un repentir ;
Après quatre-vingts ans son âme est toute blanche ;
Parfois, à ce soldat qui s'accoude et se penche,
Quelque vieux mur, croulant lui-même, offre un appui ;
Grave, il pense, et tous ceux qui sont auprès de lui
L'aiment ; il faut aimer pour jeter sa racine
Dans un isolement et dans une ruine ;
Et la feuille de lierre a la forme d'un cœur.

III

AIEUL MATERNEL.

Ce vieillard, c'est un chêne adorant une fleur.
A présent un enfant est toute sa famille.
Il la regarde, il rêve; il dit : « C'est une fille,
Tant mieux! » étant aïeul du côté maternel.
La vie en ce donjon a le pas solennel;
L'heure passe et revient ramenant l'habitude.

Ignorant le soupçon, la peur, l'inquiétude,
Tous les matins, il boucle à ses flancs refroidis
Son épée, aujourd'hui rouillée, et qui jadis
Avait la pesanteur de la chose publique;
Quand parfois du fourreau, vénérable relique,
Il arrache la lame illustre avec effort,
Calme, il y croit toujours sentir peser le sort.
Tout homme ici-bas porte en sa main une chose
Où, du bien et du mal, de l'effet, de la cause,
Du genre humain, de Dieu, du gouffre, il sent le poids;
Le juge au front morose a son livre des lois,
Le roi son sceptre d'or, le fossoyeur sa pelle.

Tous les soirs, il conduit l'enfant à la chapelle;
L'enfant prie et regarde avec ses yeux si beaux,
Gaie, et questionnant l'aïeul sur les tombeaux;
Et Fabrice a dans l'œil une humide étincelle.
La main qui tremble aidant la marche qui chancelle,
Ils vont sous les portails et le long des piliers

Peuplés de séraphins mêlés aux chevaliers ;
Chaque statue, émue à leur pas doux et sombre,
Vibre, et toutes ont l'air de saluer dans l'ombre,
Les héros le vieillard, et les anges l'enfant.

Parfois Isoretta, que sa grâce défend,
S'échappe dès l'aurore et s'en va jouer seule
Dans quelque grande tour qui lui semble une aïeule,
Et qui mêle, croulante au milieu des buissons,
La légende romane aux souvenirs saxons.
Pauvre être qui contient toute une fière race,
Elle trouble, en passant, le bouc, vieillard vorace,
Dans les fentes des murs broutant le câprier ;
Pendant que derrière elle on voit l'aïeul prier,
— Car il ne tarde pas à venir la rejoindre,
Et cherche son enfant dès qu'il voit l'aube poindre, —
Elle court, va, revient, met sa robe en haillons,
Erre de tombe en tombe et suit des papillons,
Ou s'assied, l'air pensif, sur quelque âpre architrave ;
Et la tour semble heureuse et l'enfant paraît grave ;
La ruine et l'enfance ont de secrets accords,
Car le temps sombre y met ce qui reste des morts.

IV

UN SEUL HOMME SAIT OU EST CACHÉ LE TRÉSOR.

Dans ce siècle où tout peuple a son chef qui le broie,
Parmi les rois vautours et les princes de proie,
Certe, on n'en trouverait pas un qui méprisât
Final, donjon splendide et riche marquisat ;

Tous les ans, les alleux, les rentes, les censives,
Surchargent vingt mulets de sacoches massives ;
La grande tour surveille, au milieu du ciel bleu,
Le sud, le nord, l'ouest et l'est, et saint Matthieu,
Saint Marc, saint Luc, saint Jean, les quatre évangélistes,
Sont sculptés et dorés sur les quatre balistes ;
La montagne a pour garde, en outre, deux châteaux,
Soldats de pierre ayant du fer sous leurs manteaux.
Le trésor, quand du coffre on détache les boucles,
Semble à qui l'entrevoit un rêve d'escarboucles ;
Ce trésor est muré dans un caveau discret
Dont le marquis régnant garde seul le secret,
Et qui fut autrefois le puits d'une sachette ;
Fabrice maintenant connaît seul la cachette ;
Le fils de Witikind vieilli dans les combats,
Othon, scella jadis dans les chambres d'en bas
Vingt caissons dont le fer verrouille les façades,
Et qu'Anselme, plus tard, fit remplir de cruzades
Pour que, dans l'avenir, jamais on n'en manquât ;
Le casque des marquis est en or de ducat ;
On a sculpté deux rois persans, Narse et Tigrane,
Dans la visière aux trous grillés de filigrane,
Et sur le haut cimier, taillé d'un seul onyx,
Un brasier de rubis brûle l'oiseau Phénix ;
Et le seul diamant du sceptre pèse une once.

V

LE CORBEAU.

Un matin, les portiers sonnent du cor. Un nonce
Se présente ; il apporte, assisté d'un coureur,

Une lettre du roi qu'on nomme l'empereur ;
Ratbert écrit qu'avant de partir pour Tarente,
Il viendra visiter Isora, sa parente,
Pour lui baiser le front et pour lui faire honneur.

Le nonce, s'inclinant, dit au marquis : « Seigneur,
Sa Majesté ne fait de visites qu'aux reines. »

Au message émané de ses mains très-sereines
L'empereur joint un don splendide et triomphant;
C'est un grand chariot plein de jouets d'enfant;
Isora bat des mains avec des cris de joie.

Le nonce, retournant vers celui qui l'envoie,
Prend congé de l'enfant, et, comme procureur
Du très-victorieux et très-noble empereur,
Fait le salut qu'on fait aux têtes souveraines.

« Qu'il soit le bienvenu ! Bas le pont ! bas les chaînes !
Dit le marquis ; sonnez, la trompe et l'olifant ! »
Et, fier de voir qu'on traite en reine son enfant,
La joie a rayonné sur sa face loyale.

Or, comme il relisait la lettre impériale,
Un corbeau qui passait fit de l'ombre dessus.
« Les oiseaux noirs guidaient Judas cherchant Jésus;
Sire, vois ce corbeau, » dit une sentinelle.
Et, regardant l'oiseau planer sur la tournelle :
« Bah ! dit l'aïeul, j'étais pas plus haut que cela,
Compagnon, que déjà ce corbeau que voilà,
Dans la plus fière tour de toute la contrée
Avait bâti son nid, dont on voyait l'entrée ;

Je le connais; le soir, volant dans la vapeur,
Il criait; tous tremblaient; mais, loin d'en avoir peur,
Moi petit, je l'aimais, ce corbeau centenaire
Étant un vieux voisin de l'astre et du tonnerre. »

VI

LE PÈRE ET LA MÈRE.

Les marquis de Final ont leur royal tombeau
Dans une cave où luit, jour et nuit, un flambeau;
Le soir, l'homme qui met de l'huile dans les lampes
A son heure ordinaire en descendit les rampes;
Là, mangé par les vers dans l'ombre de la mort,
Chaque marquis auprès de sa marquise dort,
Sans voir cette clarté qu'un vieil esclave apporte.
A l'endroit même où pend la lampe, sous la porte,
Était le monument des deux derniers défunts;
Pour raviver la flamme et brûler des parfums,
Le serf s'en approcha; sur la funèbre table,
Sculpté très-ressemblant, le couple lamentable
Dont Isora, sa dame, était l'unique enfant,
Apparaissait; tous deux, dans cet air étouffant,
Silencieux, couchés côte à côte, statues
Aux mains jointes d'habits seigneuriaux vêtues,
L'homme avec son lion, la femme avec son chien.
Il vit que le flambeau nocturne brûlait bien;
Puis, courbé, regarda, des pleurs dans la paupière,
Ce père de granit, cette mère de pierre;
Alors il recula, pâle; car il crut voir
Que ces deux fronts, tournés vers la voûte au fond noir,

S'étaient subitement assombris sur leur couche,
Elle ayant l'air plus triste et lui l'air plus farouche.

VII

JOIE AU CHATEAU.

Une file de longs et pesants chariots
Qui précède ou qui suit les camps impériaux,
Marche là-bas avec des éclats de trompette
Et des cris que l'écho des montagnes répète;
Un gros de lances brille à l'horizon lointain.

La cloche de Final tinte, et c'est ce matin
Que du noble empereur on attend la visite.

On arrache des tours la ronce parasite;
On blanchit à la chaux en hâte les grands murs;
On range dans la cour des plateaux de fruits mûrs,
Des grenades venant des vieux monts Alpujarres,
Le vin dans les barils et l'huile dans les jarres;
L'herbe et la sauge en fleur jonchent tout l'escalier;
Dans la cuisine un feu rôtit un sanglier;
On voit fumer les peaux des bêtes qu'on écorche;
Et tout rit; et l'on a tendu sous le grand porche
Une tapisserie où Blanche d'Est jadis
A brodé trois héros, Macchabée, Amadis,
Achille; et le fanal de Rhode, et le quadrige
D'Aétius, vainqueur du peuple latobrige;
Et, dans trois médaillons marqués d'un chiffre en or,
Trois poëtes, Platon, Plaute et Scæva Memor.

Ce tapis autrefois ornait la grande chambre;
Au dire des vieillards, l'effrayant roi sicambre,
Witikind, l'avait fait clouer en cet endroit
De peur que dans leur lit ses enfants n'eussent froid.

VIII

TOILETTE D'ISORA.

Cris, chansons; et voilà ces vieilles tours vivantes.
La chambre d'Isora se remplit de servantes;
Pour faire un digne accueil au roi d'Arle, on revêt
L'enfant de ses habits de fête; à son chevet,
L'aïeul, dans un fauteuil d'orme incrusté d'érable,
S'assied, songeant aux jours passés, et, vénérable,
Il contemple Isora : front joyeux, cheveux d'or,
Comme les chérubins peints dans le corridor,
Regard d'enfant Jésus que porte la madone,
Joue ignorante où dort le seul baiser qui donne
Aux lèvres la fraîcheur, tous les autres étant
Des flammes, même, hélas! quand le cœur est content.
Isore est sur le lit assise, jambes nues;
Son œil bleu rêve avec des lueurs ingénues;
L'aïeul rit, doux reflet de l'aube sur le soir!
Et le sein de l'enfant, demi-nu, laisse voir
Ce bouton rose, germe auguste des mamelles;
Et ses beaux petits bras ont des mouvements d'ailes.
Le vétéran lui prend les mains, les réchauffant;
Et, dans tout ce qu'il dit aux femmes, à l'enfant,
Sans ordre, en en laissant deviner davantage,
Espèce de murmure enfantin du grand âge,

Il semble qu'on entend parler toutes les voix
De la vie, heur, malheur, à présent, autrefois,
Deuil, espoir, souvenir, rire et pleurs, joie et peine;
Ainsi tous les oiseaux chantent dans le grand chêne.

« Fais-toi belle ; un seigneur va venir ; il est bon ;
C'est l'empereur ; un roi ; ce n'est pas un barbon,
Comme nous ; il est jeune ; il est roi d'Arle, en France ;
Vois-tu, tu lui feras ta belle révérence,
Et tu n'oublieras pas de dire : monseigneur.
Vois tous les beaux cadeaux qu'il nous fait ! Quel bonheur !
Tous nos bons paysans viendront, parce qu'on t'aime ;
Et tu leur jetteras des sequins d'or, toi-même,
De façon que cela tombe dans leur bonnet. »

Et le marquis, parlant aux femmes, leur prenait
Les vêtements des mains :

« Laissez, que je l'habille !
Oh ! quand sa mère était toute petite fille,
Et que j'étais déjà barbe grise, elle avait
Coutume de venir dès l'aube à mon chevet ;
Parfois, elle voulait m'attacher mon épée,
Et, de la dureté d'une boucle occupée,
Ou se piquant les doigts aux clous du ceinturon,
Elle riait C'était le temps où mon clairon
Sonnait superbement à travers l'Italie.
Ma fille est maintenant sous terre, et nous oublie.
D'où vient qu'elle a quitté sa tâche, ô dure loi !
Et qu'elle dort déjà quand je veille encor, moi ?
La fille qui grandit sans la mère, chancelle.
Oh ! c'est triste, et je hais la mort. Pourquoi prend-elle

Cette jeune épousée et non mes pas tremblants?
Pourquoi ces cheveux noirs et non mes cheveux blancs? »

Et, pleurant, il offrait à l'enfant des dragées.

« Les choses ne sont pas ainsi bien arrangées ;
Celui qui fait le choix se trompe ; il serait mieux
Que l'enfant eût la mère et la tombe le vieux.
Mais de la mère au moins il sied qu'on se souvienne ;
Et, puisqu'elle a ma place, hélas! je prends la sienne.

« Vois donc le beau soleil et les fleurs dans les prés !
C'est par un jour pareil, les Grecs étant rentrés
Dans Smyrne, le plus grand de leurs ports maritimes,
Que, le bailli de Rhode et moi, nous les battîmes.
Mais regarde-moi donc tous ces beaux jouets-là !
Vois ce reître, on dirait un archer d'Attila.
Mais c'est qu'il est vêtu de soie et non de serge!
Et le chapeau d'argent de cette sainte Vierge!
Et ce bonhomme en or! Ce n'est pas très-hideux.
Mais comme nous allons jouer demain tous deux !
Si ta mère était là, qu'elle serait contente!
Ah! quand on est enfant, ce qui plaît, ce qui tente,
C'est un hochet qui sonne un moment dans la main,
Peu de chose le soir et rien le lendemain ;
Plus tard, on a le goût des soldats véritables,
Des palefrois battant du pied dans les étables,
Des drapeaux, des buccins jetant de longs éclats,
Des camps, et c'est toujours la même chose, hélas!
Sinon qu'alors on a du sang à ses chimères.
Tout est vain. C'est égal, je plains les pauvres mères
Qui laissent leurs enfants derrière elles ainsi. »

Ainsi parlait l'aïeul, l'œil de pleurs obscurci,
Souriant cependant, car telle est l'ombre humaine.
Tout à l'ajustement de son ange de reine,
Il habillait l'enfant, et, tandis qu'à genoux
Les servantes chaussaient ces pieds charmants et doux,
Et, les parfumant d'ambre, en lavaient la poussière,
Il nouait gauchement la petite brassière,
Ayant plus d'habitude aux chemises d'acier.

IX

JOIE HORS DU CHATEAU.

Le soir vient, le soleil descend dans son brasier ;
Et voilà qu'au penchant des mers, sur les collines,
Partout, les milans roux, les chouettes félines,
L'autour glouton, l'orfraie horrible dont l'œil luit
Avec du sang, le jour, qui devient feu, la nuit,
Tous les tristes oiseaux mangeurs de chair humaine,
Fils de ces vieux vautours, nés de l'aigle romaine,
Que la louve d'airain aux cirques appela,
Qui suivaient Marius et connaissaient Sylla,
S'assemblent ; et les uns, laissant un crâne chauve,
Les autres, aux gibets essuyant leur bec fauve,
D'autres, d'un mât rompu quittant les noirs agrès,
D'autres, prenant leur vol du mur des lazarets,
Tous, joyeux et criant, en tumulte et sans nombre,
Ils se montrent Final, la grande cime sombre
Qu'Othon, fils d'Aleram le Saxon, crénela,
Et se disent entre eux : « Un empereur est là ! »

X

SUITE DE LA JOIE.

Cloche ; acclamations ; gémissements ; fanfares ;
Feux de joie ; et les tours semblent toutes des phares,
Tant on a, pour fêter ce jour grand à jamais,
De brasiers frissonnants encombré leurs sommets !
La table colossale en plein air est dressée ;
Ce qu'on a sous les yeux répugne à la pensée
Et fait peur ; c'est la joie effrayante du mal ;
C'est plus que le démon, c'est moins que l'animal ;
C'est la cour du donjon tout entière rougie
D'une prodigieuse et ténébreuse orgie ;
C'est Final, mais Final vaincu, tombé, flétri ;
C'est un chant dans lequel semble se torde un cri ;
Un gouffre où les lueurs de l'enfer sont voisines
Du rayonnement calme et joyeux des cuisines ;
Le triomphe de l'ombre, obscène, effronté, cru ;
Le souper de Satan dans un rêve apparu.

A l'angle de la cour, ainsi qu'un témoin sombre,
Un squelette de tour, formidable décombre,
Sur son faîte vermeil d'où s'enfuit le corbeau,
Dresse et secoue aux vents, brûlant comme un flambeau,
Tout le branchage et tout le feuillage d'un orme ;
Valet géant portant un chandelier énorme.

Le drapeau de l'empire, arboré sur ce bruit,
Gonfle son aigle immense au souffle de la nuit.

Tout un cortége étrange est là; femmes et prêtres;
Prélats parmi les ducs, moines parmi les reîtres;
Les crosses et les croix d'évêques, au milieu
Des piques et des dards, mêlent aux meurtres Dieu,
Les mitres figurant de plus gros fers de lance.
Un tourbillon d'horreur, de nuit, de violence,
Semble emplir tous ces cœurs; que disent-ils entre eux,
Ces hommes? En voyant ces convives affreux,
On doute si l'aspect humain est véritable;
Un sein charmant se dresse au-dessus de la table,
On redoute au-dessous quelque corps tortueux;
C'est un de ces banquets du monde monstrueux
Qui règne et vit depuis les Héliogabales;
Le luth lascif s'accouple aux féroces cymbales;
Le cynique baiser cherche à se prodiguer;
Il semble qu'on pourrait à peine distinguer
De ces hommes les loups, les chiennes de ces femmes;
A travers l'ombre, on voit toutes les soifs infâmes,
Le désir, l'instinct vil, l'ivresse aux cris hagards,
Flamboyer dans l'étoile horrible des regards.

Quelque chose de rouge entre les dalles fume;
Mais, si tiède que soit cette douteuse écume,
Assez de barils sont éventrés et crevés
Pour que ce soit du vin qui court sur les pavés.

Est-ce une vaste noce? est-ce un deuil morne et triste?
On ne sait pas à quel dénoûment on assiste,
Si c'est quelque affreux monde à la terre étranger;
Si l'on voit des vivants ou des larves manger;
Et si ce qui dans l'ombre indistincte surnage
Est la fin d'un festin ou la fin d'un carnage.

Par moments, le tambour, le cistre, le clairon,
Font ces rages de bruit qui rendaient fou Néron.
Ce tumulte rugit, chante, boit, mange, râle.
Sur un trône est assis Ratbert, content et pâle.

C'est, parmi le butin, les chants, les arcs de fleurs,
Dans un antre de rois un Louvre de voleurs.

Presque nue au milieu des montagnes de roses,
Comme les déités dans les apothéoses,
Altière, recevant vaguement les saluts,
Marquant avec ses doigts la mesure des luths,
Ayant dans le gala les langueurs de l'alcôve,
Près du maître sourit Matha, la blonde fauve;
Et sous la table, heureux, du genou la pressant,
Le roi cherche son pied dans les mares de sang.

Les grands brasiers, ouvrant leur gouffre d'étincelles,
Font resplendir les ors d'un chaos de vaisselles;
On ébrèche aux moutons, aux lièvres montagnards,
Aux faisans, les couteaux tout à l'heure poignards;
Sixte Malaspina, derrière le roi, songe;
Toute lèvre se rue à l'ivresse et s'y plonge;
On achève un mourant en perçant un tonneau;
L'œil croit, parmi les os de chevreuil et d'agneau,
Aux tremblantes clartés que les flambeaux prolongent,
Voir des profils humains dans ce que les chiens rongent;
Des chanteurs grecs, portant des images d'étain
Sur leurs chapes, selon l'usage byzantin,
Chantent Ratbert, césar, roi, vainqueur, dieu, génie;
On entend sous les bancs des soupirs d'agonie;
Une odeur de tuerie et de cadavres frais

Se mêle au vague encens brûlant dans les coffrets
Et les boîtes d'argent sur des trépieds de nacre;
Les pages, les valets, encor chauds du massacre,
Servent dans le banquet leur empereur, ravi
Et sombre, après l'avoir dans le meurtre servi;
Sur le bord des plats d'or on voit des mains sanglantes;
Ratbert s'accoude avec des poses indolentes;
Au-dessus du festin, dans le ciel blanc du soir,
De partout, des hanaps, du buffet, du dressoir,
Des plateaux où les paons ouvrent leurs larges queues,
Des écuelles où brûle un philtre aux lueurs bleues,
Des verres, d'hypocras et de vin écumants,
Des bouches des buveurs, des bouches des amants,
S'élève une vapeur, gaie, ardente, enflammée,
Et les âmes des morts sont dans cette fumée.

XI

TOUTES LES FAIMS SATISFAITES.

C'est que les noirs oiseaux de l'ombre ont eu raison,
C'est que l'orfraie a bien flairé la trahison,
C'est qu'un fourbe a surpris le vaillant sans défense,
C'est qu'on vient d'écraser la vieillesse et l'enfance.
En vain quelques soldats fidèles ont voulu
Résister à l'abri d'un créneau vermoulu;
Tous sont morts; et de sang les dalles sont trempées;
Et la hache, l'estoc, les masses, les épées,
N'ont fait grâce à pas un, sur l'ordre que donna
Le roi d'Arle au prévôt Sixte Malaspina.
Et, quant aux plus mutins, c'est ainsi que les nomme

L'aventurier royal fait empereur par Rome,
Trente sur les crochets et douze sur le pal
Expirent au-dessus du porche principal.

Tandis qu'en joyeux chants les vainqueurs se répandent,
Auprès de ces poteaux et de ces croix où pendent
Ceux que Malaspina vient de supplicier,
Corbeaux, hiboux, milans, tout l'essaim carnassier,
Venus des monts, des bois, des cavernes, des havres,
S'abattent par volée et font sur les cadavres
Un banquet, moins hideux que celui d'à côté.

Ah! le vautour est triste à voir, en vérité,
Déchiquetant sa proie et planant; on s'effraie
Du cri de la fauvette aux griffes de l'orfraie;
L'épervier est affreux rongeant des os brisés;
Pourtant, par l'ombre immense on les sent excusés,
L'impénétrable faim est la loi de la terre,
Et le ciel, qui connaît la grande énigme austère,
La nuit, qui sert de fond au guet mystérieux
Du hibou promenant la rondeur de ses yeux
Ainsi qu'à l'araignée ouvrant ses pâles toiles,
Met à ce festin sombre une nappe d'étoiles;
Mais l'être intelligent, le fils d'Adam, l'élu
Qui doit trouver le bien après l'avoir voulu,
L'homme, exterminant l'homme et riant, épouvante
Même au fond de la nuit, l'immensité vivante,
Et, que le ciel soit noir ou que le ciel soit bleu,
Caïn tuant Abel est la stupeur de Dieu.

XII

QUE C'EST FABRICE QUI EST UN TRAÎTRE.

Un homme qu'un piquet de lansquenets escorte,
Qui tient une bannière inclinée, et qui porte
Une jacque de vair taillée en éventail,
Un héraut, fait ce cri devant le grand portail :

« Au nom de l'empereur clément et plein de gloire,
— Dieu le protége ! — peuple ! il est pour tous notoire
Que le traître marquis Fabrice d'Albenga
Jadis avec les gens des villes se ligua,
Et qu'il a maintes fois guerroyé le saint-siége ;
C'est pourquoi l'empereur très-clément — Dieu protége
L'empereur ! — le citant à son haut tribunal,
A pris possession de l'État de Final. »

L'homme ajoute, dressant sa bannière penchée :
« Qui me contredira soit sa tête tranchée,
Et ses biens confisqués à l'empereur. J'ai dit. »

XIII

SILENCE.

Tout à coup on se tait ; ce silence grandit,
Et l'on dirait qu'au choc brusque d'un vent qui tombe,
Cet enfer a repris sa figure de tombe ;

Ce pandémonium, ivre d'ombre et d'orgueil,
S'éteint; c'est qu'un vieillard a paru sur le seuil;
Un prisonnier, un juge, un fantôme; l'ancêtre!

C'est Fabrice.

On l'amène à la merci du maître.
Ses blêmes cheveux blancs couronnent sa pâleur;
Il a les bras liés au dos comme un voleur;
Et, pareil au milan qui suit des yeux sa proie,
Derrière le captif, marche, sans qu'il le voie,
Un homme qui tient haute une épée à deux mains.

Matha, fixant sur lui ses beaux yeux inhumains,
Rit sans savoir pourquoi, rire étant son caprice.
Dix valets de la lance environnent Fabrice.
Le roi dit : « Le trésor est caché dans un lieu
Qu'ici tu connais seul, et je jure par Dieu
Que, si tu dis l'endroit, marquis, ta vie est sauve. »

Fabrice lentement lève sa tête chauve
Et se tait.

Le roi dit : « Es-tu sourd, compagnon? »

Un reître avec le doigt fait signe au roi que non.

« Marquis, parle! ou sinon, vrai comme je me nomme
Empereur des Romains, roi d'Arle et gentilhomme,
Lion, tu vas japper ainsi qu'un épagneul.
Ici, bourreaux !... Réponds, le trésor? »

Et l'aïeul

Semble, droit et glacé parmi les fers de lance,
Avoir déjà pris place en l'éternel silence.

Le roi dit : « Préparez les coins et les crampons.
Pour la troisième fois, parleras-tu ? Réponds. »

Fabrice, sans qu'un mot d'entre ses lèvres sorte,
Regarde le roi d'Arle et d'une telle sorte,
Avec un si superbe éclair, qu'il l'interdit ;
Et Ratbert, furieux sous ce regard, bondit
Et crie, en s'arrachant le poil de la moustache :
« Je te trouve idiot et mal en point, et sache
Que les jouets d'enfant étaient pour toi, vieillard!
Çà, rends-moi ce trésor, fruit de tes vols, pillard!
Et ne m'irrite pas, ou ce sera ta faute,
Et je vais envoyer sur ta tour la plus haute
Ta tête au bout d'un pieu se taire dans la nuit. »

Mais l'aïeul semble d'ombre et de pierre construit ;
On dirait qu'il ne sait pas même qu'on lui parle.

« Le brodequin ! à toi, bourreau! » dit le roi d'Arle.

Le bourreau vient, la foule effarée écoutait.

On entend l'os crier, mais la bouche se tait.

Toujours prêt à frapper le prisonnier en traître,
Le coupe-tête jette un coup d'œil à son maître.

« Attends que je te fasse un signe, » dit Ratbert.
Et, reprenant :

« Voyons, toi chevalier haubert,
Mais cadet, toi marquis, mais bâtard, si tu donnes
Ces quelques diamants de plus à mes couronnes,
Si tu veux me livrer ce trésor, je te fais
Prince, et j'ai dans mes ports dix galères de Fez
Dont je te fais présent avec cinq cents esclaves. »

Le vieillard semble sourd et muet.

« Tu me braves !
Eh bien, tu vas pleurer, » dit le fauve empereur.

XIV

RATBERT REND L'ENFANT A L'AIEUL.

Et voici qu'on entend comme un souffle d'horreur
Frémir, même en cette ombre et même en cette horde.
Une civière passe, il y pend une corde ;
Un linceul la recouvre ; on la pose à l'écart ;
On voit deux pieds d'enfant qui sortent du brancard.
Fabrice, comme au vent se renverse un grand arbre,
Tremble, et l'homme de chair sous cet homme de marbre
Reparaît : et Ratbert fait lever le drap noir.

C'est elle ! Isora ! pâle, inexprimable à voir,
Étranglée, et sa main crispée, et cela navre,
Tient encore un hochet ; pauvre petit cadavre !

L'aïeul tressaille avec la force d'un géant ;
Formidable, il arrache au brodequin béant

Son pied dont le bourreau vient de briser le pouce ;
Les bras toujours liés, de l'épaule il repousse
Tout ce tas de démons, et va jusqu'à l'enfant,
Et sur ses deux genoux tombe, et son cœur se fend.
Il crie en se roulant sur la petite morte :

« Tuée! ils l'ont tuée! et la place était forte,
Le pont avait sa chaîne et la herse ses poids,
On avait des fourneaux pour le soufre et la poix,
On pouvait mordre avec ses dents le roc farouche,
Se défendre, hurler, lutter, s'emplir la bouche
De feu, de plomb fondu, d'huile, et les leur cracher
A la figure avec les éclats du rocher!
Non! on a dit : « Entrez, » et, par la porte ouverte,
Ils sont entrés! la vie à la mort s'est offerte!
On a livré la place, on n'a point combattu!
Voilà la chose ; elle est toute simple ; ils n'ont eu
Affaire qu'à ce vieux misérable imbécile!
Égorger un enfant, ce n'est pas difficile.
Tout à l'heure, j'étais tranquille, ayant peu vu
Qu'on tuât des enfants, et je disais : « Pourvu
« Qu'Isora vive, eh bien, après cela, qu'importe? »
Mais l'enfant! O mon Dieu! c'est donc vrai qu'elle est morte!
Penser que nous étions là tous deux hier encor!
Elle allait et venait dans un gai rayon d'or ;
Cela jouait toujours, pauvre mouche éphémère!
C'était la petite âme errante de sa mère!
Le soir, elle posait son doux front sur mon sein,
Et dormait... — Ah! brigand! assassin! assassin! »

Il se dressait, et tout tremblait dans le repaire,
Tant c'était la douleur d'un lion et d'un père,

Le deuil, l'horreur, et tant ce sanglot rugissait!

« Et moi qui, ce matin, lui nouais son corset!
Je disais : « Fais-toi belle, enfant! » Je parais l'ange
Pour le spectre!... Oh! ris donc là-bas, femme de fange!
Riez tous! Idiot, en effet, moi qui crois
Qu'on peut se confier aux paroles des rois
Et qu'un hôte n'est pas une bête féroce!
Le roi, les chevaliers, l'évêque avec sa crosse,
Ils sont venus, j'ai dit : « Entrez, » c'étaient des loups!
Est-ce qu'ils ont marché sur elle avec des clous
Qu'elle est toute meurtrie? Est-ce qu'ils l'ont battue?
Et voilà maintenant nos filles qu'on nous tue
Pour voler un vieux casque en vieil or de ducat!
Je voudrais que quelqu'un d'honnête m'expliquât
Cet événement-ci, voilà ma fille morte!
Dire qu'un empereur vient avec une escorte,
Et que des gens nommés Farnèse, Spinola,
Malaspina, Cibo, font de ces choses là,
Et qu'on se met à cent, à mille, avec ce prêtre,
Ces femmes, pour venir prendre un enfant en traître,
Et que l'enfant est là, mort, et que c'est un jeu ;
C'est à se demander s'il est encore un Dieu,
Et si, demain, après de si lâches désastres,
Quelqu'un osera faire encor lever les astres!
M'avoir assassiné ce petit être-là!
Mais c'est affreux d'avoir à se mettre cela
Dans la tête, que c'est fini, qu'ils l'ont tuée,
Qu'elle est morte!... Oh! ce fils de la prostituée,
Ce Ratbert, comme il m'a hideusement trompé!
O Dieu! de quel démon est cet homme échappé?
Vraiment! est-ce donc trop espérer que de croire

Qu'on ne va point, par ruse et par trahison noire,
Massacrer des enfants, broyer des orphelins,
Des anges, de clarté céleste encor tout pleins !
Mais c'est qu'elle est là morte, immobile, insensible !
Je n'aurais jamais cru que cela fût possible.
Il faut être le fils de cette infâme Agnès !
Rois ! j'avais tort jadis quand je vous épargnais,
Quand, pouvant vous briser au front le diadème,
Je vous lâchais, j'étais un scélérat moi-même,
J'étais un meurtrier d'avoir pitié de vous !
Oui, j'aurais dû vous tordre entre mes serres, tous !
Est-ce qu'il est permis d'aller dans les abîmes
Reculer la limite effroyable des crimes,
De voler, oui, ce sont des vols, de faire un tas
D'abominations, de maux et d'attentats,
De tuer des enfants et de tuer des femmes,
Sous prétexte qu'on fut, parmi les oriflammes
Et les clairons, sacré devant le monde entier
Par Urbain Quatre, pape et fils d'un savetier !
Que voulez-vous qu'on fasse à de tels misérables ?
Avoir mis son doigt noir sur ces yeux adorables !
Ce chef-d'œuvre du Dieu vivant, l'avoir détruit !
Quelle mamelle d'ombre et d'horreur et de nuit,
Dieu juste, a donc été de ce monstre nourrice ?
Un tel homme suffit pour qu'un siècle pourrisse.
Plus de bien ni de mal, plus de droit, plus de lois.
Est-ce que le tonnerre est absent quelquefois ?
Est-ce qu'il n'est pas temps que la foudre se prouve,
Cieux profonds, en broyant ce chien, fils de la louve ?
Oh ! sois maudit, maudit, maudit, et sois maudit,
Ratbert, empereur, roi, césar, escroc, bandit !
O grand vainqueur d'enfants de cinq ans ! maudits soient

Les pas que font tes pieds, les jours que tes yeux voient,
Et la gueuse qui t'offre en riant son sein nu,
Et ta mère publique, et ton père inconnu !
Terre et cieux ! c'est pourtant bien le moins qu'un doux être
Qui joue à notre porte et sous notre fenêtre,
Qui ne fait rien que rire et courir dans les fleurs,
Et qu'emplir de soleil nos pauvres yeux en pleurs,
Ait le droit de jouir de l'aube qui l'enivre,
Puisque les empereurs laissent les forçats vivre,
Et puisque Dieu, témoin des deuils et des horreurs,
Laisse sous le ciel noir vivre les empereurs ! »

XV

LES DEUX TÊTES.

Ratbert, en ce moment, distrait jusqu'à sourire,
Écoutait Afranus à voix basse lui dire :
« Majesté, le caveau du trésor est trouvé. »

L'aïeul pleurait.

     « Un chien, au coin des murs crevé,
Est un être enviable auprès de moi. Va, pille,
Vole, égorge, empereur ! O ma petite fille,
Parle-moi ! Rendez-moi mon doux ange, ô mon Dieu !
Elle ne va donc pas me regarder un peu ?
Mon enfant ! tous les jours nous allions dans les lierres.
Tu disais : « Vois les fleurs, » et moi : « Prends garde aux pierres ! »
Et je la regardais, et je crois qu'un rocher
Se fût attendri rien qu'en la voyant marcher.

Hélas! avoir eu foi dans ce monstrueux drôle!
Mets ta tête adorée auprès de mon épaule.
Est-ce que tu m'en veux? C'est moi qui suis là! Dis,
Tu n'ouvriras donc plus tes yeux du paradis!
Je n'entendrai donc plus ta voix, pauvre petite!
Tout ce qui me tenait aux entrailles me quitte;
Et ce sera mon sort, à moi, le vieux vainqueur,
Qu'à deux reprises Dieu m'ait arraché le cœur,
Et qu'il ait retiré de ma poitrine amère
L'enfant, après m'avoir ôté du flanc la mère!
Mon Dieu, pourquoi m'avoir pris cet être si doux?
Je n'étais pourtant pas révolté contre vous,
Et je consentais presque à ne plus avoir qu'elle.
Morte! et moi, je suis là, stupide, qui l'appelle!
Oh! si je n'avais pas les bras liés, je crois
Que je réchaufferais ses pauvres membres froids;
Comme ils l'ont fait souffrir! La corde l'a coupée.
Elle saigne. »

    Ratbert, blême et la main crispée,
Le voyant à genoux sur son ange dormant,
Dit: « Porte-glaive, il est ainsi commodément. »

Le porte-glaive fit, n'étant qu'un misérable,
Tomber sur l'enfant mort la tête vénérable.

Et voici ce qu'on vit dans ce même instant-là :
La tête de Ratbert sur le pavé roula,
Hideuse, comme si le même coup d'épée,
Frappant deux fois, l'avait avec l'autre coupée.

L'horreur fut inouïe; et tous, se retournant,

Sur le grand fauteuil d'or du trône rayonnant
Aperçurent le corps de l'empereur sans tête,
Et son cou d'où sortait, dans un bruit de tempête,
Un flot rouge, un sanglot de pourpre, éclaboussant
Les convives, le trône et la table, de sang.

Alors, dans la clarté d'abîme et de vertige
Qui marque le passage énorme d'un prodige,
Des deux têtes on vit l'une, celle du roi,
Entrer sous terre et fuir dans le gouffre d'effroi
Dont l'expiation formidable est la règle,
Et l'autre s'envoler avec des ailes d'aigle.

XVI

APRÈS JUSTICE FAITE.

L'ombre couvre à présent Ratbert, l'homme de nuit.
Nos pères — c'est ainsi qu'un nom s'évanouit —
Défendaient d'en parler, et du mur de l'histoire
Les ans ont effacé cette vision noire.

Le glaive qui frappa ne fut point aperçu ;
D'où vint ce sombre coup, personne ne l'a su ;
Seulement, ce soir-là, bêchant pour se distraire,
Héraclius le Chauve, abbé de Joug-Dieu, frère
D'Acceptus, archevêque et primat de Lyon,
Étant aux champs avec le diacre Pollion,
Vit, dans les profondeurs par les vents remuées,
Un archange essuyer son épée aux nuées.

VIII

SEIZIÈME SIÈCLE

RENAISSANCE — PAGANISME

LE SATYRE.

PROLOGUE.

LE SATYRE.

Un satyre habitait l'Olympe, retiré
Dans le grand bois sauvage au pied du mont sacré ;
Il vivait là, chassant, rêvant, parmi les branches ;
Nuit et jour, poursuivant les vagues formes blanches,
Il tenait à l'affût les douze ou quinze sens
Qu'un faune peut braquer sur les plaisirs passants.
Qu'était-ce que ce faune? On l'ignorait ; et Flore
Ne le connaissait point, ni Vesper, ni l'Aurore
Qui sait tout, surprenant le regard du réveil ;
On avait beau parler à l'églantier vermeil,
Interroger le nid, questionner le souffle,
Personne ne savait le nom de ce maroufle.
Les sorciers dénombraient presque tous les sylvains :
Les ægipans étant fameux comme les vins,
En voyant la colline on nommait le satyre ;
On connaissait Stulcas, faune de Pallantyre,
Gès, qui, le soir, riait sur le Ménale assis,
Bos, l'ægipan de Crète ; on entendait Chrysis,

Sylvain du Ptyx que l'homme appelle Janicule,
Qui jouait de la flûte au fond du crépuscule ;
Anthrops, faune du Pinde, était cité partout ;
Celui-ci, nulle part ; les uns le disaient loup ;
D'autres le disaient dieu, prétendant s'y connaître ;
Mais, en tout cas, qu'il fût tout ce qu'il pouvait être,
C'était un garnement de dieu fort mal famé.

Tout craignait ce sylvain à toute heure allumé ;
La bacchante elle-même en tremblait ; les napées
S'allaient blottir aux trous des roches escarpées ;
Écho barricadait son antre trop peu sûr ;
Pour ce songeur velu, fait de fange et d'azur,
L'andryade en sa grotte était dans une alcôve ;
De la forêt profonde il était l'amant fauve ;
Sournois, pour se jeter sur elle, il profitait
Du moment où la nymphe, à l'heure où tout se tait,
Éclatante, apparaît dans le miroir des sources ;
Il arrêtait Lycère et Chloé dans leurs courses :
Il guettait, dans les lacs qu'ombrage le bouleau,
La naïade qu'on voit radieuse sous l'eau
Comme une étoile ayant la forme d'une femme ;
Son œil lascif errait la nuit comme une flamme.
Il pillait les appas splendides de l'été ;
Il adorait la fleur, cette naïveté ;
Il couvait d'une tendre et vaste convoitise
Le muguet, le troëne embaumé, le cytise,
Et ne s'endormait pas même avec le pavot ;
Ce libertin était à la rose dévot ;
Il était fort infâme au mois de mai ; cet être
Traitait, regardant tout comme par la fenêtre,
Flore de mijaurée et Zéphir de marmot ;

Si l'eau murmurait : « J'aime ! » il la prenait au mot,
Et saisissait l'Ondée en fuite sous les herbes ;
Ivre de leurs parfums, vautré parmi leurs gerbes,
Il faisait une telle orgie avec les lis,
Les myrtes, les sorbiers de ses baisers pâlis,
Et de telles amours, que, témoin du désordre,
Le chardon, ce jaloux, s'efforçait de le mordre ;
Il s'était si crûment dans les excès plongé
Qu'il était dénoncé par la caille et le geai ;
Son bras, toujours tendu vers quelque blonde tresse,
Traversait l'ombre ; après les mois de sécheresse,
Les rivières, qui n'ont qu'un voile de vapeur,
Allant remplir leur urne à la pluie, avaient peur
De rencontrer sa face effrontée et cornue ;
Un jour, se croyant seule et s'étant mise nue
Pour se baigner au flot d'un ruisseau clair, Psyché
L'aperçut tout à coup dans les feuilles caché,
Et s'enfuit, et s'alla plaindre dans l'empyrée ;
Il avait l'innocence impudique de Rhée ;
Son caprice, à la fois divin et bestial,
Montait jusqu'au rocher sacré de l'idéal,
Car partout où l'oiseau vole, la chèvre y grimpe ;
Ce faune débraillait la forêt de l'Olympe ;
Et, de plus, il était voleur, l'aventurier.

Hercule l'alla prendre au fond de son terrier,
Et l'amena devant Jupiter par l'oreille.

I

LE BLEU.

Quand le satyre fut sur la cime vermeille,
Quand il vit l'escalier céleste commençant,
On eût dit qu'il tremblait, tant c'était ravissant !
Et que, rictus ouvert au vent, tête éblouie
A la fois par les yeux, l'odorat et l'ouïe,
Faune ayant de la terre encore à ses sabots,
Il frissonnait devant les cieux sereins et beaux ;
Quoique à peine fût-il au seuil de la caverne
De rayons et d'éclairs que Jupiter gouverne,
Il contemplait l'azur, des pléiades voisin ;
Béant, il regardait passer, comme un essaim
De molles nudités sans fin continuées,
Toutes ces déités que nous nommons nuées.
C'était l'heure où sortaient les chevaux du soleil.
Le ciel, tout frémissant du glorieux réveil,
Ouvrait les deux battants de sa porte sonore ;
Blancs, ils apparaissaient formidables d'aurore ;
Derrière eux, comme un orbe effrayant, couvert d'yeux,
Éclatait la rondeur du grand char radieux ;
On distinguait le bras du dieu qui les dirige ;
Aquilon achevait d'atteler le quadrige ;
Les quatre ardents chevaux dressaient leur poitrail d'or ;
Faisant leurs premiers pas, ils se cabraient encor
Entre la zone obscure et la zone enflammée ;
De leurs crins, d'où semblait sortir une fumée
De perles, de saphirs, d'onyx, de diamants,

Dispersée et fuyante au fond des éléments,
Les trois premiers, l'œil fier, la narine embrasée,
Secouaient dans le jour des gouttes de rosée ;
Le dernier secouait des astres dans la nuit.

Le ciel, le jour qui monte et qui s'épanouit,
La terre qui s'efface et l'ombre qui se dore,
Ces hauteurs, ces splendeurs, ces chevaux de l'aurore
Dont le hennissement provoque l'infini,
Tout cet ensemble auguste, heureux, calme, béni,
Puissant, pur, rayonnait ; un coin était farouche ;
Là brillaient, près de l'antre où Gorgone se couche,
Les armes de chacun des grands dieux que l'autan
Gardait sévère, assis sur des os de titan ;
Là reposait la Force avec la Violence ;
On voyait, chauds encor, fumer les fers de lance ;
On voyait des lambeaux de chair aux coutelas
De Bellone, de Mars, d'Hécate et de Pallas,
Des cheveux au trident et du sang à la foudre.

Si le grain pouvait voir la meule prête à moudre,
Si la ronce du bouc apercevait la dent,
Ils auraient l'air pensif du sylvain, regardant
Les armures des dieux dans le bleu vestiaire ;
Il entra dans le ciel ; car le grand bestiaire
Tenait sa large oreille et ne le lâchait pas ;
Le bon faune crevait l'azur à chaque pas ;
Il boitait, tout gêné de sa fange première ;
Son pied fourchu faisait des trous dans la lumière,
La monstruosité brutale du sylvain
Étant lourde et hideuse au nuage divin.
Il avançait, ayant devant lui le grand voile

Sous lequel le matin glisse sa fraîche étoile ;
Soudain il se courba sous un flot de clarté,
Et, le rideau s'étant tout à coup écarté,
Dans leur immense joie il vit les dieux terribles.

Ces êtres surprenants et forts, ces invisibles,
Ces inconnus profonds de l'abîme, étaient là.
Sur douze trônes d'or que Vulcain cisela,
A la table où jamais on ne se rassasie,
Ils buvaient le nectar et mangeaient l'ambroisie.
Vénus était devant et Jupiter au fond.
Cypris, sur la blancheur d'une écume qui fond,
Reposait mollement, nue et surnaturelle,
Ceinte du flamboiement des yeux fixés sur elle.
Et, par moments, avec l'encens, les cœurs, les vœux,
Toute la mer semblait flotter dans ses cheveux.
Jupiter aux trois yeux songeait, un pied sur l'aigle ;
Son sceptre était un arbre ayant pour fleur la règle ;
On voyait dans ses yeux le monde commencé ;
Et dans l'un le présent, dans l'autre le passé ;
Dans le troisième errait l'avenir comme un songe ;
Il ressemblait au gouffre où le soleil se plonge ;
Des femmes, Danaé, Latone, Sémélé,
Flottaient dans son regard ; sous son sourcil voilé,
Sa volonté parlait à sa toute-puissance ;
La nécessité morne était sa réticence ;
Il assignait les sorts ; et ses réflexions
Étaient gloire aux Cadmus et roue aux Ixions ;
Sa rêverie, où l'ombre affreuse venait faire
Des taches de noirceur sur un fond de lumière,
Était comme la peau du léopard tigré ;
Selon qu'ils s'écartaient ou s'approchaient, au gré

LE SATYRE.

De ses décisions clémentes ou funèbres,
Son pouce et son index faisaient dans les ténèbres
S'ouvrir ou se fermer les ciseaux d'Atropos ;
La radieuse paix naissait de son repos,
Et la guerre sortait du pli de sa narine ;
Il méditait, avec Thémis dans sa poitrine,
Calme, et si patient que les sœurs d'Arachné,
Entre le froid conseil de Minerve émané
Et l'ordre redoutable attendu par Mercure,
Filaient leur toile au fond de sa pensée obscure.

Derrière Jupiter rayonnait Cupidon,
L'enfant cruel, sans pleurs, sans remords, sans pardon,
Qui, le jour qu'il naquit, riait, se sentant d'âge
A commencer, du haut des cieux, son brigandage.

L'univers apaisé, content, mélodieux,
Faisait une musique autour des vastes dieux ;
Partout où le regard tombait, c'était splendide ;
Toute l'immensité n'avait pas une ride ;
Le ciel réverbérait autour d'eux leur beauté ;
Le monde les louait pour l'avoir bien dompté ;
La bête aimait leurs arcs, l'homme adorait leurs piques;
Ils savouraient, ainsi que des fruits magnifiques,
Leurs attentats bénis, heureux, inexpiés ;
Les haines devenaient des lyres sous leurs pieds,
Et même la clameur du triste lac Stymphale,
Partie horrible et rauque, arrivait triomphale.

Au-dessus de l'Olympe éclatant, au delà
Du nouveau ciel qui naît et du vieux qui croula,
Plus loin que les chaos, prodigieux décombres,

Tournait la roue énorme aux douze cages sombres,
Le Zodiaque, ayant autour de ses essieux
Douze spectres tordant leur chaîne dans les cieux ;
Ouverture du puits de l'infini sans borne ;
Cercle horrible où le chien fuit près du capricorne ;
Orbe inouï, mêlant dans l'azur nébuleux
Aux lions constellés les sagittaires bleus.

Jadis, longtemps avant que la lyre thébaine
Ajoutât des clous d'or à sa conque d'ébène,
Ces êtres merveilleux que le Destin conduit,
Étaient tout noirs, ayant pour mère l'âpre Nuit ;
Lorsque le Jour parut, il leur livra bataille ;
Lutte affreuse ! il vainquit ; l'Ombre encore en tressaille ;
De sorte que, percés des flèches d'Apollon,
Tous ces monstres, partout, de la tête au talon,
En souvenir du sombre et lumineux désastre,
Ont maintenant la plaie incurable d'un astre.

Hercule, de ce poing qui peut fendre l'Ossa,
Lâchant subitement le captif, le poussa
Sur le grand pavé bleu de la céleste zone :
« Va, » dit-il. Et l'on vit apparaître le faune,
Hérissé, noir, hideux, et cependant serein,
Pareil au bouc velu qu'à Smyrne le marin,
En souvenir des prés, peint sur les blanches voiles ;
L'éclat de rire fou monta jusqu'aux étoiles,
Si joyeux, qu'un géant enchaîné sous le mont
Leva la tête et dit : « Quel crime font-ils donc ? »
Jupiter, le premier, rit ; l'orageux Neptune
Se dérida, changeant la mer et la fortune ;
Une Heure qui passait avec son sablier

S'arrêta, laissant l'homme et la terre oublier;
La gaieté fut, devant ces narines camuses,
Si forte, qu'elle osa même aller jusqu'aux Muses;
Vénus tourna son front, dont l'aube se voila,
Et dit : « Qu'est-ce que c'est que cette bête-là? »
Et Diane chercha sur son dos une flèche;
L'urne du Potamos étonné resta sèche;
La colombe ferma ses doux yeux, et le paon
De sa roue arrogante insulta l'ægipan;
Les déesses riaient toutes comme des femmes;
Le faune, haletant parmi ces grandes dames,
Cornu, boiteux, difforme, alla droit à Vénus;
L'homme-chèvre ébloui regarda ses pieds nus;
Alors on se pâma; Mars embrassa Minerve,
Mercure prit la taille à Bellone avec verve,
La meute de Diane aboya sur l'OEta;
Le tonnerre n'y put tenir, il éclata;
Les immortels penchés parlaient aux immortelles;
Vulcain dansait; Pluton disait des choses telles
Que Momus en était presque déconcerté;
Pour que la reine pût se tordre en liberté,
Hébé cachait Junon derrière son épaule;
Et l'Hiver se tenait les côtes sur le pôle.

Ainsi les dieux riaient du pauvre paysan.

Et lui, disait tout bas à Vénus : « Viens-nous-en. »

Nulle voix ne peut rendre et nulle langue écrire
Le bruit divin que fit la tempête du rire.
Hercule dit : « Voilà le drôle en question.
— Faune, dit Jupiter, le grand amphictyon,

Tu mériterais bien qu'on te changeât en marbre,
En flot, ou qu'on te mît au cachot dans un arbre;
Pourtant je te fais grâce, ayant ri. Je te rends
A ton antre, à ton lac, à tes bois murmurants;
Mais, pour continuer le rire qui te sauve,
Gueux, tu vas nous chanter ton chant de bête fauve.
L'Olympe écoute. Allons chante. »

        Le chèvre-pieds
Dit : « Mes pauvres pipeaux sont tout estropiés;
Hercule ne prend pas bien garde lorsqu'il entre;
Il a marché dessus en traversant mon antre.
Or, chanter sans pipeaux, c'est fort contrariant. »

Mercure lui prêta sa flûte en souriant.

L'humble ægipan, figure à l'ombre habituée,
Alla s'asseoir rêveur derrière une nuée
Comme si, moins voisin des rois, il était mieux,
Et se mit à chanter un chant mystérieux.
L'aigle, qui, seul, n'avait pas ri, dressa la tête.

Il chanta, calme et triste.

       Alors sur le Taygète,
Sur le Mysis, au pied de l'Olympe divin,
Partout, on vit, au fond du bois et du ravin,
Les bêtes qui passaient leur tête entre les branches;
La biche à l'œil profond se dressa sur ses hanches,
Et les loups firent signe aux tigres d'écouter;
On vit, selon le rhythme étrange, s'agiter
Le haut des arbres, cèdre, ormeau, pins qui murmurent,

Et les sinistres fronts des grands chênes s'émurent.

Le faune énigmatique, aux Grâces odieux,
Ne semblait plus savoir qu'il était chez les dieux.

II

LE NOIR.

Le satyre chanta la terre monstrueuse.

L'eau perfide sur mer, dans les champs tortueuse,
Sembla dans son prélude errer comme à travers
Les sables, les graviers, l'herbe et les roseaux verts ;
Puis il dit l'Océan, typhon couvert de baves,
Puis la Terre lugubre avec toutes ses caves,
Son dessous effrayant, ses trous, ses entonnoirs,
Où l'ombre se fait onde, où vont des fleuves noirs,
Où le volcan, noyé sous d'affreux lacs, regrette
La montagne, son casque, et le feu, son aigrette,
Où l'on distingue, au fond des gouffres inouïs,
Les vieux enfers éteints des dieux évanouis.
Il dit la séve ; il dit la vaste plénitude
De la nuit, du silence et de la solitude,
Le froncement pensif du sourcil des rochers;
Sorte de mer ayant les oiseaux pour nochers,
Pour algue le buisson, la mousse pour éponge,
La végétation aux mille têtes songe ;
Les arbres pleins de vent ne sont pas oublieux ;
Dans la vallée, au bord des lacs, sur les hauts lieux,
Ils gardent la figure antique de la terre ;

Le chêne est entre tous profond, fidèle, austère ;
Il protége et défend le coin du bois ami
Où le gland l'engendra, s'entr'ouvrant à demi,
Où son ombrage attire et fait rêver le pâtre.
Pour arracher de là ce vieil opiniâtre,
Que d'efforts, que de peine au rude bûcheron !
Le sylvain raconta Dodone et Cithéron,
Et tout ce qu'aux bas-fonds d'Hémus, sur l'Érymanthe
Sur l'Hymète, l'autan tumultueux tourmente ;
Avril avec Tellus pris en flagrant délit,
Les fleuves recevant les sources dans leur lit,
La grenade montrant sa chair sous sa tunique,
Le rut religieux du grand cèdre cynique,
Et, dans l'âcre épaisseur des branchages flottants,
La palpitation sauvage du printemps.
« Tout l'abîme est sous l'arbre énorme comme une urne.
La terre sous la plante ouvre son puits nocturne
Plein de feuilles, de fleurs et de l'amas mouvant
Des rameaux que, plus tard, soulèvera le vent,
Et dit : « Vivez ! Prenez. C'est à vous. Prends, brin d'herbe !
« Prends, sapin ! » La forêt surgit ; l'arbre superbe
Fouille le globe avec une hydre sous ses pieds ;
La racine effrayante aux longs cous repliés,
Aux mille becs béants dans la profondeur noire,
Descend, plonge, atteint l'ombre et tâche de la boire,
Et, bue, au gré de l'air, du lieu, de la saison,
L'offre au ciel en encens ou la crache en poison,
Selon que la racine, embaumée ou malsaine,
Sort, parfum, de l'amour, ou, venin, de la haine.
De là, pour les héros, les grâces et les dieux,
L'œillet, le laurier-rose et le lis radieux,
Et pour l'homme qui pense et qui voit, la ciguë.

« Mais qu'importe à la terre? Au chaos contiguë,
Elle fait son travail d'accouchement sans fin.
Elle a pour nourrisson l'universelle faim.
C'est vers son sein qu'en bas les racines s'allongent.
Les arbres sont autant de mâchoires qui rongent
Les éléments, épars dans l'air souple et vivant;
Ils dévorent la pluie, ils dévorent le vent;
Tout leur est bon, la nuit, la mort; la pourriture
Voit la rose et lui va porter sa nourriture;
L'herbe vorace broute au fond des bois touffus;
A toute heure, on entend le craquement confus
Des choses sous la dent des plantes; on voit paître
Au loin, de toutes parts, l'immensité champêtre;
L'arbre transforme tout dans son puissant progrès;
Il faut du sable, il faut de l'argile et du grès;
Il en faut au lentisque, il en faut à l'yeuse,
Il en faut à la ronce, et la terre joyeuse
Regarde la forêt formidable manger. »

Le satyre semblait dans l'abîme songer;
Il peignit l'arbre vu du côté des racines,
Le combat souterrain des plantes assassines,
L'antre que le feu voit, qu'ignore le rayon,
Le revers ténébreux de la création,
Comment filtre la source et flambe le cratère;
Il avait l'air de suivre un esprit sous la terre;
Il semblait épeler un magique alphabet;
On eût dit que sa chaîne invisible tombait;
Il brillait; on voyait s'échapper de sa bouche
Son rêve avec un bruit d'ailes vague et farouche:

« Les forêts sont le lieu lugubre; la terreur,

Noire, y résiste même au matin, ce doreur ;
Les arbres tiennent l'ombre enchaînée à leurs tiges ;
Derrière le réseau ténébreux des vertiges,
L'aube est pâle, et l'on voit se tordre les serpents
Des branches sur l'aurore horribles et rampants ;
Là, tout tremble ; au-dessus de la ronce hagarde,
Le mont, ce grand témoin, se soulève et regarde ;
La nuit, les hauts sommets, noyés dans la vapeur,
Les antres froids, ouvrant la bouche avec stupeur,
Les blocs, ces durs profils, les rochers, ces visages
Avec qui l'ombre voit dialoguer les sages,
Guettent le grand secret, muets, le cou tendu ;
L'œil des montagnes s'ouvre et contemple éperdu ;
On voit s'aventurer dans les profondeurs fauves
La curiosité de ces noirs géants chauves ;
Ils scrutent le vrai ciel, de l'Olympe inconnu ;
Ils tâchent de saisir quelque chose de nu :
Ils sondent l'étendue auguste, chaste, austère,
Irritée, et, parfois surprenant le mystère,
Aperçoivent la Cause au pur rayonnement,
Et l'Énigme sacrée, au loin, sans vêtement,
Montrant sa forme blanche au fond de l'insondable.
O nature terrible! ô lien formidable
Du bois qui pousse avec l'idéal contemplé!
Bain de la déité dans le gouffre étoilé!
Farouche nudité de la Diane sombre
Qui, de loin regardée et vue à travers l'ombre,
Fait croître au front des rocs les arbres monstrueux !
O forêt! »

Le sylvain avait fermé les yeux ;
La flûte que, parmi des mouvements de fièvre,

Il prenait et quittait, importunait sa lèvre;
Le faune la jeta sur le sacré sommet;
Sa paupière était close, on eût dit qu'il dormait,
Mais ses cils roux laissaient passer de la lumière;

Il poursuivit :

« Salut, Chaos! gloire à la Terre!
Le chaos est un dieu; son geste est l'élément;
Et lui seul a ce nom sacré : Commencement.
C'est lui qui, bien avant la naissance de l'heure,
Surprit l'aube endormie au fond de sa demeure,
Avant le premier jour et le premier moment;
C'est lui qui, formidable, appuya doucement
La gueule de la nuit aux lèvres de l'aurore;
Et c'est de ce baiser qu'on vit l'étoile éclore.
Le chaos est l'époux lascif de l'infini.
Avant le Verbe il a rugi, sifflé, henni;
Les animaux, aînés de tout, sont les ébauches
De sa fécondité comme de ses débauches.
Fussiez-vous dieux, songez en voyant l'animal!
Car il n'est pas le jour, mais il n'est pas le mal.
Toute la force obscure et vague de la terre
Est dans la brute, larve auguste et solitaire;
La sibylle au front gris le sait, et les devins
Le savent, ces rôdeurs des sauvages ravins;
Et c'est là ce qui fait que la Thessalienne
Prend des touffes de poil aux cuisses de l'hyène,
Et qu'Orphée écoutait, hagard, presque jaloux,
Le chant sombre qui sort du hurlement des loups.

— Marsyas! » murmura Vulcain, l'envieux louche.

Apollon attentif mit le doigt sur sa bouche.
Le faune ouvrit les yeux, et peut-être entendit ;
Calme, il prit son genou dans ses deux mains, et dit :

« Et maintenant, ô dieux ! écoutez ce mot : L'âme !
Sous l'arbre qui bruit, près du monstre qui brame,
Quelqu'un parle. C'est l'Ame. Elle sort du chaos.
Sans elle, pas de vents, le miasme ; pas de flots,
L'étang ; l'âme, en sortant du chaos, le dissipe ;
Car il n'est que l'ébauche, et l'âme est le principe.
L'Être est d'abord moitié brute et moitié forêt ;
Mais l'Air veut devenir l'Esprit, l'homme apparaît.
L'homme ? qu'est-ce que c'est que ce sphinx ? Il commence
En sagesse, ô mystère ! et finit en démence.
O ciel qu'il a quitté, rends-lui son âge d'or ! »

Le faune, interrompant son orageux essor,
Ouvrit d'abord un doigt, puis deux, puis un troisième,
Comme quelqu'un qui compte en même temps qu'il sème,
Et cria, sur le haut Olympe vénéré :

« O dieux, l'arbre est sacré, l'animal est sacré,
L'homme est sacré ; respect à la terre profonde !
La terre où l'homme crée, invente, bâtit, fonde,
Géant possible, encor caché dans l'embryon,
La terre où l'animal erre autour du rayon,
La terre où l'arbre ému prononce des oracles,
Dans l'obscur infini, tout rempli de miracles,
Est le prodige, ô dieux, le plus proche de vous.
C'est le globe inconnu qui vous emporte tous,
Vous les éblouissants, la grande bande altière,
Qui dans des coupes d'or buvez de la lumière,

Vous qu'une aube précède et qu'une flamme suit,
Vous les dieux, à travers la formidable nuit ! »

La sueur ruisselait sur le front du satyre,
Comme l'eau du filet que des mers on retire ;
Ses cheveux s'agitaient comme au vent libyen.

Phœbus lui dit : « Veux-tu la lyre ?

— Je veux bien, »
Dit le faune ; et, tranquille, il prit la grande lyre.

Alors il se dressa debout dans le délire
Des rêves, des frissons, des aurores, des cieux,
Avec deux profondeurs splendides dans les yeux.

« Il est beau ! » murmura Vénus épouvantée.

Et Vulcain, s'approchant d'Hercule, dit : « Antée. »
Hercule repoussa du coude ce boiteux.

III

LE SOMBRE.

Il ne les voyait pas, quoiqu'il fût devant eux.

Il chanta l'Homme. Il dit cette aventure sombre ;
L'homme, le chiffre élu, tête auguste du nombre,
Effacé par sa faute, et, désastreux reflux,
Retombé dans la nuit de ce qu'on ne voit plus ;

Il dit les premiers temps, le bonheur, l'Atlantide ;
Comment le parfum pur devint miasme fétide,
Comment l'hymne expira sous le clair firmament,
Comment la liberté devint joug, et comment
Le silence se fit sur la terre domptée ;
Il ne prononça pas le nom de Prométhée,
Mais il avait dans l'œil l'éclair du feu volé ;
Il dit l'humanité mise sous le scellé ;
Il dit tous les forfaits et toutes les misères,
Depuis les rois peu bons jusqu'aux dieux peu sincères.
Tristes hommes ! ils ont vu le ciel se fermer.
En vain, pieux, ils ont commencé par s'aimer ;
En vain, frères, ils ont tué la Haine infâme,
Le monstre à l'aile onglée, aux sept gueules de flamme ;
Hélas ! comme Cadmus, ils ont bravé le sort ;
Ils ont semé les dents de la bête ; il en sort
Des spectres tournoyant comme la feuille morte,
Qui combattent, l'épée à la main, et qu'emporte
L'évanouissement du vent mystérieux.
Ces spectres sont les rois ; ces spectres sont les dieux.
Ils renaissent sans fin, ils reviennent sans cesse ;
L'antique égalité devient sous eux bassesse ;
Dracon donne la main à Busiris ; la Mort
Se fait code, et se met aux ordres du plus fort,
Et le dernier soupir libre et divin s'exhale
Sous la difformité de la loi colossale :
L'homme se tait, ployé sous cet entassement ;
Il se venge ; il devient pervers ; il vole, il ment ;
L'âme inconnue et sombre a des vices d'esclave ;
Puisqu'on lui met un mont sur elle, elle en sort lave ;
Elle brûle et ravage au lieu de féconder.
Et dans le chant du faune on entendait gronder

Tout l'essaim des fléaux furieux qui se lève.
Il dit la guerre; il dit la trompette et le glaive;
La mêlée en feu, l'homme égorgé sans remord,
La gloire, et dans la joie affreuse de la mort
Les plis voluptueux des bannières flottantes;
L'aube naît; les soldats s'éveillent sous les tentes;
La nuit, même en plein jour, les suit, planant sur eux;
L'armée en marche ondule au fond des chemins creux;
La baliste en roulant s'enfonce dans les boues;
L'attelage fumant tire, et l'on pousse aux roues;
Cris des chefs, pas confus; les moyeux des charrois
Balafrent les talus des ravins trop étroits.
On se rencontre, ô choc hideux! les deux armées
Se heurtent, de la même épouvante enflammées,
Car la rage guerrière est un gouffre d'effroi.
O vaste effarement! chaque bande a son roi.
Perce, épée! ô cognée, abats! massue, assomme!
Cheval, foule aux pieds l'homme, et l'homme, et l'homme et l'homme!
Hommes, tuez, traînez les chars, roulez les tours;
Maintenant, pourrissez, et voici les vautours!
Des guerres sans fin naît le glaive héréditaire;
L'homme fuit dans les trous, au fond des bois, sous terre;
Et, soulevant le bloc qui ferme son rocher,
Écoute s'il entend les rois là-haut marcher;
Il se hérisse; l'ombre aux animaux le mêle;
Il déchoit; plus de femme, il n'a qu'une femelle;
Plus d'enfants, des petits; l'amour qui le séduit
Est fils de l'Indigence et de l'Air de la nuit;
Tous ses instincts sacrés à la fange aboutissent;
Les rois, après l'avoir fait taire, l'abrutissent,
Si bien que le bâillon est maintenant un mors.
Et sans l'homme pourtant les horizons sont morts;

Qu'est la création sans cette initiale ?
Seul sur la terre il a la lueur faciale ;
Seul il parle ; et sans lui tout est décapité.
Et l'on vit poindre aux yeux du faune la clarté
De deux larmes coulant comme à travers la flamme.
Il montra tout le gouffre acharné contre l'âme ;
Les ténèbres croisant leurs funestes rameaux ;
Et la forêt du sort et la meute des maux.
Les hommes se cachant, les dieux suivant leurs pistes.
Et, pendant qu'il chantait toutes ces strophes tristes,
Le grand souffle vivant, ce transfigurateur,
Lui mettait sous les pieds la céleste hauteur ;
En cercle autour de lui se taisaient les Borées ;
Et, comme par un fil invisible tirées,
Les brutes, loups, renards, ours, lions chevelus,
Panthères, s'approchaient de lui de plus en plus ;
Quelques-unes étaient si près des dieux venues,
Pas à pas, qu'on voyait leurs gueules dans les nues.
Les dieux ne riaient plus ; tous ces victorieux,
Tous ces rois, commençaient à prendre au sérieux
Cette espèce d'esprit qui sortait d'une bête.

Il reprit :

« Donc, les dieux et les rois sur le faîte,
L'homme en bas ; pour valets aux tyrans, les fléaux.
L'homme ébauché ne sort qu'à demi du chaos,
Et jusqu'à la ceinture il plonge dans la brute ;
Tout le trahit ; parfois, il renonce à la lutte.
Où donc est l'espérance ? Elle a lâchement fui.
Toutes les surdités s'entendent contre lui ;
Le sol l'alourdit, l'air l'enfièvre, l'eau l'isole ;

Autour de lui la mer sinistre se désole;
Grâce au hideux complot de tous ces guet-apens,
Les flammes, les éclairs, sont contre lui serpents;
Ainsi que le héros l'aquilon le soufflette;
La peste aide le glaive, et l'élément complète
Le despote, et la nuit s'ajoute au conquérant;
Ainsi la Chose vient mordre aussi l'homme, et prend
Assez d'âme pour être une force, complice
De son impénétrable et nocturne supplice;
Et la Matière, hélas! devient Fatalité.
Pourtant qu'on prenne garde à ce déshérité!
Dans l'ombre, une heure est là qui s'approche, et frissonne,
Qui sera la terrible et qui sera la bonne,
Qui viendra te sauver, homme, car tu l'attends,
Et changer la figure implacable du temps!
Qui connaît le destin? qui sonda le peut-être?
Oui, l'heure énorme vient, qui fera tout renaître,
Vaincra tout, changera le granit en aimant,
Fera pencher l'épaule au morne escarpement,
Et rendra l'impossible aux hommes praticable.
Avec ce qui l'opprime, avec ce qui l'accable,
Le genre humain se va forger son point d'appui;
Je regarde le gland qu'on appelle Aujourd'hui,
J'y vois le chêne; un feu vit sous la cendre éteinte.
Misérable homme, fait pour la révolte sainte,
Ramperas-tu toujours parce que tu rampas?
Qui sait si quelque jour on ne te verra pas,
Fier, suprême, atteler les forces de l'abîme,
Et, dérobant l'éclair à l'Inconnu sublime,
Lier ce char d'un autre à des chevaux à toi?
Oui, peut-être on verra l'homme devenir loi,
Terrasser l'élément sous lui, saisir et tordre

Cette anarchie au point d'en faire jaillir l'ordre,
Le saint ordre de paix, d'amour et d'unité,
Dompter tout ce qui l'a jadis persécuté,
Se construire à lui-même une étrange monture
Avec toute la vie et toute la nature,
Seller la croupe en feu des souffles de l'enfer,
Et mettre un frein de flamme à la gueule du fer !
On le verra, vannant la braise dans son crible,
Maître et palefrenier d'une bête terrible,
Criant à toute chose : « Obéis, germe, nais ! »
Ajustant sur le bronze et l'acier un harnais
Fait de tous les secrets que l'étude procure,
Prenant aux mains du vent la grande bride obscure,
Passer dans la lueur ainsi que les démons,
Et traverser les bois, les fleuves et les monts,
Beau, tenant une torche aux astres allumée,
Sur une hydre d'airain, de foudre et de fumée !
On l'entendra courir dans l'ombre avec le bruit
De l'aurore enfonçant les portes de la nuit !
Qui sait si quelque jour, grandissant d'âge en âge,
Il ne jettera pas son dragon à la nage,
Et ne franchira pas les mers, la flamme au front ?
Qui sait si, quelque jour, brisant l'antique affront,
Il ne lui dira pas : « Envole-toi, matière ! »
S'il ne franchira point la tonnante frontière,
S'il n'arrachera pas de son corps brusquement
La pesanteur, peau vile, immonde vêtement
Que la fange hideuse à la pensée inflige,
De sorte qu'on verra tout à coup, ô prodige,
Ce ver de terre ouvrir ses ailes dans les cieux !
Oh ! lève-toi, sois grand, homme ! va, factieux !
Homme, un orbite d'astre est un anneau de chaîne,

Mais cette chaîne-là, c'est la chaîne sereine,
C'est la chaîne d'azur, c'est la chaîne du ciel ;
Celle-là, tu t'y dois rattacher, ô mortel,
Afin — car un esprit se meut comme une sphère —.
De faire aussi ton cercle autour de la lumière !
Entre dans le grand chœur ! va, franchis ce degré,
Quitte le joug infâme et prends le joug sacré !
Deviens l'Humanité, triple, homme, enfant et femme !
Transfigure-toi ! va ! sois de plus en plus l'âme !
Esclave, grain d'un roi, démon, larve d'un dieu,
Prends le rayon, saisis l'aube, usurpe le feu ;
Torse ailé, front divin, monte au jour, monte au trône,
Et dans la sombre nuit jette les pieds du faune ! »

IV

L'ÉTOILÉ.

Le satyre un moment s'arrêta, respirant
Comme un homme levant son front hors d'un torrent ;
Un autre être semblait sous sa face apparaître ;
Les dieux s'étaient tournés, inquiets, vers le maître,
Et, pensifs, regardaient Jupiter stupéfait.

Il reprit :

« Sous le poids hideux qui l'étouffait,
Le réel renaîtra, dompteur du mal immonde.
Dieux, vous ne savez pas ce que c'est que le monde ;
Dieux, vous avez vaincu, vous n'avez pas compris.
Vous avez au-dessus de vous d'autres esprits,

Qui, dans le feu, la nue, et l'onde et la bruine,
Songent en attendant votre immense ruine.
Mais qu'est-ce que cela me fait à moi qui suis
La prunelle effarée au fond des vastes nuits?
Dieux, il est d'autres sphinx que le vieux sphinx de Thèbe.
Sachez ceci, tyrans de l'homme et de l'Érèbe,
Dieux qui versez le sang, dieux dont on voit le fond :
Nous nous sommes tous faits bandits sur ce grand mont
Où la terre et le ciel semblent en équilibre,
Mais vous pour être rois et moi pour être libre.
Pendant que vous semez haine, fraude et trépas,
Et que vous enjambez tout le crime en trois pas,
Moi, je songe. Je suis l'œil fixe des cavernes.
Je vois. Olympes bleus et ténébreux Avernes,
Temples, charniers, forêts, cités, aigle, alcyon,
Sont devant mon regard la même vision ;
Les dieux, les fléaux, ceux d'à présent, ceux d'ensuite,
Traversent ma lueur et sont la même fuite.
Je suis témoin que tout disparaît. Quelqu'un est.
Mais celui-là, jamais l'homme ne le connaît.
L'humanité suppose, ébauche, essaye, approche ;
Elle façonne un marbre, elle taille une roche,
Et fait une statue, et dit : « Ce sera lui. »
L'homme reste devant cette pierre ébloui ;
Et tous les à-peu-près, quels qu'ils soient, ont des prêtres.
Soyez les Immortels, faites! broyez les êtres,
Achevez ce vain tas de vivants palpitants,
Régnez ; quand vous aurez, encore un peu de temps,
Ensanglanté le ciel que la lumière azure,
Quand vous aurez, vainqueurs, comblé votre mesure,
C'est bien, tout sera dit, vous serez remplacés
Par ce noir dieu final que l'homme appelle Assez !

Car Delphe et Pise sont comme des chars qui roulent,
Et les choses qu'on crut éternelles s'écroulent
Avant qu'on ait le temps de compter jusqu'à vingt. »

Tout en parlant ainsi, le satyre devint
Démesuré ; plus grand d'abord que Polyphème,
Puis plus grand que Typhon qui hurle et qui blasphème,
Et qui heurte ses poings ainsi que des marteaux,
Puis plus grand que Titan, puis plus grand que l'Athos ;
L'espace immense entra dans cette forme noire ;
Et, comme le marin voit croître un promontoire,
Les dieux dressés voyaient grandir l'être effrayant ;
Sur son front blêmissait un étrange orient ;
Sa chevelure était une forêt ; des ondes,
Fleuves, lacs, ruisselaient de ses hanches profondes ;
Ses deux cornes semblaient le Caucase et l'Atlas ;
Les foudres l'entouraient avec de sourds éclats ;
Sur ses flancs palpitaient des prés et des campagnes,
Et ses difformités s'étaient faites montagnes ;
Les animaux qu'avaient attirés ses accords,
Daims et tigres, montaient tout le long de son corps ;
Des avrils tout en fleurs verdoyaient sur ses membres ;
Le pli de son aisselle abritait des décembres ;
Et des peuples errants demandaient leur chemin,
Perdus au carrefour des cinq doigts de sa main ;
Des aigles tournoyaient dans sa bouche béante ;
La lyre, devenue en le touchant géante,
Chantait, pleurait, grondait, tonnait, jetait des cris ;
Les ouragans étaient dans les sept cordes pris
Comme des moucherons dans de lugubres toiles ;
Sa poitrine terrible était pleine d'étoiles.

Il cria :

« L'avenir, tel que les cieux le font,
C'est l'élargissement dans l'infini sans fond,
C'est l'esprit pénétrant de toutes parts la chose !
On mutile l'effet en limitant la cause ;
Monde, tout le mal vient de la forme des dieux.
On fait du ténébreux avec le radieux ;
Pourquoi mettre au-dessus de l'Être, des fantômes?
Les clartés, les éthers ne sont pas des royaumes.
Place au fourmillement éternel des cieux noirs,
Des cieux bleus, des midis, des aurores, des soirs !
Place à l'atome saint qui brûle ou qui ruisselle !
Place au rayonnement de l'âme universelle !
Un roi c'est de la guerre, un dieu c'est de la nuit.
Liberté, vie et foi, sur le dogme détruit !
Partout une lumière et partout un génie !
Amour ! tout s'entendra, tout étant l'harmonie !
L'azur du ciel sera l'apaisement des loups.
Place à Tout ! Je suis Pan ; Jupiter ! à genoux. »

IX

LA ROSE DE L'INFANTE

LA ROSE DE L'INFANTE.

Elle est toute petite; une duègne la garde.
Elle tient à la main une rose et regarde.
Quoi? que regarde-t-elle? Elle ne sait pas. L'eau,
Un bassin qu'assombrit le pin et le bouleau;
Ce qu'elle a devant elle; un cygne aux ailes blanches,
Le bercement des flots sous la chanson des branches,
Et le profond jardin rayonnant et fleuri;
Tout ce bel ange a l'air dans la neige pétri.
On voit un grand palais comme au fond d'une gloire,
Un parc, de clairs viviers où les biches vont boire,
Et des paons étoilés sous les bois chevelus.
L'innocence est sur elle une blancheur de plus;
Toutes ses grâces font comme un faisceau qui tremble.
Autour de cette enfant l'herbe est splendide et semble
Pleine de vrais rubis et de diamants fins;
Un jet de saphirs sort des bouches des dauphins.
Elle se tient au bord de l'eau; sa fleur l'occupe;
Sa basquine est en point de Gênes; sur sa jupe
Une arabesque, errant dans les plis du satin,
Suit les mille détours d'un fil d'or florentin.

La rose épanouie et toute grande ouverte,
Sortant du frais bouton comme d'une urne ouverte,
Charge la petitesse exquise de sa main;
Quand l'enfant, allongeant ses lèvres de carmin,
Fronce, en la respirant, sa riante narine
La magnifique fleur, royale et purpurine,
Cache plus qu'à demi ce visage charmant,
Si bien que l'œil hésite, et qu'on ne sait comment
Distinguer de la fleur ce bel enfant qui joue,
Et si l'on voit la rose ou si l'on voit la joue.
Ses yeux bleus sont plus beaux sous son pur sourcil brun.
En elle tout est joie, enchantement, parfum;
Quel doux regard, l'azur! et quel doux nom, Marie!
Tout est rayon; son œil éclaire et son nom prie.
Pourtant, devant la vie et sous le firmament,
Pauvre être! elle se sent très-grande vaguement;
Elle assiste au printemps, à la lumière, à l'ombre,
Au grand soleil couchant horizontal et sombre,
A la magnificence éclatante du soir,
Aux ruisseaux murmurants qu'on entend sans les voir,
Aux champs, à la nature éternelle et sereine,
Avec la gravité d'une petite reine;
Elle n'a jamais vu l'homme que se courbant;
Un jour, elle sera duchesse de Brabant;
Elle gouvernera la Flandre ou la Sardaigne.
Elle est l'infante, elle a cinq ans, elle dédaigne.
Car les enfants des rois sont ainsi; leurs fronts blancs
Portent un cercle d'ombre, et leurs pas chancelants
Sont des commencements de règne. Elle respire
Sa fleur en attendant qu'on lui cueille un empire;
Et son regard, déjà royal, dit : « C'est à moi. »
Il sort d'elle un amour mêlé d'un vague effroi.

LA ROSE DE L'INFANTE.

Si quelqu'un, la voyant si tremblante et si frêle,
Fût-ce pour la sauver, mettait la main sur elle,
Avant qu'il eût pu faire un pas ou dire un mot,
Il aurait sur le front l'ombre de l'échafaud.

La douce enfant sourit, ne faisant autre chose
Que de vivre et d'avoir dans la main une rose,
Et d'être là devant le ciel, parmi les fleurs.

Le jour s'éteint; les nids chuchotent, querelleurs;
Les pourpres du couchant sont dans les branches d'arbre;
La rougeur monte au front des déesses de marbre
Qui semblent palpiter sentant venir la nuit;
Et tout ce qui planait redescend; plus de bruit,
Plus de flamme; le soir mystérieux recueille
Le soleil sous la vague et l'oiseau sous la feuille.

Pendant que l'enfant rit, cette fleur à la main,
Dans le vaste palais catholique romain
Dont chaque ogive semble au soleil une mitre,
Quelqu'un de formidable est derrière la vitre;
On voit d'en bas une ombre, au fond d'une vapeur,
De fenêtre en fenêtre errer, et l'on a peur;
Cette ombre au même endroit, comme en un cimetière,
Parfois est immobile une journée entière;
C'est un être effrayant qui semble ne rien voir;
Il rôde d'une chambre à l'autre, pâle et noir;
Il colle aux vitraux blancs son front lugubre, et songe;
Spectre blême! Son ombre aux feux du soir s'allonge;
Son pas funèbre est lent comme un glas de beffroi;
Et c'est la Mort, à moins que ce ne soit le Roi.

C'est lui ; l'homme en qui vit et tremble le royaume.
Si quelqu'un pouvait voir dans l'œil de ce fantôme
Debout en ce moment l'épaule contre un mur,
Ce qu'on apercevrait dans cet abîme obscur,
Ce n'est pas l'humble enfant, le jardin, l'eau moirée
Reflétant le ciel d'or d'une claire soirée,
Les bosquets, les oiseaux se becquetant entre eux,
Non : au fond de cet œil comme l'onde vitreux,
Sous ce fatal sourcil qui dérobe à la sonde
Cette prunelle autant que l'Océan profonde,
Ce qu'on distinguerait, c'est, mirage mouvant,
Tout un vol de vaisseaux en fuite dans le vent,
Et dans l'écume, aux plis des vagues, sous l'étoile,
L'immense tremblement d'une flotte à la voile,
Et, là-bas, sous la brume, une île, un blanc rocher,
Écoutant sur les flots ces tonnerres marcher.

Telle est la vision qui, dans l'heure où nous sommes,
Emplit le froid cerveau de ce maître des hommes,
Et qui fait qu'il ne peut rien voir autour de lui.
L'armada, formidable et flottant point d'appui
Du levier dont il va soulever tout un monde,
Traverse en ce moment l'obscurité de l'onde ;
Le roi dans son esprit, la suit des yeux, vainqueur,
Et son tragique ennui n'a plus d'autre lueur.

Philippe Deux était une chose terrible.
Iblis dans le Coran et Caïn dans la Bible
Sont à peine aussi noirs qu'en son Escurial
Ce royal spectre, fils du spectre impérial.
Philippe Deux était le Mal tenant le glaive.
Il occupait le haut du monde comme un rêve.

Il vivait : nul n'osait le regarder; l'effroi
Faisait une lumière étrange autour du roi;
On tremblait rien qu'à voir passer ses majordomes;
Tant il se confondait, aux yeux troublés des hommes,
Avec l'abîme, avec les astres du ciel bleu!
Tant semblait grande à tous son approche de Dieu!
Sa volonté fatale, enfoncée, obstinée,
Était comme un crampon mis sur la destinée;
Il tenait l'Amérique et l'Inde, il s'appuyait
Sur l'Afrique, il régnait sur l'Europe, inquiet
Seulement du côté de la sombre Angleterre;
Sa bouche était silence et son âme mystère;
Son trône était de piége et de fraude construit;
Il avait pour soutien la force de la nuit;
L'ombre était le cheval de sa statue équestre.
Toujours vêtu de noir, ce Tout-Puissant terrestre
Avait l'air d'être en deuil de ce qu'il existait;
Il ressemblait au sphinx qui digère et se tait;
Immuable : étant tout, il n'avait rien à dire.
Nul n'avait vu ce roi sourire; le sourire
N'étant pas plus possible à ces lèvres de fer
Que l'aurore à la grille obscure de l'enfer.
S'il secouait parfois sa torpeur de couleuvre,
C'était pour assister le bourreau de son œuvre,
Et sa prunelle avait pour clarté le reflet
Des bûchers sur lesquels par moments il soufflait.
Il était redoutable à la pensée, à l'homme,
A la vie, au progrès, au droit, dévot à Rome;
C'était Satan régnant au nom de Jésus-Christ;
Les choses qui sortaient de son nocturne esprit
Semblaient un glissement sinistre de vipères.
L'Escurial, Burgos, Aranjuez, ses repaires,

Jamais n'illuminaient leurs livides plafonds ;
Pas de festins, jamais de cour, pas de bouffons ;
Les trahisons pour jeu, l'auto-da-fé pour fête.
Les rois troublés avaient au-dessus de leur tête
Ses projets dans la nuit obscurément ouverts ;
Sa rêverie était un poids sur l'univers ;
Il pouvait et voulait tout vaincre et tout dissoudre ;
Sa prière faisait le bruit sourd d'une foudre ;
De grands éclairs sortaient de ses songes profonds.
Ceux auxquels il pensait disaient : « Nous étouffons. »
Et les peuples, d'un bout à l'autre de l'empire,
Tremblaient, sentant sur eux ces deux yeux fixes luire.

Charles fut le vautour, Philippe est le hibou.

Morne en son noir pourpoint, la toison d'or au cou,
On dirait du destin la froide sentinelle ;
Son immobilité commande ; sa prunelle
Luit comme un soupirail de caverne ; son doigt
Semble, ébauchant un geste obscur que nul ne voit,
Donner un ordre à l'ombre et vaguement l'écrire.
Chose inouïe ! il vient de grincer un sourire.
Un sourire insondable, impénétrable, amer.
C'est que la vision de son armée en mer
Grandit de plus en plus dans sa sombre pensée ;
C'est qu'il la voit voguer par son dessein poussée,
Comme s'il était là, planant sous le zénith ;
Tout est bien ; l'Océan docile s'aplanit ;
L'armada lui fait peur comme au déluge l'arche ;
La flotte se déploie en bon ordre de marche,
Et, les vaisseaux gardant les espaces fixés,
Échiquier de tillacs, de ponts, de mâts dressés,

Ondule sur les eaux comme une immense claie.
Ces vaisseaux sont sacrés ; les flots leur font la haie ;
Les courants, pour aider ces nefs à débarquer,
Ont leur besogne à faire et n'y sauraient manquer ;
Autour d'elles la vague avec amour déferle,
L'écueil se change en port, l'écume tombe en perle.
Voici chaque galère avec son gastadour :
Voilà ceux de l'Escaut, voilà ceux de l'Adour ;
Les cent mestres de camp et les deux connétables ;
L'Allemagne a donné ses ourques redoutables,
Naples ses brigantins, Cadiz ses galions,
Lisbonne ses marins, car il faut des lions.
Et Philippe se penche, et, qu'importe l'espace ?
Non-seulement il voit, mais il entend. On passe,
On court, on va. Voici le cri des porte-voix,
Le pas des matelots courant sur les pavois,
Les moços, l'amiral appuyé sur son page,
Les tambours, les sifflets des maîtres d'équipage,
Les signaux pour la mer, l'appel pour les combats,
Le fracas sépulcral et noir du branle-bas.
Sont-ce des cormorans ? sont-ce des citadelles ?
Les voiles font un vaste et sourd battement d'ailes ;
L'eau gronde, et tout ce groupe énorme vogue, et fuit,
Et s'enfle et roule avec un prodigieux bruit.
Et le lugubre roi sourit de voir groupées
Sur quatre cents vaisseaux quatre-vingt mille épées.
O rictus du vampire assouvissant sa faim !
Cette pâle Angleterre, il la tient donc enfin !
Qui pourrait la sauver ? Le feu va prendre aux poudres.
Philippe dans sa droite a la gerbe des foudres ;
Qui pourrait délier ce faisceau dans son poing ?
N'est-il pas le seigneur qu'on ne contredit point ?

N'est-il pas l'héritier de César? le Philippe
Dont l'ombre immense va du Gange au Pausilippe?
Tout n'est-il pas fini quand il a dit : « Je veux ! »
N'ést-ce pas lui qui tient la victoire aux cheveux?
N'est ce pas lui qui lance en avant cette flotte,
Ces vaisseaux effrayants dont il est le pilote
Et que la mer charrie ainsi qu'elle le doit?
Ne fait-il pas mouvoir avec son petit doigt
Tous ces dragons ailés et noirs, essaim sans nombre?
N'est-il pas lui, le roi? n'est-il pas l'homme sombre
A qui ce tourbillon de monstres obéit?

Quand Béit-Cifresil, fils d'Abdallah-Béit,
Eut creusé le grand puits de la mosquée, au Caire,
Il y grava : « Le ciel est à Dieu; j'ai la terre. »
Et, comme tout se tient, se mêle et se confond,
Tous les tyrans n'étant qu'un seul despote au fond,
Ce que dit ce sultan jadis, ce roi le pense.

Cependant, sur le bord du bassin, en silence,
L'infante tient toujours sa rose gravement,
Et, doux ange aux yeux bleus, la baise par moment.
Soudain un souffle d'air, une de ces haleines
Que le soir frémissant jette à travers les plaines,
Tumultueux zéphyr effleurant l'horizon,
Trouble l'eau, fait frémir les joncs, met un frisson
Dans les lointains massifs de myrte et d'asphodèle,
Vient jusqu'au bel enfant tranquille, et, d'un coup d'aile,
Rapide, et secouant même l'arbre voisin,
Effeuille brusquement la fleur dans le bassin;
Et l'infante n'a plus dans la main qu'une épine.
Elle se penche, et voit sur l'eau cette ruine;

LA ROSE DE L'INFANTE.

Elle ne comprend pas ; qu'est-ce donc? Elle a peur ;
Et la voilà qui cherche au ciel avec stupeur
Cette brise qui n'a pas craint de lui déplaire.
Que faire? le bassin semble plein de colère ;
Lui, si clair tout à l'heure, il est noir maintenant;
Il a des vagues; c'est une mer bouillonnant;
Toute la pauvre rose est éparse sur l'onde;
Ses cent feuilles, que noie et roule l'eau profonde,
Tournoyant, naufrageant, s'en vont de tous côtés
Sur mille petits flots par la brise irrités;
On croit voir dans un gouffre une flotte qui sombre.
« Madame, dit la duègne avec sa face d'ombre
A la petite fille étonnée et rêvant,
Tout sur terre appartient aux princes, hors le vent. »

X

L'INQUISITION

« Le baptême des volcans est un ancien usage qui remonte aux premiers temps de la conquête. Tous les cratères du Nicaragua furent alors sanctifiés, à l'exception du Momotombo, d'où l'on ne vit jamais revenir les religieux qui s'étaient chargés d'aller y planter la croix. »

(SQUIER, *Voyage dans l'Amérique du Sud.*)

LES RAISONS DU MOMOTOMBO.

Trouvant les tremblements de terre trop fréquents,
Les rois d'Espagne ont fait baptiser les volcans
Du royaume qu'ils ont en dessous de la sphère ;
Les volcans n'ont rien dit et se sont laissé faire,
Et le Momotombo lui seul n'a pas voulu.
Plus d'un prêtre en surplis, par le saint-père élu,
Portant le sacrement que l'Église administre,
L'œil au ciel, a monté la montagne sinistre ;
Beaucoup y sont allés, pas un n'est revenu.

O vieux Momotombo, colosse chauve et nu,
Qui songes près des mers, et fais de ton cratère
Une tiare d'ombre et de flamme à la terre,
Pourquoi, lorsqu'à ton seuil terrible nous frappons,
Ne veux-tu pas du Dieu qu'on t'apporte ? Réponds.

La montagne interrompt son crachement de lave,
Et le Momotombo répond d'une voix grave :

« Je n'aimais pas beaucoup le dieu qu'on a chassé.

Cet avare cachait de l'or dans un fossé ;
Il mangeait de la chair humaine ; ses mâchoires
Étaient de pourriture et de sang toutes noires.
Son antre était un porche au farouche carreau,
Temple sépulcre orné d'un pontife bourreau ;
Des squelettes riaient sous ses pieds ; les écuelles
Où cet être buvait le meurtre étaient cruelles ;
Sourd, difforme, il avait des serpents au poignet ;
Toujours entre ses dents un cadavre saignait ;
Ce spectre noircissait le firmament sublime.
J'en grondais quelquefois au fond de mon abîme.
Aussi, quand sont venus, fiers sur les flots tremblants,
Et du côté d'où vient le jour, des hommes blancs,
Je les ai bien reçus, trouvant que c'était sage.
« L'âme a certainement la couleur du visage,
« Disais-je ; l'homme blanc, c'est comme le ciel bleu ;
« Et le dieu de ceux-ci doit être un très-bon dieu.
« On ne le verra point de meurtres se repaître. »
J'étais content ; j'avais horreur de l'ancien prêtre ;
Mais quand j'ai vu comment travaille le nouveau,
Quand j'ai vu flamboyer, ciel juste ! à mon niveau !
Cette torche lugubre, âpre, jamais éteinte,
Sombre, que vous nommez l'Inquisition sainte,
Quand j'ai pu voir comment Torquemada s'y prend
Pour dissiper la nuit du sauvage ignorant,
Comment il civilise, et de quelle manière
Le saint office enseigne et fait de la lumière,
Quand j'ai vu dans Lima d'affreux géants d'osier,
Pleins d'enfants, pétiller sur un large brasier,
Et le feu dévorer la vie, et les fumées
Se tordre sur les seins des femmes allumées,
Quand je me suis senti parfois presque étouffé

Par l'âcre odeur qui sort de votre auto-da-fé,
Moi qui ne brûlais rien que l'ombre en ma fournaise,
J'ai pensé que j'avais eu tort d'être bien aise ;
J'ai regardé de près le dieu de l'étranger,
Et j'ai dit : « Ce n'est pas la peine de changer. »

XI

LA CHANSON DES AVENTURIERS
DE LA MER

LA CHANSON DES AVENTURIERS

DE LA MER.

En partant du golfe d'Otrante,
    Nous étions trente ;
Mais, en arrivant à Cadiz,
    Nous étions dix.

Tom Robin, matelot de Douvre,
Au Phare nous abandonna
Pour aller voir si l'on découvre
Satan, que l'archange enchaîna,
Quand un bâillement noir entr'ouvre
La gueule rouge de l'Etna.

En partant du golfe d'Otrante,
    Nous étions trente ;
Mais, en arrivant à Cadiz,
    Nous étions dix.

En Calabre, une Tarentaise

Rendit fou Spitafangama ;
A Gaëte, Ascagne fut aise
De rencontrer Michellema ;
L'amour ouvrit la parenthèse,
Le mariage la ferma.

En partant du golfe d'Otrante,
  Nous étions trente;
Mais, en arrivant à Cadiz,
  Nous étions dix.

A Naple, Ébid, de Macédoine,
Fut pendu; c'était un faquin.
A Capri, l'on nous prit Antoine :
Aux galères pour un sequin !
A Malte, Ofani se fit moine
Et Gobbo se fit arlequin.

En partant du golfe d'Otrante,
  Nous étions trente ;
Mais, en arrivant à Cadiz,
  Nous étions dix.

Autre perte : André, de Pavie,
Pris par les Turcs à Lipari,
Entra, sans en avoir envie,
Au sérail, et, sous cet abri,
Devint vertueux pour la vie,
Ayant été fort amoindri.

En partant du golfe d'Otrante,
  Nous étions trente ;

Mais, en arrivant à Cadiz,
    Nous étions dix.

Puis, trois de nous, que rien ne gêne,
Ni loi, ni Dieu, ni souverain,
Allèrent, pour le prince Eugène
Aussi bien que pour Mazarin,
Aider Fuentes à prendre Gêne
Et d'Harcourt à prendre Turin.

En partant du golfe d'Otrante,
    Nous étions trente ;
Mais, en arrivant à Cadiz,
    Nous étions dix.

Vers Livourne nous rencontrâmes
Les vingt voiles de Spinola.
Quel beau combat ! Quatorze prames
Et six galères étaient là ;
Mais, bah ! rien qu'au bruit de nos rames
Toute la flotte s'envola !

En partant du golfe d'Otrante,
    Nous étions trente ;
Mais, en arrivant à Cadiz,
    Nous étions dix.

A Notre-Dame de la Garde,
Nous eûmes un charmant tableau,
Lucca Diavolo par mégarde
Prit sa femme à Pier'Angelo ;

Sur ce, l'ange se mit en garde
Et jeta le diable dans l'eau.

En partant du golfe d'Otrante,
    Nous étions trente ;
Mais, en arrivant à Cadiz,
    Nous étions dix.

A Palma, pour suivre Pescaire,
Huit nous quittèrent tour à tour ;
Mais cela ne nous troubla guère ;
On ne s'arrêta pas un jour.
Devant Alger on fit la guerre,
A Gibraltar on fit l'amour.

En partant du golfe d'Otrante,
    Nous étions trente ;
Mais, en arrivant à Cadiz,
    Nous étions dix.

A nous dix, nous prîmes la ville ;
— Et le roi lui-même ! — Après quoi,
Maîtres du port, maîtres de l'île,
Ne sachant qu'en faire, ma foi,
D'une manière très-civile,
Nous rendîmes la ville au roi.

En partant du golfe d'Otrante,
    Nous étions trente ;
Mais, en arrivant à Cadiz,
    Nous étions dix.

On fit ducs et grands de Castille
Mes neuf compagnons de bonheur,
Qui s'en allèrent à Séville
Épouser des dames d'honneur.
Le roi me dit : « Veux-tu ma fille ? »
Et je lui dis : « Merci, seigneur ! »

En partant du golfe d'Otrante,
    Nous étions trente ;
Mais, en arrivant à Cadiz,
    Nous étions dix.

« J'ai, là-bas, où des flots sans nombre
Mugissent dans les nuits d'hiver,
Ma belle farouche à l'œil sombre,
Au sourire charmant et fier,
Qui, tous les soirs, chantant dans l'ombre,
Vient m'attendre au bord de la mer. »

En partant du golfe d'Otrante,
    Nous étions trente ;
Mais, en arrivant à Cadiz,
    Nous étions dix.

« J'ai ma Faënzette à Fiesone.
C'est là que mon cœur est resté.
Le vent fraîchit, la mer frissonne,
Je m'en retourne, en vérité !
O roi ! ta fille a la couronne,
Mais Faënzette a la beauté ! »

En partant du golfe d'Otrante,
　　Nous étions trente ;
Mais, en arrivant à Cadiz,
　　Nous étions dix.

XII

DIX-SEPTIÈME SIÈCLE

LES MERCENAIRES

LE RÉGIMENT DU BARON MADRUCE.

(GARDE IMPÉRIALE SUISSE.)

I

Lorsque le régiment des hallebardiers passe,
L'aigle à deux têtes, l'aigle à la griffe rapace,
L'aigle d'Autriche dit :

« Voilà le régiment
De mes hallebardiers qui va superbement.
Leurs plumets font venir les filles aux fenêtres;
Ils marchent droits, tendant la pointe de leurs guêtres;
Leur pas est si correct, sans tarder ni courir,
Qu'on croit voir des ciseaux se fermer et s'ouvrir.
Et la belle musique, ardente et militaire !
Leur clairon fait sortir une rumeur de terre.
Tout cet éclat de rire orgueilleux et vainqueur
Que le soldat muet refoule dans son cœur,
Étouffé dans les rangs, s'échappe et se délivre
Sous le chapeau chinois aux clochettes de cuivre;

Le tambour roule avec un faste oriental,
Et vibre, tout tremblant de plaques de métal ;
Si bien qu'on croit entendre en sa voix claire et gaie
Sonner allégrement les sequins de la paie ;
La fanfare s'envole en bruyant falbala.
Quels bons Autrichiens que ces étrangers-là !
Gloire aux hallebardiers ! Ils n'ont point de scrupule
Contre la populace et contre la crapule,
Corrigeant dans les gueux mal vêtus la fureur
De venir regarder de trop près l'empereur ;
Autour des archiducs leur pertuisane veille,
Et souvent d'une fête elle revient vermeille,
Ayant fait en passant quelques trous dans la chair
Du bas peuple en haillons qui trouve le pain cher ;
Ils ont un air fâché qui tient la foule en bride ;
Le grand soleil leur creuse aux sourcils une ride ;
Ce régiment est beau sous les armes, rêvant
A la terreur qui suit son drapeau dans le vent ;
Il a, comme un palais, ses tours et sa façade ;
Tous sont hardis et forts, du fifre à l'anspessade ;
Gloire aux hallebardiers splendides ! ces piquiers
Sont une rude pièce aux royaux échiquiers ;
On sent que ces gaillards sortent des avalanches
Qui des cols du Malpas roulent jusqu'à Sallenches ;
En guerre, au feu, ce sont des tigres pour l'élan ;
A Schœnbrunn, chacun d'eux a l'air d'un chambellan ;
Auprès de leur cocarde ils piquent une rose ;
Et tous, en même temps, graves, ont quelque chose
De froid, de sépulcral, d'altier, de solennel,
Le grand baron Madruce étant leur colonel !
Leur hallebarde est longue et s'ajoute à leur taille ;
Quand ce dur régiment est dans une bataille,

— Lâchât-on contre lui les mamelouks du Nil, —
La meute des plus fiers escadrons, le chenil
Des bataillons les plus hideux, les plus épiques,
Regarde en reculant ce sanglier de piques.
Ils sont silencieux comme un nuage noir ;
Ils laissent seulement, par instants, entrevoir
Une lueur tragique aux multitudes viles ;
Parfois leur humeur change, ils entrent dans les villes,
Ivres et gais, frappant leurs marmites de fer,
Et font devant le seuil des maisons un bruit fier,
Heureux, vainqueurs, sanglants, chantant à pleine bouche
La noce de la joie et du sabre farouche ;
Ils ont nommé, tuant, mourant pour de l'argent,
Trépas, leur capitaine, et Danger, leur sergent ;
Ils traînent dans leurs rangs, avec gloire et furie,
Comme un trophée utile à mettre en batterie,
Six canons qu'a pleurés monsieur de Brandebourg ;
Comme ils vous font japper cela contre un faubourg !
Comme ils en ont craché naguère la volée
Sur Comorn, la Hongrie étant démuselée !
Et comme ils ont troué de boulets le manteau
De Vérone, livrée au feu par Colalto !
Les déclarations de guerre les font rire ;
Ils signent ce qu'il plaît à l'empereur d'écrire ;
Sous les puissants édits, sous les rescrits altiers,
Au bas des hauts décrets, ils mettent volontiers
Ce grand parafe obscur qu'on nomme la mêlée ;
Leur bannière à longs plis, toute bariolée,
Est une glorieuse et fait claquer son fouet ;
Wallstein, comme une foudre au poing, les secouait ;
Leur mode est d'envoyer la bombe en ambassade ;
Ils sont pour l'ennemi de mine si maussade

Que s'ils allaient un jour, sur la terre ou la mer,
Guerroyer quelque prince allié de l'enfer,
Rien qu'en apercevant leurs profils sous le feutre,
Satan se sentirait le goût de rester neutre.
Aussi, lourde est la solde et riche est le loyer.
Quand on veut des héros, il faut les bien payer.
On n'a point vu, depuis Boleslas Lèvre torte,
Une bande de gens de bataille plus forte
Et des alignements d'estafiers plus hagards ;
Max en fait cas, Tilly pour eux a des égards,
Fritz les aime ; en voyant ces moustaches féroces,
Les femmes de la cour ont peur dans leurs carrosses
Et disent : « Qu'ils sont beaux ! » Leurs os sont de granit ;
L'électeur de Mayence en passant les bénit,
Et l'abbé de Fulda leur rit dans sa simarre;
Leur habit est d'un drap cramoisi, que chamarre
Un galon triomphal, auguste, étincelant;
Ils ont deux frocs de guerre, un jaune et l'autre blanc;
Sur le jaune, l'or brille et largement éclate;
Quand ils portent le blanc sur la veste écarlate,
Car la pompe des cours aime ce train changeant,
On leur voit sur le corps ruisseler tant d'argent
Que ces fils des glaciers semblent couverts de givre.
Une troupe d'enfants s'extasie à les suivre.
Ils gardent à Schœnbrunn le secret corridor.
Sur l'épaule, en brocart brodé de pourpre et d'or,
Ils ont, quoique plus d'un soit hérétique en somme,
Le blason de l'empire et le blason de Rome ;
Mais leur cœur huguenot sans courroux le subit,
Et quand l'âge ou la guerre ont usé leur habit,
Et qu'il faut au Prater devant des rois paraître,
Chacun d'eux, devenu bon tailleur de bon reître,

S'accroupit, prend l'aiguille, et remet en état
L'écusson orthodoxe à son dos apostat.
Ce sont de braves gens. Jamais ils ne vacillent.
En longs buissons mouvants leurs hallebardes brillent.
A Prague, à Parme, à Pesth, devant Mariendal,
Ils soutiennent le vaste empereur féodal ;
La révolte autour d'eux se brise, échoue et sombre ;
Ils ont le flamboiement, l'ordre et l'épaisseur sombre ;
Le vertige me prend moi-même dans les airs
En regardant marcher cette forêt d'éclairs. »

II

Lorsque le régiment des hallebardiers passe,
L'aigle montagnard, l'aigle orageux de l'espace,
Qui parle au précipice et que le gouffre entend,
Et qui plane au-dessus des trônes, emportant
Dans le ciel, son pays, la liberté, sa proie ;
Le sublime témoin du soleil qui flamboie,
L'aigle des Alpes, roi du pic et du hallier,
Dresse la tête au bruit de ce pas régulier,
Et crie, et jusqu'au ciel sa voix hautaine monte :

« O chute ! ignominie ! inexprimable honte !
Ces marcheurs alignés, ces êtres qui vont là
En pompe impériale, en housse de gala,
Ce sont de libres fils de ma libre montagne !
Ah ! les bassets en laisse et les forçats au bagne
Sont grands, sont purs, sont fiers, sont beaux et glorieux
Près de ceux-ci, qui, nés dans les lieux sérieux
Où comme des roseaux les hauts mélèzes ploient,

Fils des rochers sacrés et terribles, emploient
La fermeté du pied dans les cols périlleux,
Le mystérieux sang des mères aux yeux bleus,
L'audace dont l'autan nous emplit les narines,
Le divin gonflement de l'air dans les poitrines,
La grâce des ravins couronnés de bouquets,
Et la force des monts, à se faire laquais !
La contrée affranchie et joyeuse, matrice
De l'idée indomptable, âpre et libératrice,
La patrie au flanc rude, aux bons pics arrogants,
Qui portait les héros mêlés aux ouragans,
Douce, délivrant l'homme et délivrant la bête,
Sauvage, ayant le bruit des chutes d'eau pour fête,
Et la sereine horreur des antres pour palais,
La terre qui nous montre au milieu des chalets
Le fier archer d'Altorf tenant son arbalète,
Et, titan, au-dessus du lac qui le reflète,
Enjambant les grands monts comme des escaliers,
La voilà maintenant nourrice de geôliers,
Et l'on voit pendre ensemble à ses sombres mamelles
La honte avec la gloire, ainsi que deux jumelles !
L'aigle à deux fronts, marqué de son double soufflet,
A cette heure à travers nos pâtres boit son lait !

« Quoi ! la trompe d'Uri sonnant de roche en roche,
La couronne de fer qu'un montagnard décroche,
Les baillis jetés bas, le Föhn soufflant dix mois,
Ces pentes de granit où saute le chamois
Et qui firent glisser Charles le Téméraire,
Le mont Blanc qui ne dit qu'à l'Himalaya : Frère !
Ces sommets, éclatants comme d'énormes lis ;
Quoi ! le Pilate, quoi ! le Rigi, quoi ! Titlis,

Ce triangle hideux de géants noirs, qui cerne
Et qui garde le lac tragique de Lucerne ;
Quoi ! la vaste gaîté des nuages, des fleurs,
Des eaux, des ouragans puissants et querelleurs,
Quoi ! l'honneur, quoi ! l'épieu de Sempach, la cognée
De Morat bondissant hors des bois indignée,
La faux de Morgarten, la fourche de Granson ;
La rudesse du roc, la fierté du buisson ;
Ces cris, ces feux de paille allumés sur les faîtes ;
Quoi ! sur l'affreux faisceau des lances stupéfaites
L'immense éventrement de Winkelried joyeux ;
Quoi ! les filles d'Albis, anges aux chastes yeux,
Les grandes mers de glace et leurs ondes muettes,
Les porches d'ombre où fuit le vol des gypaëtes,
Quoi ! l'homme affranchi, quoi ! ces serments, cette foi,
Le bâton paysan brisant le glaive roi,
Quoi ! dans l'altier sursaut de la vengeance austère,
Comme la vieille France a chassé l'Angleterre,
L'Helvétie en fureur chassant l'Autrichien,
Et l'empereur, cet ours, et l'archiduc, ce chien,
T'ayant pour Jeanne d'Arc, ô Jungfrau formidable ;
Quoi ! toute cette histoire auguste, inabordable,
Escarpée, au front haut, au chant libre, à l'œil clair,
Blanche comme la neige, âpre comme l'hiver,
Et du farouche vent des cimes enivrée,
Terre et cieux ! aboutit à la Suisse en livrée !

« Est-ce que le mont Blanc ne va pas se lever ?
Ah ! ceci va plus loin qu'on ne pourrait rêver !
Plus loin qu'on ne pourrait calomnier ! Oui, certes,
L'indépendance, errant dans nos gorges désertes,
Franche et vraie, et riant sous le ciel pluvieux,

A des ennemis; certe, elle a des envieux;
Ces menteurs ont construit bien des choses contre elle;
Chaque jour, leur amère et lugubre querelle
Imagine une boue à lui jeter au front,
Et cherche quelque forme horrible de l'affront;
Ils ont contre sa vieille et vénérable gloire
Tout fait, tout publié, tout dit, tout semblé croire,
Ils ont tout supposé, tout vomi, tout bavé,
Mais cela cependant, ils ne l'ont pas trouvé;
Non, il n'en est pas un qui, dans sa rage, invente
La liberté s'offrant aux rois comme servante!

« Qu'est-ce que nous allons devenir maintenant?
Devant ce résultat lugubre et surprenant,
Qu'est-ce qu'on va penser de vous, chênes, mélèzes,
Lacs qui vous insurgez sous les rudes falaises,
Granits qui des géants semblez le dur talon?
Qu'est-ce qu'on va penser de toi, fauve aquilon?
Qu'est-ce qu'on va penser de votre miel, abeilles?
Comme vous aurez honte, ô douces fleurs vermeilles,
OEillets, jasmins, d'avoir connu ces hommes-ci!
Puisque l'opprobre riche est par vos cœurs choisi,
Puisque c'est vous qu'on voit vêtus de l'or des princes,
Superbement hideux et gardeurs de provinces,
Pâtres, soyez maudits. Oh! vous étiez si beaux,
Honnêtes, en haillons, et libres, en sabots!

« Auriez-vous donc besoin de faste? Est-ce la pompe
Des parades, des cours, des galas qui vous trompe?
Mais alors, regardez. Est-ce que mes vallons
N'ont pas les torrents blancs d'écume pour galons?
Mai brode à mes rochers la passementerie

Des perles de rosée et des fleurs de prairie ;
Mes vieux monts pour dorure ont le soleil levant ;
Et chacun d'eux, brumeux, branle un panache au vent
D'où sort le roulement sinistre des tonnerres ;
S'il vous faut, au milieu des forêts centenaires,
Une livrée, à vous les voisins du ciel bleu,
Pourquoi celle des rois, ayant celle de Dieu ?
Ah ! vous raccommodez vos habits ! vos aiguilles,
Sœurs des sabres vendus, indigneraient des filles !
Ah ! vous raccommodez vos habits ! Venez voir,
Quand la saison commence à venter, à pleuvoir,
Comment l'altier Pelvoux, vieillard à tête blanche,
Sait, tout déguenillé de grêle et d'avalanche,
Mettre à ses cieux troués une pièce d'azur,
Et, croisant les genoux dans quelque gouffre obscur,
Tranquille, se servir de l'éclair pour recoudre
Sa robe de nuée et son manteau de foudre !

« Sur la terre où tout jette un miasme empoisonneur,
Où même cet instinct qu'on appelle l'honneur
De pente en pente au fond de la bassesse glisse,
Il n'est qu'un peuple libre, un montagnard, la Suisse,
Tous les autres, ramant l'ombre des deux côtés,
Sont les galériens des blêmes royautés ;
Or, les rois ont eu l'art de mettre en équilibre
Les pauvres peuples serfs avec le peuple libre,
Et font garder, afin que l'ordre soit complet,
Les esclaves, forçats, par le libre, valet.

« Et dire que la Suisse eut jadis l'envergure
D'un peuple qui se lève et qui se transfigure !
O vils marchands d'eux-même ! immonde abaissement !

Leur enfance a reçu ce haut enseignement
Qu'un peuple s'affranchit, c'est-à-dire se crée,
Par la révolte sainte et l'émeute sacrée,
Qu'il faut rompre ses fers, vaincre, et que le lion
Superbe, pour crinière a la rébellion ;
C'est leur dogme. A cette heure, ils ont dans leur service
De punir dans autrui leur vertu comme un vice ;
Ils le font. Les voici prêtant main-forte aux rois
Contre un Sempach lombard, contre un Morat hongrois !
Si bien que maintenant, c'est fini. Nous en sommes
A cette indignité qu'en tout pays les hommes
Entendent l'Helvétie, en des coins ténébreux,
Chuchoter, proposant à leurs maîtres contre eux
Ses archers, d'autant plus lâches qu'ils sont plus braves,
Fille publique auprès des nations esclaves ;
Et que le despotisme, habile à tout plier,
Met au monde un carcan, à la Suisse un collier !

« Donc, César vous admet dans ses royaux repaires ;
César daigne oublier que vous avez pour pères
Tous nos vieux héros, purs comme le firmament ;
Même un peu de pardon se mêle à son paiement ;
L'iniquité, le dol, le mal, la tyrannie,
Vous font grâce, et, riant, vous laissent l'ironie
De leur porte à défendre, et d'un tambour honteux
Et d'un clairon abject à sonner devant eux !

« Hélas ! n'eût-on pas cru ces monts invulnérables !

« Oh ! comme vous voilà fourvoyés, misérables !
D'où venez-vous ? De Pesth. Et qu'avez-vous fait là ?
L'aigle à deux fronts, sur qui Guillaume Tell souffla,

LE RÉGIMENT DU BARON MADRUCE.   317

Suivait vos bataillons de son regard oblique ;
Trois ans d'atrocité sur la place publique,
Trois ans de coups de hache et de barres de fer,
Les billots, les bûchers, les fourches, tout l'enfer,
Les supplices hurlant dans la brume hagarde,
C'est là ce que l'Autriche a mis sous votre garde.
Devant vous, on tuait le juste et l'innocent,
Les coudes des bourreaux étaient rouges de sang,
Les glaives s'ébréchaient sur les nuques, la corde
Coupait d'un hoquet noir le cri : Miséricorde !
On prodiguait au bois en feu plus de vivants
Qu'il n'en pouvait brûler, même aidé par les vents ;
On mêlait le héros dans la flamme à l'apôtre,
L'un n'était pas fini que l'on commençait l'autre ;
Les têtes des plus saints et des plus vénérés
Pourrissaient au soleil au bout des pieux ferrés ;
On marquait d'un fer chaud le sein fumant des femmes,
On rouait des vieillards, et vous êtes infâmes.
Voilà ce que je dis, moi, l'aigle pour de bon.

« Le fourbe Gaïnas et le louche Bourbon
N'ont trahi que des rois dans leur noirceur profonde,
Mais vous, vous trahissez la liberté du monde ;
Votre fanfare sort du charnier, vos tambours
Sont pleins du cri des morts dénonçant les Habsbourgs ;
Et, lorsque vous croyez chanter dans la trompette,
Ce chant joyeux, la tombe en sanglot le répète.
Forçant Mantoue, à Pesth aidant le coutelas,
Buquoy, Mozellani, Londorone, Galas,
Sont vos chefs ; vous avez, reîtres, fait une espèce
De hauts faits et d'exploits dont la fange est épaisse ;
A Bergame, à Pavie, à Crême, à Guastalla,

Vous témoins, vous présents, vous mettant le holà,
A la sainte Italie on lisait sa sentence ;
On promenait de rue en rue une potence,
Et vous, vous escortiez la charrette ; et ceci
Ne vous quittera plus, et sans fin ni merci
Ce souvenir vous suit, étant de la nuit noire ;
O malheureux ! vos noms traverseront l'histoire
A jamais balafrés par l'ombre qui tombait
Sur vos drapeaux des bras difformes du gibet.

« Deuil sans fond ! c'est l'honneur de leur pays qu'ils tuent ;
En se prostituant, c'est moi qu'ils prostituent ;
Nos vieux pins ont fourni leurs piques, dont l'acier
Apporte dans l'égout le reflet du glacier ;
Ils traînent avec eux la Suisse, quoi qu'on dise,
Et les pâles aïeux sont dans leur bâtardise ;
Nos héros sont mêlés à leurs rangs, nos grands noms
Sont de leurs lâchetés parents et compagnons,
De sorte que, dans l'ombre où César supplicie
Le Salzbourg, la Hongrie aux fers, la Dalmatie,
Quand Fritz jette au bûcher le Tyrol prisonnier,
Quand Jean lie au poteau l'Alsace, quand Reynier
Bat de verges Crémone échevelée et nue,
Quand Rodolphe après Jean et Reynier continue,
Quand Mathias livre Ancône au sabre du hulan,
Quand Albrecht Dent de fer exécute Milan,
Autour des nations qui râlent sur la claie,
Furst, et Guillaume Tell, et Melchthal font la haie !

« Est-ce qu'ils oseront rentrer sur nos hauteurs,
Ces anciens laboureurs et ces anciens pasteurs
Que l'Autriche aujourd'hui caserne dans ses bouges ?

Est-ce qu'ils reviendront avec leurs habits rouges,
Portant sur leur front morne et dans leur œil fatal
La domesticité monstrueuse du mal?
S'ils osent revenir, si, pour faveur dernière,
L'Autriche leur permet d'emporter sa bannière,
S'ils rentrent dans nos monts avec cet étendard
Dont l'ombre fait d'un homme et d'un pâtre un soudard,
Oh! quelle auge de porcs, quelle cuve de fange,
Quelle étable inouïe, épouvantable, étrange,
Femmes, essuierez-vous avec ce drapeau-là?
Jamais dans plus de nuit un peuple ne croula.
Désespoir! désespoir de voir mes Alpes sombres,
Honteuses, projeter leurs gigantesques ombres
Jusque dans l'antichambre infâme des tyrans!
Cieux profonds, purs azurs sacrés et fulgurants,
Laissez-moi m'en aller dans vos gouffres sublimes!
Que je perde de vue, au fond des clairs abîmes,
La terre, et l'homme, acteur féroce ou vil témoin!
O sombre immensité, laisse-moi fuir si loin
Que je voie, à travers tes prodigieux voiles,
Décroître le soleil et grandir les étoiles! »

Aigle, ne t'en va pas; reste aux Alpes uni,
Et reprends confiance, au seuil de l'infini,
Aigle, dans la candeur des neiges éternelles;
Ne t'en va pas; et laisse en tes glauques prunelles
Les foudres apaisés redevenir rayons;
Penchons-nous, moins amers, sur ce que nous voyons;
La faute est sur le temps et n'est pas sur les hommes.

Un flamboiement sinistre emporte les Sodomes,
Tout est dit. Mais la Suisse au-dessus de l'affront
Gardera l'auréole altière de son front;
Car c'est la roche avec de la bonté pétrie,
C'est la grande montagne et la grande patrie,
C'est la terre sereine assise près du ciel;
C'est elle qui, gardant pour les pâtres le miel,
Fit connaître l'abeille aux rois par les piqûres;
C'est elle qui, parmi les nations obscures,
La première alluma sa lampe dans la nuit;
Le cri de délivrance est fait avec son bruit;
Le mot Liberté semble une voix naturelle
De ses prés sous l'azur, de ses lacs sous la grêle;
Et tout dans ses monts, l'air, la terre, l'eau, le feu,
Le dit avec l'accent dont le prononce Dieu!
Au-dessus des palais de tous les rois ensemble,
La pauvre vieille Suisse, où le rameau seul tremble,
Tranquille, élèvera toujours sur l'horizon
Les pignons effrayants de sa haute maison.
Rien ne ternit ces pics que la tempête lave,
Volcans de neige ayant la lumière pour lave,
Qui versent sur l'Europe un long ruissellement
De courage, de foi, d'honneur, de dévouement,
Et semblent sur la terre une chaîne d'exemples;
Toujours ces monts auront des figures de temples.
Qu'est-ce qu'un peu de fange humaine jaillissant
Vers ces sublimités d'où la clarté descend?
Ces pics sont la ruine énorme des vieux âges
Où les hommes vivaient bons, aimants, simples, sages;
Débris du chaste Éden par la paix habité,
Ils sont beaux; de l'aurore et de la vérité
Ils sont la colossale et splendide masure;

Où tombe le flocon que fait l'éclaboussure?
Qu'importe un jour de deuil quand, sous l'œil éternel,
Ce que noircit la terre est blanchi par le ciel?

L'homme s'est vendu. Soit. A-t-on dans le louage
Compris le lac, le bois, la ronce, le nuage?
La nature revient, germe, fleurit, dissout,
Féconde, croît, décroît, rit, passe, efface tout.
La Suisse est toujours là, libre. Prend-on au piége
Le précipice, l'ombre et la bise et la neige?
Signe-t-on des marchés dans lesquels il soit dit
Que l'Orteler s'enrôle et devient un bandit?
Quel poing cyclopéen, dites, ô roches noires,
Pourra briser la Dent de Morcle en vos mâchoires?
Quel assembleur de bœufs pourra forger un joug
Qui du pic de Glaris aille au piton de Zoug?
C'est naturellement que les monts sont fidèles
Et purs, ayant la forme âpre des citadelles,
Ayant reçu de Dieu des créneaux où, le soir,
L'homme peut, d'embrasure en embrasure, voir
Étinceler le fer de lance des étoiles.
Est-il une araignée, aigle, qui dans ses toiles
Puisse prendre la trombe et la rafale et toi?
Quel chef recrutera le Salève? à quel roi
Le Mythen dira-t-il : « Sire, je vais descendre! »
Qu'après avoir dompté l'Athos, quelque Alexandre,
Sorte de héros, monstre aux cornes de taureau,
Aille donc relever sa robe à la Jungfrau!
Comme la vierge, ayant l'ouragan sur l'épaule,
Crachera l'avalanche à la face du drôle!

Aigle, ne maudis pas, au nom des clairs torrents,

Les tristes hommes, fous, aveugles, ignorants.
Puis, est-ce pour jamais qu'on embauche les hommes?
Non, non. Les Alpes sont plus fortes que les Romes ;
Le pays tire à lui l'humble pâtre pleurant;
Et, si César l'a pris, le mont Blanc le reprend.

Non, rien n'est mort ici. Tout grandit, et s'en vante.
L'Helvétie est sacrée et la Suisse est vivante;
Ces monts sont des héros et des religieux;
Cette nappe de neige aux plis prodigieux
D'où jaillit, lorsqu'en mai la tiède brise ondoie,
Toute une floraison folle d'air et de joie,
Et d'où sortent des lacs et des flots murmurants,
N'est le linceul de rien, excepté des tyrans.

Gloire aux monts! leur front brille et a nuit se dissipe.
C'est plus que le matin qui luit; c'est un principe!
Ces mystérieux jours blanchissant les hauteurs,
Qu'on prend pour des rayons, sont des libérateurs ;
Toujours aux fiers sommets ces aubes sont données :
Aux Alpes Stauffacher, Pélage aux Pyrénées !

La Suisse dans l'histoire aura le dernier mot,
Puisqu'elle est deux fois grande, étant pauvre, et là-haut;
Puisqu'elle a sa montagne et qu'elle a sa cabane.
La houlette de Schwitz qu'une vierge enrubanne,
Fière, et, quand il le faut, se hérissant de clous,
Chasse les rois ainsi qu'elle chasse les loups.
Gloire au chaste pays que le Léman arrose!
A l'ombre de Melchthal, à l'ombre du mont Rose,
La Suisse trait sa vache et vit paisiblement.
Sa blanche liberté s'adosse au firmament.

Le soleil, quand il vient dorer une chaumière,
Fait que le toit de paille est un toit de lumière;
Telle est la Suisse, ayant l'honneur dans ses prés verts,
Et de son indigence éclairant l'univers.
Tant que les nations garderont leurs frontières,
La Suisse éclatera parmi les plus altières;
Quand les peuples riront et s'embrasseront tous,
La Suisse sera douce au milieu des plus doux.

Suisse! à l'heure où l'Europe enfin marchera seule,
Tu verras accourir vers toi, sévère aïeule,
La jeune Humanité sous son chapeau de fleurs;
Tes hommes bons seront chers aux hommes meilleurs;
Les fléaux disparus, faux dieu, faux roi, faux prêtre,
Laisseront le front blanc de la paix apparaître;
Et les peuples viendront en foule te bénir,
Quand la guerre mourra, quand, devant l'avenir,
On verra, dans l'horreur des tourbillons funèbres,
Se hâter pêle-mêle au milieu des ténèbres,
Comme d'affreux oiseaux heurtant leurs ailerons,
Une fuite effrénée et noire de clairons!

En attendant, la Suisse a dit au monde : « Espère! »
Elle a de la vieille hydre effrayé le repaire;
Ce qu'elle a fait jadis, pour les siècles est fait;
La façon dont la Suisse à Sempach triomphait
Reste la grande audace et la grande manière
D'attaquer une bête au fond de sa tanière.
Tous ses nuages, blancs ou noirs, sont des drapeaux.
L'exemple, c'est le fait dans sa gloire, au repos,
Qui charge lentement les cœurs et recommence;
Melchthal, grave et penché sur le monde, ensemence.

Un jour, à Bâle, Albrecht, l'empereur triomphant,
Vit une jeune mère auprès d'un jeune enfant;
La mère était charmante; elle semblait encore,
Comme l'enfant, sortie à peine de l'aurore;
L'empereur écouta de près leurs doux ébats,
Et la mère disait à son enfant tout bas :
« Fils, quand tu seras grand, meurs pour la bonne cause! »
Oh! rien ne flétrira cette feuille de rose!
Toujours le despotisme en sentira le pli ;
Toujours les mains prêtant le serment du Grutli
Apparaîtront en rêve au peuple en léthargie;
Toujours les oppresseurs auront, dans leur orgie,
Sur la lividité de leur face l'effroi
Du tocsin qu'Unterwald cache dans son beffroi.
Tant que les nations au joug seront nouées,
Tant que l'aigle à deux becs sera dans les nuées,
Tant que dans le brouillard des montagnes l'éclair
Ébauchera le spectre insolent de Gessler,
On verra Tell songer dans quelque coin terrible ;
Et les iniquités, la violence horrible,
La fraude, le pouvoir du vainqueur meurtrier,
Cibles noires, craindront cet arbalétrier.
Assis à leur souper, car c'est leur crépuscule,
Et le jour qui pour nous monte, pour eux recule,
Les satrapes seront éblouissants à voir,
Raillant la conscience, insultant le devoir,
Mangeant dans les plats d'or et les coupes d'opales,
Joyeux; mais par instants ils deviendront tout pâles,
Feront taire l'orchestre, et, la sueur au front,
Penchés, se parlant bas, tremblants, regarderont
S'il n'est pas quelque part, là, derrière la table,
Calme, et serrant l'écrou de son arc redoutable.

Pourtant il se pourra qu'à de certains moments,
Dans les satiétés et les enivrements,
Ils se disent : « Les yeux n'ont plus rien de sévère;
Guillaume Tell est mort. » Ils rempliront leur verre,
Et le monde comme eux oubliera. Tout à coup,
A travers les fléaux et les crimes debout,
Et l'ombre, et l'esclavage, et les hontes sans nombre,
On entendra siffler la grande flèche sombre.

Oui, c'est là la foi sainte, et, quand nous étouffons,
Dieu nous fait respirer par ces pensers profonds.
Au-dessus des tyrans l'histoire est abondante
En spectres que du doigt Tacite montre à Dante;
Tous ces fantômes sont la liberté planant,
Et toujours prête à dire aux hommes : « Maintenant! »
Et, depuis Padrona Kalil aux jambes nues
Jusqu'à Franklin ôtant le tonnerre des nues,
Depuis Léonidas jusqu'à Kosciuzko,
Le cri des uns du cri des autres est l'écho.
Oui, sur vos actions, de tant de deuil mêlées,
Multipliez les plis des pourpres étoilées,
Ayez pour vous l'oracle, et Delphe avec Endor,
Maîtres; riez, le front coiffé du laurier d'or,
Aux pieds de la fortune infâme et colossale;
Tout à coup Botzaris entrera dans la salle,
Byron se dressera, le poëte héros,
Tzavellas, indigné du succès des bourreaux,
Soufflettera le groupe effaré des victoires;
Et l'on verra surgir au-dessus de vos gloires
L'effrayant avoyer Gundoldingen, cassant
Sur César le sapin des Alpes teint de sang!

XIII

MAINTENANT

I

APRÈS LA BATAILLE.

Mon père, ce héros au sourire si doux,
Suivi d'un seul housard qu'il aimait entre tous
Pour sa grande bravoure et pour sa haute taille
Parcourait à cheval, le soir d'une bataille,
Le champ couvert de morts sur qui tombait la nuit.
Il lui sembla dans l'ombre entendre un faible bruit.
C'était un Espagnol de l'armée en déroute
Qui se traînait sanglant sur le bord de la route,
Râlant, brisé, livide, et mort plus qu'à moitié,
Et qui disait : « A boire ! à boire par pitié ! »
Mon père, ému, tendit à son housard fidèle
Une gourde de rhum qui pendait à sa selle,
Et dit : « Tiens, donne à boire à ce pauvre blessé. »
Tout à coup, au moment où le housard baissé
Se penchait vers lui, l'homme, une espèce de maure,
Saisit un pistolet qu'il étreignait encore,
Et vise au front mon père criant : « Caramba ! »
Le coup passa si près, que le chapeau tomba
Et que le cheval fit un écart en arrière.
« Donne-lui tout de même à boire, » dit mon père.

II

LE CRAPAUD.

Que savons-nous? Qui donc connaît le fond des choses?
Le couchant rayonnait dans les nuages roses;
C'était la fin d'un jour d'orage, et l'occident
Changeait l'ondée en flamme en son brasier ardent;
Près d'une ornière, au bord d'une flaque de pluie,
Un crapaud regardait le ciel, bête éblouie;
Grave, il songeait; l'horreur contemplait la splendeur.
(Oh! pourquoi la souffrance et pourquoi la laideur?
Hélas! le bas-empire est couvert d'Augustules,
Les césars de forfaits, les crapauds de pustules,
Comme le pré de fleurs et le ciel de soleils.)
Les feuilles s'empourpraient dans les arbres vermeils;
L'eau miroitait, mêlée à l'herbe, dans l'ornière :
Le soir se déployait ainsi qu'une bannière;
L'oiseau baissait la voix dans le jour affaibli;
Tout s'apaisait, dans l'air, sur l'onde; et, plein d'oubli,
Le crapaud, sans effroi, sans honte, sans colère,
Doux, regardait la grande auréole solaire;
Peut-être le maudit se sentait-il béni;
Pas de bête qui n'ait un reflet d'infini;

LE CRAPAUD.

Pas de prunelle abjecte et vile que ne touche
L'éclair d'en haut, parfois tendre et parfois farouche;
Pas de monstre chétif, louche, impur, chassieux,
Qui n'ait l'immensité des astres dans les yeux.
Un homme qui passait vit la hideuse bête,
Et, frémissant, lui mit son talon sur la tête;
C'était un prêtre ayant un livre qu'il lisait;
Puis une femme, avec une fleur au corset,
Vint et lui creva l'œil du bout de son ombrelle;
Et le prêtre était vieux, et la femme était belle;
Vinrent quatre écoliers, sereins comme le ciel.
— J'étais enfant, j'étais petit, j'étais cruel; —
Tout homme sur la terre, où l'âme erre asservie,
Peut commencer ainsi le récit de sa vie.
On a le jeu, l'ivresse et l'aube dans les yeux,
On a sa mère, on est des écoliers joyeux,
De petits hommes gais, respirant l'atmosphère
A pleins poumons, aimés, libres, contents, que faire
Sinon de torturer quelque être malheureux?
Le crapaud se traînait au fond du chemin creux.
C'était l'heure où des champs les profondeurs s'azurent;
Fauve, il cherchait la nuit; les enfants l'aperçurent
Et crièrent : « Tuons ce vilain animal,
Et, puisqu'il est si laid, faisons-lui bien du mal! »
Et chacun d'eux, riant, — l'enfant rit quand il tue, —
Se mit à le piquer d'une branche pointue,
Élargissant le trou de l'œil crevé, blessant
Les blessures, ravis, applaudis du passant;
Car les passants riaient; et l'ombre sépulcrale
Couvrait ce noir martyr qui n'a pas même un râle,
Et le sang, sang affreux, de toutes parts coulait
Sur ce pauvre être ayant pour crime d'être laid;

Il fuyait; il avait une patte arrachée;
Un enfant le frappait d'une pelle ébréchée;
Et chaque coup faisait écumer ce proscrit
Qui, même quand le jour sur sa tête sourit,
Même sous le grand ciel, rampe au fond d'une cave;
Et les enfants disaient : « Est-il méchant! il bave! »
Son front saignait, son œil pendait; dans le genêt
Et la ronce, effroyable à voir, il cheminait;
On eût dit qu'il sortait de quelque affreuse serre;
Oh! la sombre action! empirer la misère!
Ajouter de l'horreur à la difformité!
Disloqué, de cailloux en cailloux cahoté,
Il respirait toujours; sans abri, sans asile,
Il rampait; on eût dit que la mort difficile
Le trouvait si hideux qu'elle le refusait;
Les enfants le voulaient saisir dans un lacet,
Mais il leur échappa, glissant le long des haies;
L'ornière était béante, il y traîna ses plaies
Et s'y plongea, sanglant, brisé, le crâne ouvert,
Sentant quelque fraîcheur dans ce cloaque vert,
Lavant la cruauté de l'homme en cette boue;
Et les enfants, avec le printemps sur la joue,
Blonds, charmants, ne s'étaient jamais tant divertis;
Tous parlaient à la fois, et les grands aux petits
Criaient : « Viens voir! dis donc, Adolphe, dis donc, Pierre,
Allons pour l'achever prendre une grosse pierre! »
Tous ensemble, sur l'être au hasard exécré,
Ils fixaient leurs regards, et le désespéré
Regardait s'incliner sur lui ces fronts horribles.
— Hélas! ayons des buts, mais n'ayons pas de cibles;
Quand nous visons un point de l'horizon humain,
Ayons la vie, et non la mort, dans notre main.—

Tous les yeux poursuivaient le crapaud dans la vase;
C'était de la fureur et c'était de l'extase;
Un des enfants revint, apportant un pavé,
Pesant, mais pour le mal aisément soulevé,
Et dit : « Nous allons voir comment cela va faire. »
Or, en ce même instant, juste à ce point de terre,
Le hasard amenait un chariot très-lourd
Traîné par un vieux âne écloppé, maigre et sourd;
Cet âne harassé, boiteux et lamentable,
Après un jour de marche approchait de l'étable;
Il roulait la charrette et portait un panier;
Chaque pas qu'il faisait semblait l'avant-dernier;
Cette bête marchait, battue, exténuée;
Les coups l'enveloppaient ainsi qu'une nuée;
Il avait dans ses yeux voilés d'une vapeur
Cette stupidité qui peut-être est stupeur,
Et l'ornière était creuse, et si pleine de boue
Et d'un versant si dur, que chaque tour de roue
Était comme un lugubre et rauque arrachement;
Et l'âne allait geignant et l'ânier blasphémant;
La route descendait et poussait la bourrique;
L'âne songeait, passif, sous le fouet, sous la trique,
Dans une profondeur où l'homme ne va pas.

Les enfants, entendant cette roue et ce pas,
Se tournèrent bruyants et virent la charrette :
« Ne mets pas le pavé sur le crapaud. Arrête!
Crièrent-ils. Vois-tu, la voiture descend
Et va passer dessus, c'est bien plus amusant. »

Tous regardaient.

Soudain, avançant dans l'ornière
Où le monstre attendait sa torture dernière,
L'âne vit le crapaud, et, triste, — hélas ! penché
Sur un plus triste, — lourd, rompu, morne, écorché,
Il sembla le flairer avec sa tête basse ;
Ce forçat, ce damné, ce patient, fit grâce ;
Il rassembla sa force éteinte, et, roidissant
Sa chaîne et son licou sur ses muscles en sang,
Résistant à l'ânier qui lui criait : « Avance ! »
Maîtrisant du fardeau l'affreuse connivence,
Avec sa lassitude acceptant le combat,
Tirant le chariot et soulevant le bât,
Hagard, il détourna la roue inexorable,
Laissant derrière lui vivre ce misérable ;
Puis, sous un coup de fouet, il reprit son chemin.
Alors, lâchant la pierre échappée à sa main,
Un des enfants — celui qui conte cette histoire —
Sous la voûte infinie à la fois bleue et noire,
Entendit une voix qui lui disait : « Sois bon ! »

Bonté de l'idiot ! diamant du charbon !
Sainte énigme ! lumière auguste des ténèbres !
Les célestes n'ont rien de plus que les funèbres
Si les funèbres, groupe aveugle et châtié,
Songent, et, n'ayant pas la joie, ont la pitié.
O spectacle sacré ! l'ombre secourant l'ombre,
L'âme obscure venant en aide à l'âme sombre,
Le stupide, attendri, sur l'affreux se penchant,
Le damné bon faisant rêver l'élu méchant !
L'animal avançant lorsque l'homme recule !
Dans la sérénité du pâle crépuscule,
La brute par moments pense et sent qu'elle est sœur

De la mystérieuse et profonde douceur,
Il suffit qu'un éclair de grâce brille en elle
Pour qu'elle soit égale à l'étoile éternelle;
Le baudet qui, rentrant le soir, surchargé, las,
Mourant, sentant saigner ses pauvres sabots plats,
Fait quelques pas de plus, s'écarte et se dérange
Pour ne pas écraser un crapaud dans la fange,
Cet âne abject, souillé, meurtri sous le bâton,
Est plus saint que Socrate et plus grand que Platon.
Tu cherches, philosophe? O penseur, tu médites?
Veux-tu trouver le vrai sous nos brumes maudites?
Crois, pleure, abîme-toi dans l'insondable amour!
Quiconque est bon voit clair dans l'obscur carrefour;
Quiconque est bon habite un coin du ciel. O sage,
La bonté qui du monde éclaire le visage,
La bonté, ce regard du matin ingénu,
La bonté, pur rayon qui chauffe l'Inconnu,
Instinct qui dans la nuit et dans la souffrance aime,
Est le trait d'union ineffable et suprême
Qui joint, dans l'ombre, hélas! si lugubre souvent,
Le grand ignorant, l'âne, à Dieu, le grand savant.

III

LES PAUVRES GENS.

I

Il est nuit. La cabane est pauvre, mais bien close.
Le logis est plein d'ombre, et l'on sent quelque chose
Qui rayonne à travers ce crépuscule obscur.
Des filets de pêcheur sont accrochés au mur.
Au fond, dans l'encoignure où quelque humble vaisselle
Aux planches d'un bahut vaguement étincelle,
On distingue un grand lit aux longs rideaux tombants.
Tout près, un matelas s'étend sur de vieux bancs,
Et cinq petits enfants, nid d'âmes, y sommeillent.
La haute cheminée où quelques flammes veillent
Rougit le plafond sombre, et, le front sur le lit,
Une femme à genoux prie, et songe, et pâlit.
C'est la mère. Elle est seule. Et dehors, blanc d'écume,
Au ciel, aux vents, aux rocs, à la nuit, à la brume,
Le sinistre Océan jette son noir sanglot.

II

L'homme est en mer. Depuis l'enfance matelot,
Il livre au hasard sombre une rude bataille.
Pluie ou bourrasque, il faut qu'il sorte, il faut qu'il aille,
Car les petits enfants ont faim. Il part le soir
Quand l'eau profonde monte aux marches du musoir.
Il gouverne à lui seul sa barque à quatre voiles.
La femme est au logis, cousant les vieilles toiles,
Remmaillant les filets, préparant l'hameçon,
Surveillant l'âtre où bout la soupe de poisson,
Puis priant Dieu sitôt que les cinq enfants dorment.
Lui, seul, battu des flots qui toujours se reforment,
Il s'en va dans l'abîme et s'en va dans la nuit.
Dur labeur! tout est noir, tout est froid; rien ne luit.
Dans les brisants, parmi les lames en démence,
L'endroit bon à la pêche, et, sur la mer immense,
Le lieu mobile, obscur, capricieux, changeant,
Où se plaît le poisson aux nageoires d'argent,
Ce n'est qu'un point; c'est grand deux fois comme la chambre.
Or, la nuit, dans l'ondée et la brume, en décembre,
Pour rencontrer ce point sur le désert mouvant,
Comme il faut calculer la marée et le vent!
Comme il faut combiner sûrement les manœuvres!
Les flots le long du bord glissent, vertes couleuvres;
Le gouffre roule et tord ses plis démesurés
Et fait râler d'horreur les agrès effarés.
Lui, songe à sa Jeannie au sein des mers glacées,
Et Jeannie en pleurant l'appelle; et leurs pensées
Se croisent dans la nuit, divins oiseaux du cœur.

III

Elle prie, et la mauve au cri rauque et moqueur
L'importune, et, parmi les écueils en décombres,
L'Océan l'épouvante, et toutes sortes d'ombres
Passent dans son esprit : la mer, les matelots
Emportés à travers la colère des flots.
Et dans sa gaîne, ainsi que le sang dans l'artère,
La froide horloge bat, jetant dans le mystère,
Goutte à goutte, le temps, saisons, printemps, hivers;
Et chaque battement, dans l'énorme univers,
Ouvre aux âmes, essaims d'autours et de colombes,
D'un côté les berceaux et de l'autre les tombes.

Elle songe, elle rêve, — et tant de pauvreté!
Ses petits vont pieds nus l'hiver comme l'été.
Pas de pain de froment. On mange du pain d'orge.
— O Dieu! le vent rugit comme un soufflet de forge,
La côte fait le bruit d'une enclume, on croit voir
Les constellations fuir dans l'ouragan noir
Comme les tourbillons d'étincelles de l'âtre.
C'est l'heure où, gai danseur, minuit rit et folâtre
Sous le loup de satin qu'illuminent ses yeux,
Et c'est l'heure où minuit, brigand mystérieux,
Voilé d'ombre et de pluie et le front dans la bise,
Prend un pauvre marin frissonnant et le brise
Aux rochers monstrueux apparus brusquement. —
Horreur! l'homme dont l'onde éteint le hurlement,
Sent fondre et s'enfoncer le bâtiment qui plonge;
Il sent s'ouvrir sous lui l'ombre et l'abîme, et songe

Au vieil anneau de fer du quai plein de soleil!

Ces mornes visions troublent son cœur, pareil
A la nuit. Elle tremble et pleure.

V

O pauvres femmes
De pêcheurs! c'est affreux de se dire : « Mes âmes,
Père, amant, frères, fils, tout ce que j'ai de cher,
C'est là, dans ce chaos!... mon cœur, mon sang, ma chair! »
Ciel! être en proie aux flots, c'est être en proie aux bêtes.
Oh! songer que l'eau joue avec toutes ces têtes,
Depuis le mousse enfant jusqu'au mari patron,
Et que le vent hagard, soufflant dans son clairon,
Dénoue au-dessus d'eux sa longue et folle tresse,
Et que peut-être ils sont à cette heure en détresse,
Et qu'on ne sait jamais au juste ce qu'ils font,
Et que, pour tenir tête à cette mer sans fond,
A tous ces gouffres d'ombre où ne luit nulle étoile,
Ils n'ont qu'un bout de planche avec un bout de toile!
Souci lugubre! on court à travers les galets,
Le flot monte, on lui parle, on crie : « Oh! rends-nous-les! »
Mais, hélas! que veut-on que dise à la pensée
Toujours sombre, la mer toujours bouleversée!

Jeannie est bien plus triste encor. Son homme est seul!
Seul dans cette âpre nuit! seul sous ce noir linceul!
Pas d'aide. Ses enfants sont trop petits.... O mère!
Tu dis : « S'ils étaient grands! Leur père est seul! » Chimère!

Plus tard, quand ils seront près du père, et partis,
Tu diras en pleurant : « Oh ! s'ils étaient petits ! »

V

Elle prend sa lanterne et sa cape. — C'est l'heure
D'aller voir s'il revient, si la mer est meilleure,
S'il fait jour, si la flamme est au mât du signal.
Allons ! — Et la voilà qui part. L'air matinal
Ne souffle pas encor. Rien. Pas de ligne blanche
Dans l'espace où le flot des ténèbres s'épanche.
Il pleut. Rien n'est plus noir que la pluie au matin ;
On dirait que le jour tremble et doute, incertain,
Et qu'ainsi que l'enfant, l'aube pleure de naître.
Elle va. L'on ne voit luire aucune fenêtre.

Tout à coup, à ses yeux qui cherchent le chemin
Avec je ne sais quoi de lugubre et d'humain
Une sombre masure apparaît décrépite ;
Ni lumière, ni feu ; la porte au vent palpite ;
Sur les murs vermoulus branle un toit hasardeux ;
La bise sur ce toit tord des chaumes hideux,
Jaunes, sales, pareils aux grosses eaux d'un fleuve.

« Tiens, je ne pensais plus à cette pauvre veuve,
Dit-elle ; mon mari, l'autre jour, la trouva
Malade et seule ; il faut voir comment elle va. »

Elle frappe à la porte, elle écoute ; personne
Ne répond. Et Jeannie au vent de mer frissonne.
« Malade ! et ses enfants ! comme c'est mal nourri !

Elle n'en a que deux, mais elle est sans mari. »
Puis, elle frappe encore. « Hé ! voisine ! » elle appelle.
Et la maison se tait toujours. « Ah ! Dieu ! dit-elle,
Comme elle dort, qu'il faut l'appeler si longtemps ! »
La porte, cette fois, comme si, par instants,
Les objets étaient pris d'une pitié suprême,
Morne, tourna dans l'ombre et s'ouvrit d'elle-même.

VI

Elle entra. Sa lanterne éclaira le dedans
Du noir logis muet au bord des flots grondants.
L'eau tombait du plafond comme des trous d'un crible.

Au fond était couchée une forme terrible ;
Une femme immobile et renversée, ayant
Les pieds nus, le regard obscur, l'air effrayant ;
Un cadavre ; — autrefois, mère joyeuse et forte ; —
Le spectre échevelé de la misère morte ;
Ce qui reste du pauvre après un long combat.
Elle laissait, parmi la paille du grabat,
Son bras livide et froid et sa main déjà verte
Pendre, et l'horreur sortait de cette bouche ouverte
D'où l'âme en s'enfuyant, sinistre, avait jeté
Ce grand cri de la mort qu'entend l'éternité !

Près du lit où gisait la mère de famille,
Deux tout petits enfants, le garçon et la fille,
Dans le même berceau souriaient endormis.

La mère, se sentant mourir, leur avait mis

Sa mante sur les pieds et sur le corps sa robe,
Afin que, dans cette ombre où la mort nous dérobe,
Ils ne sentissent pas la tiédeur qui décroît,
Et pour qu'ils eussent chaud pendant qu'elle aurait froid.

VII

Comme ils dorment tous deux dans le berceau qui tremble!
Leur haleine est paisible et leur front calme. Il semble
Que rien n'éveillerait ces orphelins dormant,
Pas même le clairon du dernier jugement;
Car, étant innocents, ils n'ont pas peur du juge.

Et la pluie au dehors gronde comme un déluge.
Du vieux toit crevassé, d'où la rafale sort,
Une goutte parfois tombe sur ce front mort,
Glisse sur cette joue et devient une larme.
La vague sonne ainsi qu'une cloche d'alarme.
La morte écoute l'ombre avec stupidité.
Car le corps, quand l'esprit radieux l'a quitté,
A l'air de chercher l'âme et de rappeler l'ange;
Il semble qu'on entend ce dialogue étrange
Entre la bouche pâle et l'œil triste et hagard :
« Qu'as-tu fait de ton souffle? — Et toi, de ton regard? »

Hélas! aimez, vivez, cueillez les primevères,
Dansez, riez, brûlez vos cœurs, videz vos verres.
Comme au sombre Océan arrive tout ruisseau,
Le sort donne pour but au festin, au berceau,
Aux mères adorant l'enfance épanouie,
Aux baisers de la chair dont l'âme est éblouie,

Aux chansons, au sourire, à l'amour frais et beau,
Le refroidissement lugubre du tombeau !

VIII

Qu'est-ce donc que Jeannie a fait chez cette morte?
Sous sa cape aux longs plis qu'est-ce donc qu'elle emporte?
Qu'est-ce donc que Jeannie emporte en s'en allant?
Pourquoi son cœur bat-il? Pourquoi son pas tremblant
Se hâte-t-il ainsi? D'où vient qu'en la ruelle
Elle court, sans oser regarder derrière elle?
Qu'est-ce donc qu'elle cache avec un air troublé
Dans l'ombre, sur son lit? Qu'a-t-elle donc volé?

IX

Quand elle fut rentrée au logis, la falaise
Blanchissait; près du lit elle prit une chaise
Et s'assit toute pâle; on eût dit qu'elle avait
Un remords, et son front tomba sur le chevet,
Et, par instants, à mots entrecoupés, sa bouche
Parlait, pendant qu'au loin grondait la mer farouche.

« Mon pauvre homme! ah! mon Dieu! que va-t-il dire? il a
Déjà tant de souci! Qu'est-ce que j'ai fait là?
Cinq enfants sur les bras! ce père qui travaille!
Il n'avait pas assez de peine; il faut que j'aille
Lui donner celle-là de plus. — C'est lui? — Non. Rien.
— J'ai mal fait. — S'il me bat, je dirai : Tu fais bien.
— Est-ce lui? — Non. — Tant mieux. — La porte bouge comme

Si l'on entrait. — Mais non. — Voilà-t-il pas, pauvre homme
Que j'ai peur de le voir rentrer, moi, maintenant! »
Puis elle demeura pensive et frissonnant,
S'enfonçant par degrés dans son angoisse intime,
Perdue en son souci comme dans un abîme,
N'entendant même plus les bruits extérieurs,
Les cormorans qui vont comme de noirs crieurs,
Et l'onde et la marée et le vent en colère.

La porte tout à coup s'ouvrit, bruyante et claire,
Et fit dans la cabane entrer un rayon blanc,
Et le pêcheur, traînant son filet ruisselant,
Joyeux, parut au seuil, et dit : « C'est la marine. »

X

« C'est toi! » cria Jeannie, et, contre sa poitrine,
Elle prit son mari comme on prend un amant,
Et lui baisa sa veste avec emportement,
Tandis que le marin disait : « Me voici, femme ! »
Et montrait sur son front qu'éclairait l'âtre en flamme
Son cœur bon et content que Jeannie éclairait.
« Je suis volé, dit-il ; la mer, c'est la forêt.
— Quel temps a-t-il fait? — Dur. — Et la pêche? — Mauvaise.
Mais, vois-tu, je t'embrasse, et me voilà bien aise.
Je n'ai rien pris du tout. J'ai troué mon filet.
Le diable était caché dans le vent qui soufflait.
Quelle nuit! Un moment, dans tout ce tintamarre,
J'ai cru que le bateau se couchait, et l'amarre
A cassé. Qu'as-tu fait, toi, pendant ce temps-là? »
Jeannie eut un frisson dans l'ombre et se troubla.

« Moi? dit-elle. Ah! mon Dieu! rien, comme à l'ordinaire.
J'ai cousu. J'écoutais la mer comme un tonnerre,
J'avais peur. — Oui, l'hiver est dur, mais c'est égal. »
Alors, tremblante ainsi que ceux qui font le mal,
Elle dit : « A propos, notre voisine est morte.
C'est hier qu'elle a dû mourir, enfin, n'importe,
Dans la soirée, après que vous fûtes partis.
Elle laisse ses deux enfants, qui sont petits.
L'un s'appelle Guillaume et l'autre Madeleine;
L'un qui ne marche pas, l'autre qui parle à peine.
La pauvre bonne femme était dans le besoin. »

L'homme prit un air grave, et, jetant dans un coin
Son bonnet de forçat mouillé par la tempête :
« Diable! diable! dit-il en se grattant la tête,
Nous avions cinq enfants, cela va faire sept.
Déjà, dans la saison mauvaise, on se passait
De souper quelquefois. Comment allons-nous faire?
Bah! tant pis! ce n'est pas ma faute. C'est l'affaire
Du bon Dieu. Ce sont là des accidents profonds.
Pourquoi donc a-t-il pris leur mère à ces chiffons?
C'est gros comme le poing. Ces choses-là sont rudes.
Il faut pour les comprendre avoir fait ses études.
Si petits! on ne peut leur dire : Travaillez.
Femme, va les chercher. S'ils se sont réveillés,
Ils doivent avoir peur tout seuls avec la morte.
C'est la mère, vois-tu, qui frappe à notre porte;
Ouvrons aux deux enfants. Nous les mêlerons tous.
Cela nous grimpera le soir sur les genoux.
Ils vivront, ils seront frère et sœur des cinq autres.
Quand il verra qu'il faut nourrir avec les nôtres
Cette petite fille et ce petit garçon,

Le bon Dieu nous fera prendre plus de poisson.
Moi, je boirai de l'eau, je ferai double tâche.
C'est dit. Va les chercher. Mais qu'as-tu? Ça te fâche?
D'ordinaire, tu cours plus vite que cela.

— Tiens, dit-elle en ouvrant les rideaux, les voilà! »

IV

PAROLES DANS L'ÉPREUVE.

Les hommes d'aujourd'hui qui sont nés quand naissait
Ce siècle, et quand son aile effrayante poussait,
Ou qui, quatre-vingt-neuf dorant leur blonde enfance,
Ont vu la rude attaque et la fière défense,
Et pour musique ont eu les noirs canons béants,
Et pour jeux de grimper aux genoux des géants;
Ces enfants qui jadis, traînant des cimeterres,
Ont vu partir, chantant, les pâles volontaires,
Et connu des vivants à qui Danton parlait,
Ces hommes ont sucé l'audace avec le lait.
La Révolution, leur tendant sa mamelle,
Leur fit boire une vie où la tombe se mêle,
Et, stoïque, leur mit dans les veines un sang
Qui, lorsqu'il faut sortir et couler, y consent.
Ils tiennent de l'austère et tragique nourrice
L'amour de la blessure et de la cicatrice,
Et, pour trembler, pour fuir, pour suivre qui fuirait,
L'impossibilité de plier le jarret.
Ils pensent que faiblir est chose abominable,
Que l'homme est au devoir, et qu'il est convenable

Que ceux à qui Dieu fit l'honneur de les choisir
Pour vivre dans un temps de risque et de désir,
Marchent, et, courant droit au but qui les réclame,
Désapprennent les pas en arrière à leur âme.
Ils veulent le progrès durement acheté,
Ne tiennent en réserve aucune lâcheté,
Jettent aux profondeurs leurs jours, leur cœur, leur joie,
Ne se rétractent point parce qu'un gouffre aboie,
Vont toujours en avant et toujours devant eux;
Ils ne sont pas prudents de peur d'être honteux;
Et disent que le pont où l'on se précipite,
Hardi pour l'abordage, est lâche pour la fuite.
Soi-même se scruter d'un regard inclément,
Être abnégation, martyre, dévouement,
Bouclier pour le faible et pour le destin cible,
Aller, ne se garder aucun retour possible,
Ne jamais se servir pour s'évader d'en haut,
Pour fuir, de ce qui sert pour monter à l'assaut,
Telle est la loi; la loi du devoir, du Calvaire,
Qui sourit aux vaillants avec son front sévère.
Peuple, homme, esprit humain, avance à pas altiers!
Parmi tous les écueils et dans tous les sentiers,
Dans la société, dans l'art, dans la morale,
Partout où resplendit la lueur aurorale,
Sans jamais t'arrêter, sans hésiter jamais,
Des fanges aux clartés, des gouffres aux sommets,
Va! la création, cette usine, ce temple,
Cette marche en avant de tout, donne l'exemple!
L'heure est un marcheur calme et providentiel;
Les fleuves vont aux mers, les oiseaux vont au ciel;
L'arbre ne rentre pas dans la terre profonde
Parce que le vent souffle et que l'orage gronde;

Homme, va ! reculer, c'est devant le ciel bleu
La grande trahison que tu peux faire à Dieu.
Nous donc, fils de ce siècle aux vastes entreprises,
Nous qu'emplit le frisson des formidables brises,
Et dont l'ouragan sombre agite les cheveux,
Poussés vers l'idéal par nos maux, par nos vœux,
Nous désirons qu'on ait présent à la mémoire
Que nos pères étaient des conquérants de gloire,
Des chercheurs d'horizons, des gagneurs d'avenir ;
Des amants du péril que savait retenir
Aux âcres voluptés de ses baisers farouches
La grande mort, posant son rire sur leurs bouches ;
Qu'ils étaient les soldats qui n'ont pas déserté,
Les hôtes rugissants de l'antre liberté,
Les titans, les lutteurs aux gigantesques tailles,
Les fauves promeneurs rôdant dans les batailles !
Nous sommes les petits de ces grands lions-là.
Leur trace sur leurs pas toujours nous appela ;
Nous courons ; la souffrance est par nous saluée ;
Nous voyons devant nous là-bas, dans la nuée,
L'âpre avenir à pic, lointain, redouté, doux ;
Nous nous sentons perdus pour nous, gagnés pour tous ;
Nous arrivons au bord du passage terrible ;
Le précipice est là, sourd, obscur, morne, horrible ;
L'épreuve à l'autre bord nous attend ; nous allons,
Nous ne regardons pas derrière nos talons ;
Pâles, nous atteignons l'escarpement sublime ;
Et nous poussons du pied la planche dans l'abîme.

XIV

VINGTIÈME SIÈCLE

I

PLEINE MER.

★

L'abîme ; on ne sait quoi de terrible qui gronde ;
Le vent ; l'obscurité vaste comme le monde ;
Partout les flots ; partout où l'œil peut s'enfoncer,
La rafale qu'on voit aller, venir, passer ;
L'onde, linceul ; le ciel, ouverture de tombe ;
Les ténèbres sans l'arche et l'eau sans la colombe ;
Les nuages ayant l'aspect d'une forêt.
Un esprit qui viendrait planer là, ne pourrait
Dire, entre l'eau sans fond et l'espace sans borne,
Lequel est le plus sombre, et si cette horreur morne,
Faite de cécité, de stupeur et de bruit,
Vient de l'immense mer ou de l'immense nuit.

L'œil distingue, au milieu du gouffre où l'air sanglote,
Quelque chose d'informe et de hideux qui flotte,
Un grand cachalot mort à carcasse de fer,
On ne sait quel cadavre à vau-l'eau dans la mer ;
OEuf de titan dont l'homme aurait fait un navire.

Cela vogue, cela nage, cela chavire ;
Cela fut un vaisseau ; l'écume aux blancs amas
Cache et montre à grand bruit les tronçons de sept mâts ;
Le colosse, échoué sur le ventre, fuit, plonge,
S'engloutit, reparaît ; se meut comme le songe ;
Chaos d'agrès rompus, de poutres, de haubans ;
Le grand mât vaincu semble un spectre aux bras tombants ;
L'onde passe à travers ce débris ; l'eau s'engage
Et déferle en hurlant le long du bastingage,
Et tourmente des bouts de corde à des crampons
Dans le ruissellement formidable des ponts ;
La houle éperdument furieuse saccage
Aux deux flancs du vaisseau les cintres d'une cage
Où jadis une roue effrayante a tourné ;
Personne ; le néant, froid, muet, étonné ;
D'affreux canons rouillés tendent leurs cous funestes ;
L'entre-pont a des trous où se dressent les restes
De cinq tubes pareils à des clairons géants,
Pleins jadis d'une foudre, et qui, tordus, béants,
Ployés, éteints, n'ont plus, sur l'eau qui les balance,
Qu'un noir vomissement de nuit et de silence ;
Le flux et le reflux, comme avec un rabot,
Dénude à chaque coup l'étrave et l'étambot,
Et dans la lame on voit se débattre l'échine
D'une mystérieuse et difforme machine.
Cette masse sous l'eau rôde, fantôme obscur.
Des putréfactions fermentent, à coup sûr,
Dans ce vaisseau perdu sous les vagues sans nombre ;
Dessus, des tourbillons d'oiseaux de mer ; dans l'ombre,
Dessous, des millions de poissons carnassiers.
Tout à l'entour, les flots, ces liquides aciers,
Mêlent leurs tournoiements monstrueux et livides.

Des espaces déserts sous des espaces vides.
O triste mer! sépulcre où tout semble vivant!
Ces deux athlètes faits de furie et de vent,
Le tangage qui bave et le roulis qui fume,
Luttant sur ce radeau funèbre dans la brume,
Sans trêve, à chaque instant arrachent quelque éclat
De la quille ou du pont dans leur noir pugilat;
Par moments, au zénith un nuage se troue,
Un peu de jour lugubre en tombe, et, sur la proue,
Une lueur, qui tremble au souffle de l'autan,
Blême, éclaire à demi ce mot : Léviathan.
Puis l'apparition se perd dans l'eau profonde;
Tout fuit.

   Léviathan; c'est là tout le vieux monde,
Apre et démesuré dans sa fauve laideur;
Léviathan, c'est là tout le passé : grandeur,
Horreur.

★

   Le dernier siècle a vu sur la Tamise
Croître un monstre à qui l'eau sans bornes fut promise,
Et qui longtemps, Babel des mers, eut Londre entier
Levant les yeux dans l'ombre au pied de son chantier.
Effroyable, à sept mâts mêlant cinq cheminées
Qui hennissaient au choc des vagues effrénées,
Emportant, dans le bruit des aquilons sifflants,
Dix mille hommes, fourmis éparses dans ses flancs,
Ce Titan se rua, joyeux, dans la tempête;
Du dôme de Saint-Paul son mât passait le faîte;

Le sombre esprit humain, debout sur son tillac,
Stupéfiait la mer qui n'était plus qu'un lac;
Le vieillard Océan, qu'effarouche la sonde,
Inquiet, à travers le verre de son onde,
Regardait le vaisseau de l'homme grossissant;
Ce vaisseau fut sur l'onde un terrible passant;
Les vagues frémissaient de l'avoir sur leurs croupes;
Ses sabords mugissaient; en guise de chaloupes,
Deux navires pendaient à ses portemanteaux;
Son armure était faite avec tous les métaux;
Un prodigieux câble ourlait sa grande voile;
Quand il marchait, fumant, grondant, couvert de toile,
Il jetait un tel râle à l'air épouvanté
Que toute l'eau tremblait, et que l'immensité
Comptait parmi ses bruits ce grand frisson sonore;
La nuit, il passait rouge ainsi qu'un météore;
Sa voilure, où l'oreille entendait le débat
Des souffles, subissant ce gréement comme un bât,
Ses hunes, ses grelins, ses palans, ses amures,
Étaient une prison de vents et de murmures;
Son ancre avait le poids d'une tour, ses parois
Roulaient les flots, trouvant tous les ports trop étroits;
Son ombre humiliait au loin toutes les proues;
Un télégraphe était son porte-voix; ses roues
Forgeaient la sombre mer comme deux grands marteaux;
Les flots se le passaient comme des piédestaux
Où, calme, ondulerait un triomphal colosse;
L'abîme s'abrégeait sous sa lourdeur véloce;
Pas de lointain pays qui pour lui ne fût près;
Madère apercevait ses mâts; trois jours après,
L'Hékla l'entrevoyait dans la lueur polaire.
La bataille montait sur lui dans sa colère.

PLEINE MER.

La guerre était sacrée et sainte en ce temps-là ;
Rien n'égalait Nemrod si ce n'est Attila ;
Et les hommes, depuis les premiers jours du monde,
Sentant peser sur eux la misère inféconde,
Les pestes, les fléaux lugubres et railleurs,
Cherchant quelque moyen d'amoindrir leurs douleurs,
Pour établir entre eux de justes équilibres,
Pour être plus heureux, meilleurs, plus grands, plus libres,
Plus dignes du ciel pur qui les daigne éclairer,
Avaient imaginé de s'entre-dévorer.
Ce sinistre vaisseau les aidait dans leur œuvre.
Lourd comme le dragon, prompt comme la couleuvre,
Il couvrait l'Océan de ses ailes de feu ;
La terre s'effrayait quand sur l'horizon bleu
Rampait l'allongement hideux de sa fumée,
Car c'était une ville et c'était une armée ;
Ses pavois fourmillaient de mortiers et d'affûts,
Et d'un hérissement de bataillons confus ;
Ses grappins menaçaient ; et, pour les abordages,
On voyait sur ses ponts des rouleaux de cordages
Monstrueux, qui semblaient des boas endormis ;
Invincible, en ces temps de frères ennemis,
Seul, de toute une flotte il affrontait l'émeute,
Ainsi qu'un éléphant au milieu d'une meute ;
La bordée à ses pieds fumait comme un encens,
Ses flancs engloutissaient les boulets impuissants,
Il allait broyant tout dans l'obscure mêlée,
Et, quand, épouvantable, il lâchait sa volée,
On voyait flamboyer son colossal beaupré,
Par deux mille canons brusquement empourpré.
Il méprisait l'autan, le flux, l'éclair, la brume.
A son avant tournait, dans un chaos d'écume,

Une espèce de vrille à trouer l'infini.
Le Malstrom s'apaisait sous sa quille aplani.
Sa vie intérieure était un incendie ;
Flamme au gré du pilote apaisée ou grandie ;
Dans l'antre d'où sortait son vaste mouvement,
Au fond d'une fournaise on voyait vaguement
Des êtres ténébreux marcher dans des nuées
D'étincelles, parmi les braises remuées ;
Et pour âme il avait dans sa cale un enfer.
Il voguait, roi du gouffre, et ses vergues de fer
Ressemblaient, sous le ciel redoutable et sublime,
A des spectres posés en travers de l'abîme ;
Ainsi qu'on voit l'Etna l'on voyait ce steamer ;
Il était la montagne errante de la mer ;
Mais les heures, les jours, les mois, les ans, ces ondes,
Ont passé ; l'Océan, vaste entre les deux mondes,
A rugi, de brouillard et d'orage obscurci ;
La mer a ses écueils cachés, le temps aussi ;
Et maintenant, parmi les profondeurs farouches,
Sous les vautours, qui sont de l'abîme les mouches,
Sous le nuage, au gré des souffles, dans l'oubli
De l'infini, dont l'ombre affreuse est le repli,
Sans que jamais le vent autour d'elle s'endorme,
Au milieu des flots noir roule l'épave énorme !

★

L'ancien monde, l'ensemble étrange et surprenant
De faits sociaux, morts et pourris maintenant,
D'où sortit ce navire aujourd'hui sous l'écume,
L'ancien monde aussi, lui, plongé dans l'amertume,

Avait tous les fléaux pour vents et pour typhons,
Construction d'airain aux étages profonds,
Sur qui le mal, flot vil, crachait sa bave infâme,
Plein de fumée, et mû par une hydre de flamme,
La Haine, il ressemblait à ce sombre vaisseau.

Le mal l'avait marqué de son funèbre sceau.

Ce monde, enveloppé d'une brume éternelle,
Était fatal : l'Espoir avait plié son aile ;
Pas d'unité ; divorce et joug ; diversité
De langue, de raison, de code, de cité ;
Nul lien, nul faisceau ; le progrès solitaire,
Comme un serpent coupé, se tordait sur la terre,
Sans pouvoir réunir les tronçons de l'effort ;
L'esclavage, parquant les peuples pour la mort,
Les enfermait au fond d'un cirque de frontières
Où les gardaient la Guerre et la Nuit, bestiaires ;
L'Adam slave luttait contre l'Adam germain ;
Un genre humain en France, un autre genre humain
En Amérique, un autre à Londre, un autre à Rome ;
L'homme au delà d'un pont ne connaissait plus l'homme ;
Les vivants, d'ignorance et de vice chargés,
Se traînaient ; en travers de tout, les préjugés ;
Les superstitions étaient d'âpres enceintes
Terribles d'autant plus qu'elles étaient plus saintes ;
Quel créneau soupçonneux et noir qu'un Alcoran !
Un texte avait le glaive au poing comme un tyran ;
La loi d'un peuple était chez l'autre peuple un crime ;
Lire était un fossé, croire était un abîme ;
Les rois étaient des tours ; les dieux étaient des murs ;
Nul moyen de franchir tant d'obstacles obscurs ;

Sitôt qu'on voulait croître, on rencontrait la barre
D'une mode sauvage ou d'un dogme barbare ;
Et, quant à l'avenir, défense d'aller là.

⋆

Le vent de l'infini sur ce monde souffla.
Il a sombré. Du fond des cieux inaccessibles,
Les vivants de l'éther, les êtres invisibles
Confusément épars sous l'obscur firmament,
A cette heure, pensifs, regardent fixement
Sa disparition dans la nuit redoutable.
Qu'est-ce que le simoun a fait du grain de sable?
Cela fut. C'est passé? cela n'est plus ici.

⋆

Ce monde est mort. Mais quoi! l'homme est-il mort aussi?
Cette forme de lui disparaissant, l'a-t-elle
Lui-même remporté dans l'énigme éternelle?
L'Océan est désert. Pas une voile au loin.
Ce n'est plus que du flot que le flot est témoin.
Pas un esquif vivant sur l'onde où la mouette
Voit du Léviathan rôder la silhouette.
Est-ce que l'homme, ainsi qu'un feuillage jauni,
S'en est allé dans l'ombre? est-ce que c'est fini?
Seul, le flux et reflux va, vient, passe et repasse.
Et l'œil, pour retrouver l'homme absent de l'espace,
Regarde en vain là-bas. Rien.

       Regardez là-haut.

II

PLEIN CIEL.

Loin dans les profondeurs, hors des nuits, hors du flot,
Dans un écartement de nuages, qui laisse
Voir au-dessus des mers la céleste allégresse,
Un point vague et confus apparaît; dans le vent,
Dans l'espace, ce point se meut; il est vivant;
Il va, descend, remonte; il fait ce qu'il veut faire;
Il approche, il prend forme, il vient; c'est une sphère;
C'est un inexprimable et surprenant vaisseau,
Globe comme le monde et comme l'aigle oiseau;
C'est un navire en marche. Où? Dans l'éther sublime!

Rêve! on croit voir planer un morceau d'une cime;
Le haut d'une montagne a, sous l'orbe étoilé,
Pris des ailes et s'est tout à coup envolé?
Quelque heure immense étant dans les destins sonnée,
La nue errante s'est en vaisseau façonnée?
La Fable apparaît-elle à nos yeux décevants?
L'antique Éole a-t-il jeté son outre aux vents?

De sorte qu'en ce gouffre où les orages naissent,
Les vents, subitement domptés, la reconnaissent !
Est-ce l'aimant qui s'est fait aider par l'éclair
Pour bâtir un esquif céleste avec de l'air ?
Du haut des clairs azurs vient-il une visite ?
Est-ce un transfiguré qui part et ressuscite,
Qui monte, délivré de la terre, emporté
Sur un char volant fait d'extase et de clarté,
Et se rapproche un peu par instants pour qu'on voie,
Du fond du monde noir, la fuite de sa joie ?

Ce n'est pas un morceau d'une cime ; ce n'est
Ni l'outre où tout le vent de la Fable tenait,
Ni le jeu de l'éclair ; ce n'est pas un fantôme
Venu des profondeurs aurorales du dôme ;
Ni le rayonnement d'un ange qui s'en va,
Hors de quelque tombeau béant, vers Jéhovah ;
Ni rien de ce qu'en songe ou dans la fièvre on nomme.
Qu'est-ce que ce navire impossible ? C'est l'homme.

C'est la grande révolte obéissante à Dieu !
La sainte fausse clef du fatal gouffre bleu !
C'est Isis qui déchire éperdument son voile !
C'est du métal, du bois, du chanvre et de la toile,
C'est de la pesanteur délivrée, et volant ;
C'est la force alliée à l'homme étincelant,
Fière, arrachant l'argile à sa chaîne éternelle ;
C'est la matière, heureuse, altière, ayant en elle
De l'ouragan humain, et planant à travers
L'immense étonnement des cieux enfin ouverts !

Audace humaine ! effort du captif ! sainte rage !

Effraction enfin plus forte que la cage !
Que faut-il à cet être, atome au large front,
Pour vaincre ce qui n'a ni fin, ni bord, ni fond,
Pour dompter le vent, trombe, et l'écume, avalanche ?
Dans le ciel une toile et sur mer une planche.

★

Jadis des quatre vents la fureur triomphait ;
De ces quatre chevaux échappés l'homme a fait
    L'attelage de son quadrige ;
Génie, il les tient tous dans sa main, fier cocher
Du char aérien que l'éther voit marcher ;
    Miracle, il gouverne un prodige.

Char merveilleux ! son nom est Délivrance. Il court.
Près de lui le ramier est lent, le flocon lourd ;
    Le daim, l'épervier, la panthère
Sont encor là, qu'au loin son ombre a déjà fui ;
Et la locomotive est reptile, et, sous lui,
    L'hydre de flamme est ver de terre.

Une musique, un chant, sort de son tourbillon.
Ses cordages vibrants et remplis d'aquilon
    Semblent, dans le vide où tout sombre,
Une lyre à travers laquelle par moment
Passe quelque âme en fuite au fond du firmament
    Et mêlée aux souffles de l'ombre.

Car l'air, c'est l'hymne épars ; l'air, parmi les récifs
Des nuages roulant en groupes convulsifs,

Jette mille voix étouffées ;
Les fluides, l'azur, l'effluve, l'élément
Sont toute une harmonie où flottent vaguement
On ne sait quels sombres Orphées.

Superbe, il plane avec un hymne en ses agrès ;
Et l'on croit voir passer la strophe du progrès.
Il est la nef, il est le phare !
L'homme enfin prend son sceptre et jette son bâton.
Et l'on voit s'envoler le calcul de Newton
Monté sur l'ode de Pindare.

Le char haletant plonge et s'enfonce dans l'air,
Dans l'éblouissement impénétrable et clair,
Dans l'éther sans tache et sans ride ;
Il se perd sous le bleu des cieux démesurés ;
Les esprits de l'azur contemplent effarés
Cet engloutissement splendide.

Il passe, il n'est plus là ; qu'est-il donc devenu ?
Il est dans l'invisible, il est dans l'inconnu ;
Il baigne l'homme dans le songe,
Dans le fait, dans le vrai profond, dans la clarté,
Dans l'océan d'en haut plein d'une vérité
Dont le prêtre a fait un mensonge.

Le jour se lève, il va ; le jour s'évanouit,
Il va ; fait pour le jour, il accepte la nuit.
Voici l'heure des feux sans nombre ;
L'heure où, vu du nadir, ce globe semble, ayant
Son large cône obscur sous lui se déployant,
Une énorme comète d'ombre.

PLEIN CIEL.

La brume redoutable emplit au loin les airs.
Ainsi qu'au crépuscule on voit, le long des mers,
    Le pêcheur, vague comme un rêve,
Traînant, dernier effort d'un long jour de sueurs,
Sa nasse où les poissons font de pâles lueurs,
    Aller et venir sur la grève.

La Nuit tire du fond des gouffres inconnus
Son filet où luit Mars, où rayonne Vénus,
    Et, pendant que les heures sonnent,
Ce filet grandit, monte, emplit le ciel des soirs,
Et dans ses mailles d'ombre et dans ses réseaux noirs
    Les constellations frissonnent.

L'aéroscaphe suit son chemin; il n'a peur
Ni des piéges du soir, ni de l'âcre vapeur,
    Ni du ciel morne où rien ne bouge,
Où les éclairs, luttant au fond de l'ombre entre eux,
Ouvrent subitement dans le nuage affreux
    Des cavernes de cuivre rouge.

Il invente une route obscure dans les nuits;
Le silence hideux de ces lieux inouïs
    N'arrête point ce globe en marche;
Il passe, portant l'homme et l'univers en lui;
Paix! gloire! et, comme l'eau jadis, l'air aujourd'hui
    Au-dessus de ses flots voit l'arche.

Le saint navire court par le vent emporté
Avec la certitude et la rapidité
    Du javelot cherchant la cible;
Rien n'en tombe, et pourtant il chemine en semant;

Sa rondeur, qu'on distingue en haut confusément,
Semble un ventre d'oiseau terrible.

Il vogue ; les brouillards sous lui flottent dissous ;
Ses pilotes penchés regardent, au-dessous
Des nuages où l'ancre traîne,
Si, dans l'ombre, où la terre avec l'air se confond,
Le sommet du mont Blanc ou quelque autre bas-fond
Ne vient pas heurter sa carène.

★

La vie est sur le pont du navire éclatant.
Le rayon l'envoya, la lumière l'attend.
L'homme y fourmille, l'homme invincible y flamboie ;
Point d'armes ; un fier bruit de puissance et de joie ;
Le cri vertigineux de l'exploration !
Il court, ombre, clarté, chimère, vision !
Regardez-le pendant qu'il passe, il va si vite !

Comme autour d'un soleil un système gravite,
Une sphère de cuivre énorme fait marcher
Quatre globes où pend un immense plancher ;
Elle respire et fuit dans les vents qui la bercent ;
Un large et blanc hunier horizontal, que percent
Des trappes, se fermant, s'ouvrant au gré du frein,
Fait un grand diaphragme à ce poumon d'airain ;
Il s'impose à la nue ainsi qu'à l'onde un liége ;
La toile d'araignée humaine, un vaste piége
De cordes et de nœuds, un enchevêtrement
De soupapes que meut un câble où court l'aimant,

PLEIN CIEL.

Une embûche de treuils, de cabestans, de moufles,
Prend au passage et fait travailler tous les souffles;
L'esquif plane, encombré d'hommes et de ballots,
Parmi les arcs-en-ciel, les azurs, les halos,
Et sa course, écheveau qui sans fin se dévide,
A pour point d'appui l'air et pour moteur le vide;
Sous le plancher s'étage un chaos régulier
De ponts flottants que lie un tremblant escalier;
Ce navire est un Louvre errant avec son faste;
Un fil le porte; il fuit, léger, fier, et si vaste,
Si colossal, au vent du grand abîme clair,
Que le Léviathan, rampant dans l'âpre mer,
A l'air de sa chaloupe aux ténèbres tombée,
Et semble, sous le vol d'un aigle, un scarabée
Se tordant dans le flot qui l'emporte, tandis
Que l'immense oiseau plane au fond d'un paradis.

Si l'on pouvait rouvrir les yeux que le ver ronge,
Oh! ce vaisseau, construit par le chiffre et le songe,
Éblouirait Shakspeare et ravirait Euler!
Il voyage, Délos gigantesque de l'air,
Et rien ne le repousse et rien ne le refuse;
Et l'on entend parler sa grande voix confuse.

Par moments la tempête accourt, le ciel pâlit,
L'autan, bouleversant les flots de l'air, emplit
L'espace d'une écume affreuse de nuages;
Mais qu'importe à l'esquif de la mer sans rivages!
Seulement, sur son aile il se dresse en marchant;
Il devient formidable à l'abîme méchant,
Et dompte en frémissant la trombe qui se creuse.
On le dirait conduit dans l'horreur ténébreuse

Par l'âme des Leibnitz, des Fultons, des Képlers;
Et l'on croit voir, parmi le chaos plein d'éclairs,
De détonations, d'ombre et de jets de soufre,
Le sombre emportement d'un monde dans un gouffre.

Qu'importe le moment! qu'importe la saison!
La brume peut cacher dans le blême horizon
    Les Saturnes et les Mercures;
La bise, conduisant la pluie aux crins épars,
Dans les nuages lourds grondant de toutes parts,
    Peut tordre des hydres obscures;

Qu'importe! il va. Tout souffle est bon; simoun, mistral!
La terre a disparu dans le puits sidéral.
    Il entre au mystère nocturne;
Au-dessus de la grêle et de l'ouragan fou,
Laissant le globe en bas dans l'ombre, on ne sait où,
    Sous le renversement de l'urne.

Intrépide, il bondit sur les ondes du vent;
Il se rue, aile ouverte et la proue en avant,
    Il monte, il monte, il monte encore,
Au delà de la zone où tout s'évanouit,
Comme s'il s'en allait dans la profonde nuit
    A la poursuite de l'aurore!

Calme, il monte où jamais nuage n'est monté;
Il plane à la hauteur de la sérénité,
    Devant la vision des sphères;

Elles sont là, faisant le mystère éclatant,
Chacune feu d'un gouffre, et toutes constatant
    Les énigmes par les lumières.

Andromède étincelle, Orion resplendit;
L'essaim prodigieux des Pléiades grandit;
    Sirius ouvre son cratère;
Arcturus, oiseau d'or, scintille dans son nid;
Le Scorpion hideux fait cabrer au zénith
    Le poitrail bleu du Sagittaire.

L'aéroscaphe voit, comme en face de lui,
Là-haut, Aldébaran par Céphée ébloui,
    Persée, escarboucle des cimes,
Le chariot polaire aux flamboyants essieux,
Et, plus loin, la lueur lactée, ô sombres cieux,
    La fourmilière des abîmes!

Vers l'apparition terrible des soleils,
Il monte; dans l'horreur des espaces vermeils,
    Il s'oriente, ouvrant ses voiles;
On croirait, dans l'éther où de loin on l'entend,
Que ce vaisseau puissant et superbe, en chantant,
    Part pour une de ces étoiles!

Tant cette nef, rompant tous les terrestres nœuds,
Volante, et franchissant le ciel vertigineux,
    Rêve des blêmes Zoroastres,
Comme effrénée au souffle insensé de la nuit,
Se jette, plonge, enfonce et tombe et roule et fuit
    Dans le précipice des astres!

★

Où donc s'arrêtera l'homme séditieux ?
L'espace voit, d'un œil par moment soucieux,
L'empreinte du talon de l'homme dans les nues ;
Il tient l'extrémité des choses inconnues ;
Il épouse l'abîme à son argile uni ;
Le voilà maintenant marcheur de l'infini.
Où s'arrêtera-t-il, le puissant réfractaire ?
Jusqu'à quelle distance ira-t-il de la terre ?
Jusqu'à quelle distance ira-t-il du destin ?
L'âpre Fatalité se perd dans le lointain ;
Toute l'antique histoire affreuse et déformée
Sur l'horizon nouveau fuit comme une fumée.
Les temps sont venus. L'homme a pris possession
De l'air, comme du flot la grèbe et l'alcyon.
Devant nos rêves fiers, devant nos utopies
Ayant des yeux croyants et des ailes impies,
Devant tous nos efforts pensifs et haletants,
L'obscurité sans fond fermait ses deux battants ;
Le vrai champ enfin s'offre aux puissantes algèbres ;
L'homme vainqueur, tirant le verrou des ténèbres,
Dédaigne l'Océan, le vieil infini mort.
La porte noire cède et s'entre-bâille. Il sort !

O profondeurs ! faut-il encor l'appeler l'homme ?

L'homme est d'abord monté sur la bête de somme ;
Puis sur le chariot que portent des essieux ;
Puis sur la frêle barque au mât ambitieux ;

Puis, quand il a fallu vaincre l'écueil, la lame,
L'onde et l'ouragan, l'homme est monté sur la flamme ;
A présent l'immortel aspire à l'éternel ;
Il montait sur la mer, il monte sur le ciel.

L'homme force le sphinx à lui tenir la lampe.
Jeune, il jette le sac du vieil Adam qui rampe,
Et part, et risque aux cieux, qu'éclaire son flambeau,
Un pas semblable à ceux qu'on fait dans le tombeau ;
Et peut-être voici qu'enfin la traversée
Effrayante, d'un astre à l'autre, est commencée !

★

Stupeur ! se pourrait-il que l'homme s'élançât?
O nuit ! se pourrait-il que l'homme, ancien forçat,
    Que l'esprit humain, vieux reptile,
Devînt ange et, brisant le carcan qui le mord,
Fût soudain de plain-pied avec les cieux? La mort
    Va donc devenir inutile !

Oh ! franchir l'éther ! songe épouvantable et beau !
Doubler le promontoire énorme du tombeau !
    Qui sait? Toute aile est magnanime :
L'homme est ailé. Peut-être, ô merveilleux retour !
Un Christophe Colomb de l'ombre, quelque jour,
    Un Gama du cap de l'abîme,

Un Jason de l'azur, depuis longtemps parti,
De la terre oublié, par le ciel englouti,
    Tout à coup, sur l'humaine rive

Reparaîtra, monté sur cet alérion,
Et montrant Sirius, Allioth, Orion,
    Tout pâle, dira : « J'en arrive ! »

Ciel! ainsi, comme on voit aux voûtes des celliers
Les noirceurs qu'en rôdant tracent les chandeliers,
    On pourrait, sous les bleus pilastres,
Deviner qu'un enfant de la terre a passé,
A ce que le flambeau de l'homme aurait laissé
    De fumée au plafond des astres!

    ★

Pas si loin! pas si haut! redescendons. Restons
L'homme, restons Adam; mais non l'homme à tâtons,
Mais non l'Adam tombé! Tout autre rêve altère
L'espèce d'idéal qui convient à la terre.
Contentons-nous du mot : meilleur! écrit partout.
Oui, l'aube s'est levée.

        Oh! ce fut tout à coup
Comme une éruption de folie et de joie,
Quand, après six mille ans dans la fatale voie,
Défaite brusquement par l'invisible main,
La pesanteur, liée au pied du genre humain,
Se brisa, cette chaîne était toutes les chaînes!
Tout s'envola dans l'homme, et les fureurs, les haines,
Les chimères, la force évanouie enfin,
L'ignorance et l'erreur, la misère et la faim,
Le droit divin des rois, les faux dieux juifs ou guèbres,
Le mensonge, le dol, les brumes, les ténèbres,

Tombèrent dans la poudre avec l'antique sort,
Comme le vêtement du bagne dont on sort.

Et c'est ainsi que l'ère annoncée est venue,
Cette ère qu'à travers les temps, épaisse nue,
Thalès apercevait au loin devant ses yeux;
Et Platon, lorsque, ému, des sphères dans les cieux
Il écoutait les chants et contemplait les danses.

Les êtres inconnus et bons, les providences
Présentes dans l'azur où l'œil ne les voit pas,
Les anges qui de l'homme observent tous les pas,
Leur tâche sainte étant de diriger les âmes,
Et d'attiser, avec toutes les belles flammes,
La conscience au fond des cerveaux ténébreux,
Ces amis des vivants, toujours penchés sur eux,
Ont cessé de frémir et d'être, en la tourmente
Et dans les sombres nuits, la voix qui se lamente.
Voici qu'on voit bleuir l'idéale Sion.
Ils n'ont plus l'œil fixé sur l'apparition
Du vainqueur, du soldat, du fauve chasseur d'hommes,
Les vagues flamboiements épars sur les Sodomes,
Précurseurs du grand feu dévorant, les lueurs
Que jette le sourcil tragique des tueurs,
Les guerres, s'arrachant avec leur griffe immonde
Les frontières, haillon difforme du vieux monde,
Les battements de cœur des mères aux abois,
L'embuscade ou le vol guettant au fond des bois,
Le cri de la chouette et de la sentinelle,
Les fléaux, ne sont plus leur alarme éternelle.
Le deuil n'est plus mêlé dans tout ce qu'on entend;
Leur oreille n'est plus tendue à chaque instant

Vers le gémissement indigné de la tombe;
La moisson rit aux champs où râlait l'hécatombe;
L'azur ne les voit plus pleurer les nouveau-nés,
Dans tous les innocents pressentir des damnés,
Et la pitié n'est plus leur unique attitude;
Ils ne regardent plus la morne servitude
Tresser sa maille obscure à l'osier des berceaux.
L'homme aux fers, pénétré du frisson des roseaux,
Est remplacé par l'homme attendri, fort et calme;
La fonction du sceptre est faite par la palme;
Voici qu'enfin, ô gloire! exaucés dans leur vœu,
Ces êtres, dieux pour nous, créatures pour Dieu,
Sont heureux, l'homme est bon, et sont fiers, l'homme est juste;
Les esprits purs, essaim de l'empyrée auguste,
Devant ce globe obscur qui devient lumineux,
Ne sentent plus saigner l'amour qu'ils ont en eux;
Une clarté paraît dans leur beau regard sombre;
Et l'archange commence à sourire dans l'ombre.

★

Où va-t-il, ce navire? Il va, de jour vêtu,
A l'avenir divin et pur, à la vertu,
    A la science qu'on voit luire,
A la mort des fléaux, à l'oubli généreux,
A l'abondance, au calme, au rire, à l'homme heureux;
    Il va, ce glorieux navire,

Au droit, à la raison, à la fraternité,
A la religieuse et sainte vérité
    Sans impostures et sans voiles,

PLEIN CIEL.

A l'amour, sur les cœurs serrant son doux lien,
Au juste, au grand, au bon, au beau....—Vous voyez bien
    Qu'en effet il monte aux étoiles!

Il porte l'homme à l'homme et l'esprit à l'esprit.
Il civilise, ô gloire! Il ruine, il flétrit
    Tout l'affreux passé qui s'effare,
Il abolit la loi de fer, la loi de sang,
Les glaives, les carcans, l'esclavage, en passant
    Dans les cieux comme une fanfare.

Il ramène au vrai ceux que le faux repoussa;
Il fait briller la foi dans l'œil de Spinosa
    Et l'espoir sur le front de Hobbe;
Il plane, rassurant, réchauffant, épanchant
Sur ce qui fut lugubre et ce qui fut méchant
    Toute la clémence de l'aube.

Les vieux champs de bataille étaient là dans la nuit;
Il passe, et maintenant voilà le jour qui luit
    Sur ces grands charniers de l'histoire
Où les siècles, penchant leur œil triste et profond,
Venaient regarder l'ombre effroyable que font
    Les deux ailes de la victoire.

Derrière lui, César redevient homme; Éden
S'élargit sur l'Érèbe, épanoui soudain;
    Les ronces de lis sont couvertes;
Tout revient, tout renaît; ce que la mort courbait
Refleurit dans la vie, et le bois du gibet
    Jette, effrayé, des branches vertes.

Le nuage, l'aurore aux candides fraîcheurs,
L'aile de la colombe, et toutes les blancheurs,
    Composent là-haut sa magie ;
Derrière lui, pendant qu'il fuit vers la clarté,
Dans l'antique noirceur de la fatalité
    Des lueurs de l'enfer rougie,

Dans ce brumeux chaos qui fut le monde ancien,
Où l'Allah turc s'accoude au sphinx égyptien,
    Dans la séculaire géhenne,
Dans la Gomorrhe infâme où flambe un lac fumant,
Dans la forêt du mal qu'éclairent vaguement
    Les deux yeux fixes de la Haine,

Tombent, sèchent, ainsi que des feuillages morts,
Et s'en vont la douleur, le péché, le remords,
    La perversité lamentable,
Tout l'ancien joug, de rêve et de crime forgé,
Nemrod, Aaron, la guerre avec le préjugé,
    La boucherie avec l'étable !

Tous les spoliateurs et tous les corrupteurs
S'en vont ; et les faux jours sur les fausses hauteurs ;
    Et le taureau d'airain qui beugle,
La hache, le billot, le bûcher dévorant,
Et le docteur versant l'erreur à l'ignorant,
    Vil bâton qui trompait l'aveugle !

Et tous ceux qui faisaient, au lieu de repentirs,
Un rire au prince avec les larmes des martyrs,
    Et tous ces flatteurs des épées
Qui louaient le sultan, le maître universel,

Et, pour assaisonner l'hymne, prenaient du sel
     Dans le sac aux têtes coupées!

Les pestes, les forfaits, les cimiers fulgurants,
S'effacent, et la route où marchaient les tyrans,
     Bélial roi, Dagon ministre,
Et l'épine, et la haie horrible du chemin
Où l'homme, du vieux monde et du vieux vice humain,
     Entend bêler le bouc sinistre.

On voit luire partout les esprits sidéraux;
On voit la fin du monstre et la fin du héros,
     Et de l'athée et de l'augure,
La fin du conquérant, la fin du paria;
Et l'on voit lentement sortir Beccaria
     De Dracon qui se transfigure.

On voit l'agneau sortir du dragon fabuleux,
La vierge de l'opprobre et Marie aux yeux bleus
     De la Vénus prostituée;
Le blasphème devient le psaume ardent et pur,
L'hymne prend, pour s'en faire autant d'ailes d'azur,
     Tous les haillons de la huée.

Tout est sauvé! la fleur, le printemps aromal,
L'éclosion du bien, l'écoulement du mal,
     Fêtent dans sa course enchantée
Ce beau globe éclaireur, ce grand char curieux,
Qu'Empédocle, du fond des gouffres, suit des yeux,
     Et, du haut des monts, Prométhée!

Le jour s'est fait dans l'antre où l'horreur s'accroupit.

En expirant, l'antique univers décrépit,
Larve à la prunelle ternie,
Gisant, et regardant le ciel noir s'étoiler,
A laissé cette sphère heureuse s'envoler
Des lèvres de son agonie.

★

Oh! ce navire fait le voyage sacré!
C'est l'ascension bleue à son premier degré;
Hors de l'antique et vil décombre,
Hors de la pesanteur, c'est l'avenir fondé;
C'est le destin de l'homme à la fin évadé,
Qui lève l'ancre et sort de l'ombre!

Ce navire là-haut conclut le grand hymen,
Il mêle presque à Dieu l'âme du genre humain.
Il voit l'insondable, il y touche;
Il est le vaste élan du progrès vers le ciel;
Il est l'entrée altière et sainte du réel
Dans l'antique idéal farouche.

Oh! chacun de ses pas conquiert l'illimité!
Il est la joie; il est la paix; l'humanité
A trouvé son organe immense;
Il vogue, usurpateur sacré, vainqueur béni,
Reculant chaque jour plus loin dans l'infini
Le point sombre où l'homme commence.

Il laboure l'abîme; il ouvre ces sillons
Où croissaient l'ouragan, l'hiver, les tourbillons,

PLEIN CIEL.

    Les sifflements et les huées ;
Grâce à lui, la concorde est la gerbe des cieux ;
Il va, fécondateur du ciel mystérieux,
    Charrue auguste des nuées.

Il fait germer la vie humaine dans ces champs
Où Dieu n'avait encor semé que des couchants
    Et moissonné que des aurores ;
Il entend, sous son vol qui fend les airs sereins,
Croître et frémir partout les peuples souverains,
    Ces immenses épis sonores !

Nef magique et suprême ! elle a, rien qu'en marchant,
Changé le cri terrestre en pur et joyeux chant,
    Rajeuni les races flétries,
Établi l'ordre vrai, montré le chemin sûr,
Dieu juste ! et fait entrer dans l'homme tant d'azur
    Qu'elle a supprimé les patries !

Faisant à l'homme avec le ciel une cité,
Une pensée avec toute l'immensité,
    Elle abolit les vieilles règles ;
Elle abaisse les monts, elle annule les tours ;
Splendide, elle introduit les peuples, marcheurs lourds,
    Dans la communion des aigles.

Elle a cette divine et chaste fonction
De composer là-haut l'unique nation,
    A la fois dernière et première,
De promener l'essor dans le rayonnement,
Et de faire planer, ivre de firmament,
    La liberté dans la lumière.

XV

HORS DES TEMPS

LA TROMPETTE DU JUGEMENT.

★

Je vis dans la nuée un clairon monstrueux.

Et ce clairon semblait, au seuil profond des cieux,
Calme, attendre le souffle immense de l'archange.

Ce qui jamais ne meurt, ce qui jamais ne change,
L'entourait. A travers un frisson, on sentait
Que ce buccin fatal, qui rêve et qui se tait,
Quelque part, dans l'endroit où l'on crée, où l'on sème,
Avait été forgé par quelqu'un de suprême
Avec de l'équité condensée en airain.
Il était là, lugubre, effroyable, serein.
Il gisait sur la brume insondable qui tremble,
Hors du monde, au delà de tout ce qui ressemble
A la forme de quoi que ce soit.

    Il vivait.

Il semblait un réveil songeant près d'un chevet

Oh! quelle nuit! là, rien n'a de contour ni d'âge;
Et le nuage est spectre, et le spectre est nuage.

★

Et c'était le clairon de l'abîme.

      Une voix
Un jour en sortira qu'on entendra sept fois.
En attendant, glacé, mais écoutant, il pense;
Couvant le châtiment, couvant la récompense;
Et toute l'épouvante éparse au ciel est sœur
De cet impénétrable et morne avertisseur.

Je le considérais dans les vapeurs funèbres
Comme on verrait se taire un coq dans les ténèbres.
Pas un murmure autour du clairon souverain.
Et la terre sentait le froid de son airain,
Quoique, là, d'aucun monde on ne vît les frontières.

Et l'immobilité de tous les cimetières,
Et le sommeil de tous les tombeaux, et la paix
De tous les morts couchés dans la fosse, étaient faits
Du silence inouï qu'il avait dans la bouche;
Ce lourd silence était pour l'affreux mort farouche
L'impossibilité de faire faire un pli
Au suaire cousu sur son front par l'oubli.
Ce silence tenait en suspens l'anathème.
On comprenait que tant que ce clairon suprême
Se tairait, le sépulcre, obscur, roidi, béant,
Garderait l'attitude horrible du néant,

Que la momie aurait toujours sa bandelette,
Que l'homme irait tombant du cadavre au squelette,
Et que ce fier banquet radieux, ce festin
Que les vivants gloutons appellent le destin,
Toute la joie errante en tourbillons de fêtes,
Toutes les passions de la chair satisfaites,
Gloire, orgueil, les héros ivres, les tyrans soûls,
Continueraient d'avoir pour but et pour dessous
La pourriture, orgie offerte aux vers convives ;
Mais qu'à l'heure où soudain, dans l'espace sans rives,
Cette trompette vaste et sombre sonnerait,
On verrait, comme un tas d'oiseaux d'une forêt,
Toutes les âmes, cygne, aigle, éperviers, colombes,
Frémissantes, sortir du tremblement des tombes,
Et tous les spectres faire un bruit de grandes eaux,
Et se dresser, et prendre à la hâte leurs os,
Tandis qu'au fond, au fond du gouffre, au fond du rêve,
Blanchissant l'absolu, comme un jour qui se lève,
Le front mystérieux du juge apparaîtrait !

*

Ce clairon avait l'air de savoir le secret.

On sentait que le râle énorme de ce cuivre
Serait tel qu'il ferait bondir, vibrer, revivre
L'ombre, le plomb, le marbre, et qu'à ce fatal glas,
Toutes les surdités voleraient en éclats ;
Que l'oubli sombre, avec sa perte de mémoire,
Se lèverait au son de la trompette noire ;
Que dans cette clameur étrange, en même temps

Qu'on entendrait frémir tous les cieux palpitants,
On entendrait crier toutes les consciences ;
Que le sceptique au fond de ses insouciances,
Que le voluptueux, l'athée et le douteur,
Et le maître tombé de toute sa hauteur,
Sentiraient ce fracas traverser leurs vertèbres ;
Que ce déchirement céleste des ténèbres
Ferait dresser quiconque est soumis à l'arrêt ;
Que qui n'entendit pas le remords, l'entendrait ;
Et qu'il réveillerait, comme un choc à la porte,
L'oreille la plus dure et l'âme la plus morte,
Même ceux qui, livrés au rire, aux vains combats,
Aux vils plaisirs, n'ont point tenu compte ici-bas
Des avertissements de l'ombre et du mystère,
Même ceux que n'a point réveillés sur la terre
Le tonnerre, ce coup de cloche de la nuit !

Oh ! dans l'esprit de l'homme où tout vacille et fuit,
Où le verbe n'a pas un mot qui ne bégaye,
Où l'aurore apparaît, hélas ! comme une plaie,
Dans cet esprit, tremblant dès qu'il ose augurer,
Oh ! comment concevoir, comment se figurer
Cette vibration communiquée aux tombes,
Cette sommation aux blêmes catacombes,
Du ciel ouvrant sa porte et du gouffre ayant faim,
Le prodigieux bruit de Dieu disant : « Enfin ! »

Oui, c'est vrai, — c'est du moins jusque-là que l'œil plonge,
C'est l'avenir, — du moins tel qu'on le voit en songe, —
Quand le monde atteindra son but, quand les instants,
Les jours, les mois, les ans, auront rempli le temps,
Quand tombera du ciel l'heure immense et nocturne,

Cette goutte qui doit faire déborder l'urne,
Alors, dans le silence horrible, un rayon blanc,
Long, pâle, glissera, formidable et tremblant,
Sur ces haltes de nuit qu'on nomme cimetières,
Les tentes frémiront, quoiqu'elles soient des pierres,
Dans tous ces sombres camps endormis ; et, sortant
Tout à coup de la brume où l'univers l'attend,
Ce clairon, au-dessus des êtres et des choses,
Au-dessus des forfaits et des apothéoses,
Des ombres et des os, des esprits et des corps,
Sonnera la diane effrayante des morts.

O lever en sursaut des larves pêle-mêle !
Oh ! la Nuit réveillant la Mort, sa sœur jumelle !
Pensif, je regardais l'incorruptible airain.

★

Les volontés sans loi, les passions sans frein,
Toutes les actions de tous les êtres, haines,
Amours, vertus, fureurs, hymnes, cris, plaisirs, peines,
Avaient laissé, dans l'ombre où rien ne remuait,
Leur pâle empreinte autour de ce bronze muet ;
Une obscure Babel y tordait sa spirale.

Sa dimension vague, ineffable, spectrale,
Sortant de l'éternel, entrait dans l'absolu.
Pour pouvoir mesurer ce tube, il eût fallu
Prendre la toise au fond du rêve, et la coudée
Dans la profondeur trouble et sombre de l'idée ;
Un de ses bouts touchait le bien, l'autre le mal ;

Et sa longueur allait de l'homme à l'animal,
Quoiqu'on ne vît point là d'animal et point d'homme;
Couché sur terre, il eût joint Éden à Sodome.

Son embouchure, gouffre où plongeait mon regard,
Cercle de l'Inconnu ténébreux et hagard,
Pleine de cette horreur que le mystère exhale,
M'apparaissait ainsi qu'une offre colossale
D'entrer dans l'ombre où Dieu même est évanoui.
Cette gueule, avec l'air d'un redoutable ennui,
Morne, s'élargissait sur l'homme et la nature;
Et cette épouvantable et muette ouverture
Semblait le bâillement noir de l'éternité.

★

Au fond de l'immanent et de l'illimité,
Parfois, dans les lointains sans nom de l'Invisible,
Quelque chose tremblait de vaguement terrible,
Et brillait et passait, inexprimable éclair.
Toutes les profondeurs des mondes avaient l'air
De méditer, dans l'ombre où l'ombre se répète,
L'heure où l'on entendrait de cette âpre trompette
Un appel aussi long que l'infini jaillir.
L'immuable semblait d'avance en tressaillir.

Des porches de l'abîme, antres hideux, cavernes
Que nous nommons enfers, puits, gehennams, avernes,
Bouches d'obscurité qui ne prononcent rien,
Du vide, où ne flottait nul souffle aérien,
Du silence où l'haleine osait à peine éclore,

Ceci se dégageait pour l'âme : « Pas encore. »

Par instants, dans ce lieu triste comme le soir,
Comme on entend le bruit de quelqu'un qui vient voir,
On entendait le pas boiteux de la justice ;
Puis cela s'effaçait. Des vermines, le vice,
Le crime, s'approchaient, et, fourmillement noir,
Fuyaient. Le clairon sombre ouvrait son entonnoir.
Un groupe d'ouragans dormait dans ce cratère.
Comme cet organum des gouffres doit se taire
Jusqu'au jour monstrueux où nous écarterons
Les clous de notre bière au-dessus de nos fronts,
Nul bras ne le touchait dans l'invisible sphère ;
Chaque race avait fait sa couche de poussière
Dans l'orbe sépulcral de son évasement ;
Sur cette poudre l'œil lisait confusément
Ce mot : Riez, écrit par le doigt d'Épicure ;
Et l'on voyait, au fond de la rondeur obscure,
La toile d'araignée horrible de Satan.

Des astres qui passaient murmuraient : « Souviens-t'en !
Prie ! » et la nuit portait cette parole à l'ombre.

Et je ne sentais plus ni le temps ni le nombre.

★

Une sinistre main sortait de l'infini.

Vers la trompette, effroi de tout crime impuni,
Qui doit faire à la mort un jour lever la tête,

Elle pendait énorme, ouverte, et comme prête
A saisir ce clairon qui se tait dans la nuit,
Et qu'emplit le sommeil formidable du bruit.
La main, dans la nuée et hors de l'Invisible,
S'allongeait. A quel être était-elle? Impossible
De le dire, en ce morne et brumeux firmament.
L'œil dans l'obscurité ne voyait clairement
Que les cinq doigts béants de cette main terrible;
Tant l'être, quel qu'il fût, debout dans l'ombre horrible,
— Sans doute quelque archange ou quelque séraphin
Immobile, attendant le signe de la fin, —
Plongeait profondément, sous les ténébreux voiles,
Du pied dans les enfers, du front dans les étoiles !

FIN

TABLE.

	Pages.
Dédicace...............................	I
Préface................................	III

I
D'ÈVE A JESUS.

I.	Le sacre de la femme.................	3
II.	La conscience.......................	12
III.	Puissance égale bonté................	15
IV.	Les lions...........................	19
V.	Le temple...........................	25
VI.	Booz endormi.......................	26
VII.	Dieu invisible au philosophe..........	31
VIII.	Première rencontre du Christ avec le tombeau.	33

II
DÉCADENCE DE ROME.

Au lion d'Androclès 39

III

L'ISLAM.

I.	L'an neuf de l'hégire....................	45
II.	Mahomet................................	51
III.	Le cèdre...............................	52

IV

LE CYCLE HÉROÏQUE CHRÉTIEN.

I.	Le parricide...........................	59
II.	Le mariage de Roland..................	65
III.	Aymerillot.............................	71
IV.	Bivar..................................	83
V.	Le jour des rois.......................	86

V

LES CHEVALIERS ERRANTS.

I. Le petit roi de Galice.................. 104

I.	Le ravin d'Ernula......................	104
II.	Leurs Altesses.........................	105
III.	Nuño...................................	106
IV.	La conversation des infants............	108
V.	Les soldats continuent de dormir et les infants de causer....................	111
VI.	Quelqu'un..............................	112
VII.	Don Ruy le Subtil......................	116
VIII.	Pacheco, Froïla, Rostabat	119
IX.	Durandal travaille.....................	124
X.	Le crucifix............................	126
XI.	Ce qu'a fait Ruy le Subtil.............	128

II.	Eviradnus..	130
	I. Départ de l'aventurier pour l'aventure...	130
	II. Eviradnus..................................	131
	III. Dans la forêt............................	133
	IV. La coutume de Lusace................	137
	V. La marquise Mahaud..................	139
	VI. Les deux voisins........................	140
	VII. La salle à manger......................	143
	VIII. Ce qu'on y voit encore................	145
	IX. Bruit que fait le plancher............	151
	X. Eviradnus immobile....................	152
	XI. Un peu de musique.....................	153
	XII. Le grand Joss et le petit Zéno	156
	XIII. Ils soupent................................	158
	XIV. Après souper..............................	160
	XV. Les oubliettes.............................	164
	XVI. Ce qu'ils font devient plus difficile à faire..	166
	XVII. La massue..................................	172
	XVIII. Le jour reparaît...........................	175

VI

LES TRONES D'ORIENT.

I.	Zim-Zizimi..	179
II.	1453..	193
III.	Sultan Mourad......................................	194

VII

L'ITALIE. — RATBERT.

I.	Les conseillers probes et libres.............	207
II.	La défiance d'Onfroy...........................	216
III.	La confiance du marquis Fabrice...........	221
	I. Isora de Final. — Fabrice d'Albenga........	221

II.	Le défaut de la cuirasse..................	223
III.	Aïeul maternel........................	225
IV.	Un seul homme sait où est caché le trésor..	226
V.	Le corbeau...........................	227
VI.	Le père et la mère.....................	229
VII.	Joie au château	230
VIII.	La toilette d'Isora.....................	231
IX.	Joie hors du château..................	234
X.	Suite de la joie.......................	235
XI.	Toutes les faims satisfaites..............	238
XII.	Que c'est Fabrice qui est un traître.......	240
XIII.	Silence...............................	240
XIV.	Ratbert rend l'enfant à l'aïeul............	243
XV.	Les deux têtes........................	247
XVI.	Après justice faite.....................	249

VIII

SEIZIÈME SIÈCLE. — RENAISSANCE. — PAGANISME.

Le Satyre :................................. 253
  Prologue. Le Satyre...................... 253
  I. Le bleu 256
  II. Le noir 263
  III. Le sombre........................... 269
  IV. L'étoilé............................. 275

IX

LA ROSE DE L'INFANTE.

La Rose de l'Infante......................... 281

X

L'INQUISITION.

Les raisons du Momotombo................... 293

XI

LA CHANSON DES AVENTURIERS DE LA MER.

La chanson des aventuriers de la mer.......... 299

XII

DIX-SEPTIÈME SIÈCLE. — LES MERCENAIRES.

Le régiment du baron Madruce (Garde impériale suisse)................................. 307

XIII

MAINTENANT.

I. Après la bataille....................... 329
II. Le crapaud........................... 330
III. Les pauvres gens...................... 336
IV. Paroles dans l'épreuve.................. 347

XIV

VINGTIÈME SIÈCLE.

I. Pleine mer............................ 353
II. Plein ciel............................ 361

XV

HORS DES TEMPS.

La trompette du jugement.......... 383

FIN DE LA TABLE.

PARIS. — IMPRIMERIE DE CH. LAHURE ET Cie
Rues de Fleurus, 9, et de l'Ouest, 21.

www.ingramcontent.com/pod-product-compliance
Lightning Source LLC
Chambersburg PA
CBHW071902230426
43671CB00010B/1439